U0671821

当代中国社会变迁研究文库编委会

主　任　李培林

副主任　陈光金　张　翼

委　员　（按姓氏音序排列）
　　　　陈婴婴　景天魁　李春玲　李银河
　　　　罗红光　王春光　王晓毅　王延中
　　　　王　颖　杨宜音

中国社会科学院创新工程学术出版资助项目

当 代 中 国 社 会 变 迁 研 究 文 库

公司的再造

金融市场与中国企业的现代转型

杨 典◎著

The Reconstruction of Corporations

Financial Market and the Modern Transformation of Chinese Firms

社会科学文献出版社
SOCIAL SCIENCES ACADEMIC PRESS (CHINA)

总　序
推进中国社会学的新成长

中国社会学正处于快速发展和更新换代的阶段。改革开放后第一批上大学的社会学人，已经陆续到了花甲之年。中国空前巨大的社会变迁所赋予社会学研究的使命，迫切需要推动社会学界新一代学人快速成长。

"文化大革命"结束后，百废待兴，各行各业都面临拨乱反正。1979年3月30日，邓小平同志在党的理论工作务虚会上，以紧迫的语气提出，"实现四个现代化是一项复杂繁重的任务，思想理论工作者当然不能限于讨论它的一些基本原则。……政治学、法学、社会学以及世界政治的研究，我们过去多年忽视了，现在也需要赶快补课。……我们已经承认自然科学比外国落后了，现在也应该承认社会科学的研究工作（就可比的方面说）比外国落后了"。所以必须急起直追，深入实际，调查研究，力戒空谈，"四个现代化靠空谈是化不出来的"。此后，中国社会学进入了一个通过恢复、重建而走向蓬勃发展和逐步规范、成熟的全新时期。

社会学在其恢复和重建的初期，老一辈社会学家发挥了"传帮带"的作用，并继承了社会学擅长的社会调查的优良传统。费孝通先生是我所在的中国社会科学院社会学研究所第一任所长，他带领的课题组，对实行家庭联产承包责任制后的农村进行了深入的调查，发现小城镇的发展对乡村社区的繁荣具有十分重要的意义。费孝通先生在20世纪80年代初期发表的《小城镇·大问题》和提出的乡镇企业发展的苏南模式、温州模式等议题，产生了广泛的影响，并受到当时中央领导的高度重视，发展小城镇和乡镇企业也随之成为中央的一个"战略性"的"大政策"。社会学研究所第三任所长陆学艺主持的"中国百县市经济社会调查"，形成了 100 多卷本调查著作，已建立了 60 多个县（市）的基础问卷调查资料数据库，现正在组织进行"百村调查"。中国社会科学院社会学研究所的研究人员在 20 世纪 90 年代初期集体撰写了第一本《中国社会发展报告》，提出中国社会变迁的一个重要特征，就是在从计划经济走向社会主义市场经济的体制转轨的同时，也处于从农业社会向工业社会、从乡村社会向城市社会、从礼俗社会向法理社会的社会结构转型时期。在社会学研究所的主持下，从 1992 年开始出版的《中国社会形势分析与预测》年度"社会蓝皮书"，至今已出版 20 本，在社会上产生了较大影响，并受到有关决策部门的关注和重视。我主持的从 2006 年开始的全国大规模社会综合状况调查，也已经进行了三次，建立起庞大的社会变迁数据库。

2004 年党的十六届四中全会提出的构建社会主义和谐社会的新理念，标志着一个新的发展时期的开始，也意味着中国社会学发展的重大机遇。2005 年 2 月 21 日，我和我的前任景天魁研究员为中央政治局第二十次集体学习做"努力构建社会主义和谐社会"的讲解后，胡锦涛总书记对我们说："社会学过去我们重视不够，现在提出建设和谐社会，是社会学发展的一个很好的时机，也可以说是社会学的春天吧！你们应当更加深入地进行对社会结构和利益关系的调查研究，加强对社会建设和社会管理思想的研究。"2008 年，一些专家学者给中央领导写信，建议加大对社会学建设发展的扶持力度，受到中央领导的高度重视。胡锦涛总书记批示："专家们来信提出的问题，须深入研究。要从人才培养入手，逐步扩大社会学研究队伍，推动社会学发展，为构建社会主义和谐社会服务。"

目前，在恢复和重建 30 多年后，中国社会学已进入了蓬勃发展和日渐成熟的时期。中国社会学的一些重要研究成果，不仅受到国内其他学科的广泛重视，也引起国际学术界的关注。现在，对中国社会发展中的一些重大经济社会问题的跨学科研究，都有社会学家的参与。中国社会学已基本建立起有自身特色的研究体系。

回顾和反思 30 多年来走过的研究历程，社会学的研究中还存在不少不利于学术发展的问题。

一是缺乏创新意识，造成低水平重复。现在社会学的"研究成果"不可谓不多，但有一部分"成果"，研究之前缺乏基本的理论准备，不对已有的研究成果进行综述，不找准自己在学科知识系统中的位置，没有必要的问题意识，也不确定明确的研究假设，缺少必需的方法论证，自认为只要相关的问题缺乏研究就是"开创性的""填补空白的"，因此研究的成果既没有学术积累的意义，也没有社会实践和社会政策的意义。造成的结果是，低水平重复的现象比较普遍，这是学术研究的大忌，也是目前很多研究的通病。

二是缺乏长远眼光，研究工作急功近利。由于科研资金总体上短缺，很多人的研究被经费牵着鼻子走。为了评职称，急于求成，原来几年才能完成的研究计划，粗制滥造几个月就可以出"成果"。在市场经济大潮的冲击下，有的人产生浮躁情绪，跟潮流、赶时髦，满足于个人上电视、见报纸、打社会知名度。在这种情况下，一些人不顾个人的知识背景和学科训练，不尊重他人的研究成果，不愿做艰苦细致的调查研究工作，也不考虑基本的理论和方法要求，对于课题也是以"圈"到钱为主旨，偏好于短期的见效快的课题，缺乏对中长期重大问题的深入研究。

三是背离学术发展方向，缺乏研究的专家和大家。有些学者没有自己的专门研究方向和专业学术领域，却经常对所有的问题都发表"专家"意见，"研究"跟着媒体跑，打一枪换一个地方。在这种情况下，发表的政策意见，往往离现实很远，不具有操作性或参考性；而发表的学术意见，往往连学术的边也没沾上，仅仅是用学术语言重复了一些常识而已。这些都背离了科学研究出成果、出人才的方向，没能产生出一大批专家，更遑论大家了。

这次由中国社会科学院社会学研究所学术委员会组织的"当代中国社会变迁研究文库"，主要是由社会学研究所研究人员的成果构成，但其主旨是反映、揭示、解释我国快速而巨大的社会变迁，推动社会学研究的创新，特别是推进新一代社会学人的成长。

李培林

2011 年 10 月 20 日于北京

目　　录

第一章　"公司革命"：社会学视野中的中国企业现代转型 …………… 1

一　金融市场与中国超级企业的崛起 ………………………… 1

二　新制度主义视角下的公司治理和公司战略研究 ………… 5

三　研究方法与数据 ……………………………………………… 7

第二章　强化约束机制：迈向股东导向型公司治理 …………… 13

一　股东资本主义的兴起及全球扩张 ………………………… 17

二　中国股东导向型公司治理改革，1997～2007 …………… 22

三　企业何以采用股东导向型公司治理制度 ………………… 31

四　数据和研究方法 ……………………………………………… 43

五　模型结果 ……………………………………………………… 46

六　"最佳"公司治理制度的跨国传播 ………………………… 49

第三章　再造激励机制：高管薪酬体系变革 …………………… 52

一　西方高管薪酬制度的演进路径 …………………………… 53

二　美国高管薪酬体系变革的经济和社会影响 ……………… 59

三　近代以来中国企业高管薪酬制度的历史发展 …………… 64

四　探索中国特色高管薪酬制度 ……………………………… 85

第四章　重塑公司战略：从多元化到专业化 …………………… 93

一　多元化战略在中国的兴衰 ………………………………… 95

二　新制度主义的公司战略分析框架 ………………………… 99

三 理解中国企业的多元化：几项假设 …………………… 102

四 数据和研究方法 …………………………………… 110

五 模型分析结果 …………………………………… 112

六 制度环境与公司战略 …………………………… 116

第五章 在市场与政治之间：企业领导人更替机制改革 …………… 121

一 企业领导人更替的两种理论 …………………… 123

二 中国上市公司总经理的强制离职 ……………… 125

三 数据和研究方法 ………………………………… 133

四 模型分析结果 …………………………………… 140

五 企业领导人更替的效率逻辑和权力逻辑 ……… 144

第六章 "好治理"与"好业绩"：事实还是神话 ……………… 147

一 公司治理和企业绩效：理论与假设 …………… 150

二 数据和研究方法 ………………………………… 168

三 模型分析结果 …………………………………… 173

四 "最佳"公司治理模式的社会建构 …………… 183

第七章 打造中国特色现代企业制度 ……………………… 190

一 中国企业现代化路线图 ………………………… 191

二 金融市场与中国企业的现代转型 ……………… 193

三 新型国有企业的诞生 …………………………… 194

四 打造中国特色"现代企业制度" ……………… 197

附表 样本上市公司列表 …………………………………… 208

参考文献 ……………………………………………………… 220

第一章

"公司革命"：社会学视野中的
中国企业现代转型

一 金融市场与中国超级企业的崛起

中国石油天然气股份有限公司（Petro China Company Limited，以下简称"中石油"）作为中国的石油和天然气巨头，在 2007 年 11 月于上海证券交易所首次公开募股（Initial Public Offering，简称 IPO）之时便成为世界上第一个市值超过 1 万亿美元的上市公司。随着股票价格的上涨，中石油凭借其三倍于首发价（IPO Price）的高达 48.62 元（约合 6.52 美元）的股价，在首发当日便超越美国埃克森美孚（Exxon Mobil）石油公司，成为世界上市值规模最大的公司。虽然中石油之前已在美国纽约证券交易所和中国香港联交所上市，但资本市场中蠢蠢欲动的资金以及投资者对新机遇的无限渴望，仍然使得中石油股票成为人们竞相购买的对象。在上海证券交易所上市当天，其市值最高点约 1.2 万亿美元，相较之下，埃克森美孚石油公司4870 亿美元的市值便显得小巫见大巫了。就当时的情况来看，中石油的市值规模甚至还超过澳大利亚 2007 年全年的国民生产总值①。即便是美国市场上最为精明的投资者也似乎难以抵御这扑面而来的中石油的股票狂潮。例如，为世人所熟知的"最伟大的投资者"沃伦·巴菲特，在 2007 年通过售出其早在 2003 年就购入的 5 亿美元中石油股票获取了 35 亿美元的盈利，

---

① 《纽约时报》2007 年 11 月 5 日。

也就是说，在短短的四年之中巴菲特投资中石油的回报便超过600%①。当然，由于广大投资者对股票市场的热情，获益匪浅的并不止中石油一家，其他一些中国大型国有控股公司也同样大受其益。结果是，至2007年，中国就拥有了好几家世界上最具价值的公司，包括全球范围内规模最大的银行（ICBC，中国工商银行）、保险公司（China Life，中国人寿）、电信运营商（China Mobile，中国移动）以及航空公司（China Southern Airlines，中国南方航空公司）等拥有惊人市值的超级企业。如果仅从市值来看，全世界最大的10家公司中，中国就占了5家。

处于中国商业世界另一头的私有企业同样也从金融市场获得了巨大的推动力。例如，中国2007年几次最为热门的首次公开募股中，民营房地产公司"碧桂园"在开盘当日股价就飙升了35%。在上市首日的交易结束时，这个创建于中国南方的本来鲜为人知的地产公司，市值达到了150亿美元；而拥有其60%股份的创始人杨国强先生也顷刻之间成为中国首富，其身价甚至超过了当年的投资大师乔治·索罗斯、苹果公司创始人史蒂芬·乔布斯以及默多克新闻集团的创始人鲁珀特·默多克。碧桂园拥有华尔街一些最大、最知名的投资银行作为其主承销商②，包括摩根士丹利（Morgan Stanley）和瑞士联合银行（UBS）；其公开募集到的资金约达16亿美元，相当于谷歌在2004年公开上市时在美国股票市场的募资额；另外，该公司在2007年的预期利润高达5亿美元，几乎与世界范围内的那些跨国企业巨头不相伯仲③。

若在20世纪90年代末期之前，中国拥有这样市值巨大、业绩出色的超

---

① 《纽约时报》2007年10月19日。

② 主承销商（Lead Underwriter），是指在股票发行中独家承销或牵头组织承销团经销的证券经营机构。主承销商是股票发行人聘请的最重要的中介机构。它既是股票发行的主承销商，又是发行人的财务顾问，且往往还是发行人上市的推荐人。当一家企业决定发行股票后，往往会有几家、十几家甚至几十家证券经营机构去争取担任主承销商，竞争十分激烈。国际上，主承销商一般是由信誉卓著、实力雄厚的商人银行（英国）、投资银行（美国）及大的证券公司来担任。在我国，一般则由具有资格的证券公司或兼营证券的信托投资公司来担任。在我国，国家对承销业务的实施及承销资格的认定均有明确的规定，根据《证券经营机构股票承销业务管理办法》的规定，当拟公开发行或配售股票的面值总额超过人民币3000万元或预期销售总额超过人民币5000万元时，应当由承销团承销。承销团由2家以上证券经营机构组成，其中牵头组织承销团的证券经营机构是主承销商。

③ 《纽约时报》2007年4月21日。

级国有和民营企业巨头是想都不敢想的事情。那时候的中国，不仅工业部门百病缠身，银行体系也是负债累累，具体的债务情况甚至至今没人能够说得清楚。整个会计系统的混乱程度比起当年的安然公司（Enron）可能更加严重，除此之外，还有一些体制性问题，国有企业（如中石油）和国有银行（如中国工商银行）等都处于濒临破产的边缘。曾于 20 世纪 80 年代起在中国为一家美国律师事务所服务的章家敦，在他的《中国即将崩溃》（2001）一书中不遗余力地论述并指出一旦加入世界贸易组织（WTO），在强大的各方压力之下，不多时日——很可能不超过五年时间①——中国的经济便将彻底崩溃，而届时整个国家也会面临巨大的社会动荡②。

回溯至 1997 年，杨国强先生是在家乡广东佛山当了多年的种地农民兼建筑工人之后，靠着辛勤的劳动所获，再加上一些四处借来的资金，他创立了碧桂园。像 20 世纪 90 年代大多数的中国民营企业一样，碧桂园当时只是一个家庭式的规模很小的企业，那时典型的中国民营企业同西方世界"夫妻店"式的家庭企业很像，由于难以从国有银行筹得资金，往往在规模上都非常有限。

那么，究竟是何种原因使得当初那些负债累累、随时可能破产的如中石油和中国工商银行这样的国有企业在不到十年的时间之内便能够扭转乾坤，成为全球市值颇高的超级大公司？而像碧桂园那样的"夫妻店"式的家族企业又是如何在短短十年之内成长为中国最大的民营公司并变身成为一个颇具规模的现代企业？这些骄人业绩的背后，中国的公司治理和公司战略经历了怎样的变化？不用说，在这一系列问题的背后，一定有很多经济因素对这些国有和民营公司令人瞩目的崛起和发展起到了功不可没的作用（例如整体上快速增长的中国经济）。本书从中国企业成功转型背后的制度性、结构性因素展开讨论。金融市场，其作为最强大的制度性力量之一，扮演着幕后推手的角色并改变了千千万万中国企业的命运：显而易见，如

---

① 中国于 2001 年 12 月加入世贸组织，其后绝大多数的过渡性政策都在三年之内到期。

② 美国有一些人从来也没有以正常的、平静的心态来看待中国。就在章家敦大发谬论时，另一种论调——"中国威胁论"与之一唱一和。1949 年中华人民共和国成立以后，某些美国人对中国的看法，一直在这两种论调之间摇摆。不是期待中国崩溃，就是渲染中国威胁。20 世纪 90 年代初，一些美国人士非常自信地预言"中国即将崩溃"。不过，预言非但没有成为现实，中国反而一天天繁荣起来。于是在 21 世纪以后，"中国威胁论"成为主打论调。叫嚣"崩溃"也好，声称"威胁"也罢，他们的目的只有一个，不希望看到中国的发展壮大。

果没有实现在金融市场的上市融资，中石油和碧桂园所拥有的巨大财富以及如闪电般迅猛上升的势头，实在难以成为可能。其他众多的中国企业也是在上市之后，才有了股价呈 100%、200%，甚至 1000% 的大幅度增长。假使从来不曾上市，类似碧桂园这样的默默无闻的家族企业，想要实现高达 16 亿美元的一次性融资，就不啻为天方夜谭。不过，中国的金融市场绝不仅仅是企业融资和迅速致富的渠道，它对小到国有企业的治理机制改造、大到中国企业的整体现代化都起着至关重要的作用。从广义上讲，20 世纪90 年代初金融市场在中国的出现，极大地改变了中国的社会结构和经济运行机制：是它引发了一次次的中国"公司革命"（Corporate Revolution）（例如 90 年代以来全国性、大规模的股份制和公司制改造），而又是这些"公司革命"的巨大浪潮为中国送来了如《资本的社会化》（*Socializing Capital*）（Roy，1997）和《组织美国》（*Organizing America*）（Perrow，2002）中所描述的那些浩瀚宏伟的历史进程①。因此，正如美国经济从 20 世纪初逐渐开始由那些企业巨鳄所主宰一样，在 21 世纪初的中国，类似的超级大企业亦开始接二连三地浮出水面。

探索中国这些企业（主要是国有企业和家族企业）转型成为现代化企业的原因及结果，是本书实证与理论研究所追求的目标。本书对国家和金融市场在重塑上市公司②的公司治理（Corporate Governance）和公司战略（Corporate Strategy）的过程中所起的作用进行了特别的关注。本章一开始对本书的理论框架——一种全新的从制度角度对公司治理和公司战略进行的研究——做出详细的阐述。接下来，将会对研究所收集到的用以检测并阐释本书论点的数据加以说明。在本章的最后，将简要指出本书为公司治理和公司战略研究所做出的理论和经验的贡献。

---

① 根据资本社会化的程度，我们可以将企业分为独资企业、合伙制企业、股份制企业、上市公众公司（public company）以及国有企业。从这一意义上说，国有企业比上市公众公司的资本社会化的程度还要高。因此，在中国，通过公开上市的方式将国有企业改造成公众持有的上市公司更应该被称作是"资本的再社会化"（Re-socializing Capital）。此外，改革前中国的整个社会结构主要是以国有企业为核心，也就是我们所说的"单位制"；然而在国有企业上市之后，传统的"单位制"也被以社区为基础的"社区制"所取代，这一点同西方的社会组织形式非常类似。因此，中国的"公司革命"，其实也是一个"再组织化中国"（Re-organizing China）的过程。

② 上市公司又可以称为公众持有公司（publicly-held company）或公开上市公司（listed company）。为方便起见，笔者会在本书中交替使用这些术语。

二 新制度主义视角下的公司治理和公司战略研究

中国企业的公司治理和公司战略在过去几十年中发生了巨大变化，并且也越来越与股东导向型公司治理制度（如独立董事制度、企业高管股权期权薪酬制度）和公司战略（如去多元化以及向专业化的回归）趋同。中国企业在1998年的时候几乎还没有一家公司会在董事会中设立独立董事。但在短短五年之后，也就是2003年，独立董事在中国上市公司董事会成员中的比重便达到了33%。而在公司战略方面，自1997年亚洲金融危机之后，中国企业也纷纷开始了由多元化向专业化的快速转变：平均业务部门数量在2001年还超过3个，但到了2007年便降至2.6个；超过85%的企业在2001年从事多种行业，然而到了2007年，这些企业的比例便下降到了70%左右；另外平均熵值①也从峰值年即2001年的0.56，显著下降到2007年的0.42。可以说，中国企业在短短几年中经历了非常迅速的去多样化（de-diversification）。此外，由中上级政府掌控的大型企业（如"央企"和"省企"）在20世纪90年代尚处于崩溃的边缘，而在短短几年之后，便摇身成为中国的领军企业并在全球企业巨头之林占有了一席之地，其良好的业绩也是普通民营企业及由基层政府控制的企业（如县、市企业）所难以企及的。

本书的最大挑战是要阐明究竟是哪些因素导致了所有这些变化的发生，即为什么中国企业会采用股东导向型公司治理制度，为什么他们会选择去多元化并回归集中化、专业化的公司战略，以及这些大型国有企业实现从破产边缘起死回生并成功转变成充满活力的现代企业的具体过程。毫无疑问，在公司治理和公司战略变革的背后，一定有着公司内部的一些原因（intra-organizational factors），但对于那些大规模、大幅度的转变，笔者认为还是要归功于强大的国家影响力以及充满活力的新兴金融市场等外部原因。

大多数现有的关于公司治理和公司战略的研究都运用了新古典主义经济学（neo-classical economics）代理理论（agency theory）。代理理论认为公司采取的各项举措主要基于效率（efficiency）和理性（rationality）的考虑。根据此种观点，任何流行的公司治理实践，都可以被解释为市场优胜劣汰

① 一个多元化程度的测量指标，详细说明请参看本书第四章内容。

的最终结果。因此，新古典经济学家认为股东导向型公司治理制度在中国企业中的盛行是因为它确实是最高效的公司治理模式，同时也是公司业绩最有力的保障。但国内外的经验研究表明，股东导向的公司治理制度，例如委任独立董事等做法，实际上对于公司业绩不但没有任何实质性的促进，甚至在某些情况下还可能对公司本身的价值和业绩造成一定的损害。那么，究竟是什么原因使得中国企业在过去几年中纷纷实施股东导向的公司治理制度并向专业化战略回归呢？

与新古典主义经济学视角相对的是从制度主义视角进行的研究，其在探索公司治理和公司战略相关问题的时候则是更加强调权力（例如国家和金融市场的力量）以及正当性、合法性在公司治理和公司战略模式新旧交替过程中所起到的形塑和调整作用。尽管一些企业的组织变革可以归结为效率导向的结果，但这些变化通常并非基于纯粹的理性计算，而往往只是为了满足企业背后利益群体增强合法性、巩固权力和维持稳定的愿望和需要（Fligstein，1990；Roy，1997；Dobbin & Dowd，2000；Perrow，2002；Zorn，2004）。本书以新制度主义理论研究的成果为理论基础，通过新制度主义组织研究这样一个全新的视角来对公司治理和公司战略展开分析。本书重点探讨了制度性（institutional）的外部力量（例如国家和金融市场）在塑造大企业内部的公司治理和公司战略中起到的作用，并强调权力与合法性（而非效率）在组织变革过程中所具有的关键性作用。本书旨在证明这一新的制度视角能够为我们提供更为丰富的理论指导，能够使我们更好地理解中国企业是如何在十年之内（1997~2007）便实现了如此急剧转变的原因。本书的主要观点：是国家和金融市场这样的外部力量，通过其所拥有的政治权力和市场支配力来对"现代企业"的理想形象进行了构建（主要基于美式股东导向型公司治理制度），从而使得中国企业大规模地以此为范本来进行公司治理和公司战略的选择与实施。这是一个对中国企业加以"现代化"的过程，或者按照正式文件的说法，是一个建立"现代企业制度"（Modern Enterprise System，MES）的过程。

以本书提出的核心论点为前提，即假定的确是外部的制度性力量在这些中国企业背后主导了其公司治理和公司战略的变革，我们可以进一步推断，应该是那些更多地接触到了这些外部关键行动者（例如国家和机构投资者）的企业更可能采取新的股东导向的公司战略和公司治理制度。在本章之后的实证章节中，笔者对这一推断的具体情况进行了详细说明：通过对 676 家中国上市公司 2000～2007 年的财务和公司治理纵贯数据（longitu-dinal data）以及相关深度访谈资料的分析，我们发现在国家和金融市场所构造的现代企业理想形象的影响下，虽然几乎所有的中国上市公司都任命了外部独立董事，首席执行官（CEO）和董事会主席两职实现了分任并纷纷施行了去多元化战略，但是那些更多地受到国家和金融市场所施压力的企业，这样做的可能性明显更大一些。这些实证分析也说明了在公司治理这一问题上新制度主义理论确实要比新古典主义经济理论（即代理理论）更具解释力。

三 研究方法与数据

本书同时采用了定量分析和定性分析的研究方法。定量研究是所有量化建模的基础，而定性研究（包括深度访谈、期刊查阅和个案研究）则使笔者得以更加准确深入地去理解和阐释通过定量分析得到的结果。正是通过定量与定性研究的结合，我们才能够厘清国家和金融市场在中国企业采用股东导向型公司治理和公司战略的变革中起到的关键作用。为了更好地探讨这些组织变革的具体过程及其结果，笔者采访了在中国证券市场和中国上市公司中任职的有着不同视角和身处不同职位的人。这一点可以说非常重要，例如政府官员的谈论重点可能是政府为什么以及如何推动股东导向型公司治理和公司战略在企业中得以贯彻和实施，而上市公司高管则可能会着重阐释战略转型和新的公司治理制度在企业内如何得以实现以及实现之后给企业绩效带来的影响，这些从不同角度进行的访谈有利于我们从宏观和微观角度全面、准确地理解中国上市公司的公司治理和公司战略转型。

（一）定量数据

本书使用的定量数据主要来自以下几个方面。总经理（CEO）变更情况以及会计与财务数据信息是从上市公司的年度报告以及国泰安系列数据库（CSMAR，中国证券市场与会计研究数据库）采集而来。对中国上市公司来说，年度报告仍然是企业进行自我展示、宣布企业战略变更以及同股东和其他利益相关者进行沟通的最重要的手段。CSMAR 是香港大学同总部位于深圳的国泰安信息技术有限公司（GTA）进行的一个合作项目，由于其卓越的品质而被纳入宾夕法尼亚大学沃顿商学院研究数据服务中心（WRDS）的数据库。该数据库提供了中国上市公司的大量信息，涵盖产业部门、注册资本、员工人数、高层管理人员以及财务信息等诸多方面的情况。上市公司股权结构和公司治理等信息来自北京色诺芬信息服务有限公司（Sinofin）开发的数据库。同 CSMAR 数据库相比，Sinofin 数据库除了能够提供上市公司的财务信息以外，还能进一步提供上市公司股权结构及公司战略等动态变化的情况。多元化的相关数据则是在上市公司的年度报告和 Wind 数据服务公司（又称为"中国的彭博社"）所提供信息的基础上计算得出。Wind 数据服务公司提供的数据信息是中国企业家和金融专家最常使用的数据资源。此外，对于那些无法从年度报告或以上三个数据库查到的变量信息，例如上市公司的行政级别或其隶属的政府级别等信息，笔者则根据公司网站提供的信息或首次公开募股（IPO）的招股章程进行了收集和人工编码。

在上述数据资料的基础上，笔者构建了涵盖 676 家中国上市公司在 1997~2007 年的公司治理、股权结构、总经理变更、产业多元化以及公司财务等信息的面板数据库。进入面板数据库的 676 家企业中，有 403 家企业是在深圳证券交易所上市，另外 273 家则是在上海证券交易所上市。在行业组成方面，如图 1-1 所示，样本公司中最大群体（67%）来自制造业，然后是公用事业（10%）和多元化企业（9%）。与中国的非上市公司相比，这些作为研究样本的上市公司规模更大，也更有知名度和影响力。之所以将这些大型企业作为研究样本有几个原因：首先，这些大型企业构成了主导中国经济的核心部分，因此这些企业本身的重要性就决定了它们值得我们对其进行深入的研究。其次，这些大型企业的治理实践为其他相关企业提供了良好的范例。中国上市公司的组织变革可以说为其他中国企业起着良好的榜样和示范作用，尤其在公司治理和公司战略方面有着相当大的影响力。

以 1997~2007 年这一时间段作为研究中国企业公司治理和公司战略的观察窗主要有三方面的理由。第一，一直到 1997 年亚洲金融危机之后，公司治理这一概念才真正为中国企业管理人员和商业研究者所熟知；股东导向型公司治理制度（比如独立董事制度）也是从 2001 年起才开始在中国企业中被广泛采用的。除此之外，股东导向的公司战略（例如去多元化）直

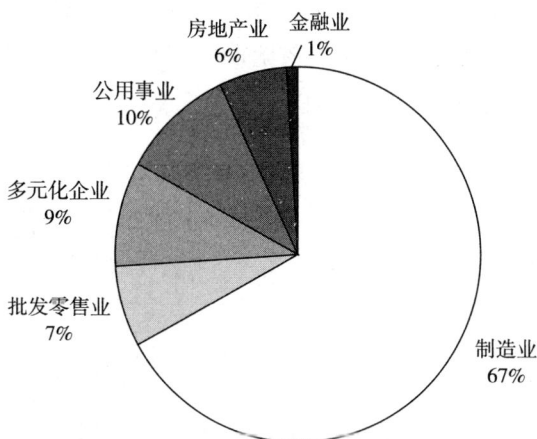

图 1 - 1 样本公司的行业构成情况

到 20 世纪 90 年代末其强劲的势头才开始逐渐显现出来。第二，我们之所以选择 1997 年作为研究的起始年份，也因为中国上市公司的各项信息是从 20 世纪 90 年代末才开始变得相对可靠。对中国上市公司信息公开化的要求，直到 20 世纪 90 年代末①随着一系列有关信息披露的法律法规出台之后才真正做到了切实执行。第三，1997～2007 年是我国实施股东导向型公司治理改革（比如独立董事制度、高管股权期权薪酬制度）的主要时期，2008 年全球金融危机以后，美式股东导向型公司治理制度受到质疑，甚至被认为是金融危机的罪魁祸首，加上 2012 年党的十八大以来，我国的公司治理改革更加强调要符合中国国情，强化党的领导和劳动者的权益保护，因此，大规模的股东导向型公司治理改革基本停止。

中国政府在 20 世纪 90 年代初开设了两家证券交易所（上海证券交易所和深圳证券交易所分别于 1990 年和 1991 年开始正式营业），在这两家交易所上市的中国企业截至 1997 年一共是 703 家（见图 1 - 2），因此，本书 676 家企业的样本基本覆盖了所有在 1997 年已上市的公司②，能够有效地跟踪

---

① 最重要的有关信息披露问题的法律法规应该是《证券法》，此法案是从 1999 年才开始正式生效的。

② 之所以没有把 1997 年已上市的全部 703 家公司都纳入研究样本，是因为其中一些公司的数据信息可信度太低或质量太差。

这些公司在 1997～2007 的动态变化。采用十年的面板数据，对于研究中国上市公司的公司治理和公司战略如何随时间而变化，以及国家和金融市场在这些变化背后所起到的作用，可以说至关重要。

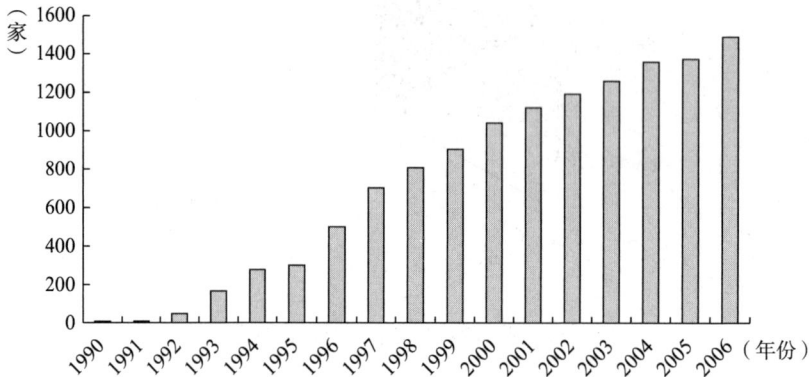

图 1－2　1990～2006 年间中国上市公司总数量

（二）定性数据

笔者通过深度访谈、商业和金融期刊查阅和个案研究完成了定性数据的采集工作。

1. 深度访谈

为了能够多角度地对宏观的制度变革（例如国家和金融市场层面的变革）、微观的企业组织变革效果情况及这两者之间的相互作用加以考察，笔者采访了在上市公司和金融市场相关部门工作的一些人士，包括来自中国证券监督管理委员会（证监会，CSRC）和国务院国有资产监督管理委员会（国资委，SASAC）的政府官员和金融市场监管者，上市公司高管和独立董事，基金经理和证券分析师，以及对金融市场和中国上市公司情况都比较熟悉的公司法律顾问和管理顾问。笔者一共进行了 52 次采访，表 1－1 列出了这 52 位受访者及其所属机构的信息。总体而言，这些深度访谈为本研究的顺利完成提供了非常重要的信息，让笔者得以更加深刻地理解了中国企业的公司治理和公司战略在近些年中的具体变化情况以及这些变化发生的真正原因，并且也让笔者能够更为自信地找出定量模型分析背后的因果关系。可以说这些深度访谈信息为本书的研究提供了非常宝贵的灵感和实例性数据。

表 1 - 1 本书受访者情况

受访者所处部门	受访者任职机构或职务	受访者人数
政府机构	证监会（2） 深圳证券交易所（5） 国家发展和改革委员会（2） 国资委（1） 中组部（1）	11 人
上市公司	董事长或总经理（CEO）（6） 首席财务官（CFO）（2） 董事会秘书（3） 投资者关系经理（2） 独立董事（3）	16 人
金融市场	基金经理人（3） 证券分析师（5） 风险投资和私募股权经理（2） 投资银行家（4）	14 人
其他同管理和金融市场相关的专业部门	商业和金融期刊（3） 管理顾问（2） 公司法律顾问（2） 财会人员（2） 管理和金融研究学者（2）	11 人
总计		52 人

2. 对商业和金融期刊的查阅整理

笔者对最具权威性的商业和金融期刊，包括《中国证券报》（被认为是"中国的华尔街日报"）、《财经杂志》（被认为是"中国的经济学家杂志"）、《中国企业家》、《环球企业家》、《哈佛商业评论》（中文版）这几家报纸杂志在 1997 ~ 2007 年刊登的文章进行了系统性的阅读和整理。在此过程中笔者尤其关注了与公司治理、公司战略以及金融市场运作相关的企业问题的报道和评论。

3. 企业个案研究

本书的定性研究还包括了以几家上市公司为样本的个案研究。个案研究主要针对公司战略和总经理变更这两方面进行深入探索，这对我们更深入地理解企业变更背后的复杂因素并提出可检验的假设打下了良好的实证基础。同深度访谈一样，这些个案分析也增强了笔者在研究后期基于定量统计结果进行因果关系分析与推断的信心。

本书对现有研究主要有两个方面的贡献。首先，从理论上来看，本书所做的研究加深了我们对外部制度环境如何塑造大型企业内部结构和战略这一问题的理解，具体而言，本书使我们对国家和金融市场在大型企业公司治理和公司战略变革中所起的作用有了更为深入和全面的认识。其次，从现实意义上来说，本书进行的调查分析有助于我们深入理解中国企业（特别是国有企业和家族企业）是如何在过去几十年中通过股权多元化/股份制改造、公开上市以及实施股东导向型公司治理改革而实现向现代企业转变的。此外，虽然近年来相继出现了不少关于中国金融市场和上市公司的研究文献，但绝大多数都是从经济学或政治学的角度来做的研究；而本书则是从社会学角度对这一系列问题进行剖析，通过这一社会学新视角，我们对中国金融市场的结构、运作机制以及中国上市公司的公司治理和公司战略问题会有新的、更为深入的理解和认识。

第二章

强化约束机制：迈向股东导向型公司治理

二战后特别是 20 世纪七八十年代以来，在全球化进程及信息技术革命的推动下，各个国家尤其是发达国家的金融资本快速增长，金融化趋势不断加强，政府、企业、家庭和个人都不可避免地受到金融活动的影响。金融资本的全球流动是当前资本主义发展到新阶段的突出表现，它改变了以往的资本结构和产业结构，极大地强化了金融市场在资源配置中的支配作用，带来了"社会生活金融化"的新趋势（克里普纳，2008a，2008b；张晨、马慎萧，2014）。

金融资本全球化——不同于工业资本主义时期的经济全球化——意味着金融市场、金融机构、金融资本和金融文化理念在全球经济体系中的重要性上升，它们逐步取得对工业贸易和商业活动的控制地位，并开始主导资本的全球化进程。一方面，金融资本使经济活动与金融活动深度勾连，将各类资本转移到金融业领域；另一方面，金融、信贷的生活和投资理念深深融入全球化进程，不断形塑着民族国家的政府政策、劳动力雇佣原则、社会关系和家庭生活（何秉孟，2010；向松祚，2015）。经济金融化的影响已远远溢出经济领域，给人类社会带来深远的、整体性的影响，以金融资本积累为核心的活动业已渗透政治、社会、文化等各个领域。

传统的"边界"在金融化与全球化的浪潮中逐渐消失。跨国公司、金融市场与信息技术逐步模糊了投资、生产与经营的地理界限：位于商品价值链顶端的大型跨国公司掌握产品的品牌、文化、技术核心，依靠原始设备制造商（OEM）生产、装配产品，并依靠金融市场在全球选择最佳区位进行深度布局，谋求利润最大化。资本无眠、投资无界，发达经济体正在将全球主要的经济行动主体纳入一个以金融市场与跨国公司为中心的、统一的网状结构中，形成网络效应（任重道、朱贻庭，2009；朱炳元、陆扬，2011）。同时模糊掉的还有制度与理念的边界，因为穿梭于全球金融网络之中的不但有金融资本和物质商品，还有受金融市场影响的国家政治经济政策模式、公司治理模式、公司战略模式、个人经济行为模式和金融理念。

在这一金融全球化的过程中，企业制度与公司治理模式的改变尤为重要。一般来说，发达经济体中的资本主义制度通常可以分为两种：以股东为导向、以资本市场为中心的英美式"股东资本主义"（shareholder capitalism）和以利益相关者为导向、以银行为中心的德日式"利益相关者资本主义"（stakeholder capitalism）。两种范式分别对应着两种不同的公司治理模式："股东导向型公司治理模式"与"利益相关者导向型公司治理模式"。前者以股东利益最大化为导向、以资本市场为中心，后者以利益相关者利益为导向、以全能银行为中心（例如，Shleifer and Vishny，1997；Hall and Soskice，2001）。两者在——国家（the state）、资本所有者（shareholders）、职业经理人（managers）及工会（labor union）——这四者的力量对比上存在较大差异，继而在公司治理机制、权力结构和利益导向上产生诸多不同。不过，这两大公司治理模式都可谓"现代的"企业制度。英美企业和德日企业都具有"产权清晰、权责明确、政企分开、管理科学"的"现代企业"特征。两种模式曾一度旗鼓相当，各自拥有一批追随者和影响范围。

然而，20世纪90年代以来，曾经作为"利益相关者模式"主导力量的银行系统开始失去影响力，大型企业越来越多地从对银行债务的依赖转到了对资本市场的依赖（Fiss and Zajac，2004；Ahmadjian and Robinson，2005），继而导致一系列的制度变迁。如今，"股东资本主义"已经从英美扩散到了全球，曾经"利益相关者资本主义"的构成者无不受到以美国为核心的、新兴金融资本主义模式的影响。肇始于美国的股东资本主义逐步实现了对欧洲国家和日本等其他发达资本主义国家的影响，正向发展中国家和新兴经济体加速扩散。

股东资本主义是金融全球化的主要表现形式和制度载体，其最显著的特征是奉行"股东价值最大化"（the maximization of shareholder value）的管理理念，在股东价值最大化、股东利益至上的原则下，大企业的公司治理机制、发展战略和利益导向都发生了显著变化。企业内部的治理形式同外部环境的资本、信息交换受到金融市场、机构投资者及其他金融中介机构的强烈影响。企业的自主行动的权力受到削弱，演变为金融市场"指引"下的契约关系载体与投资者谋取投资回报利益最大化的"投资工具"。作为"股东资本主义"重要的制度支撑，"股东导向型公司治理制度"首先在20世纪80年代的美国兴起，90年代后向全球各地不断扩散，深刻影响了广大发展中国家和转型国家的公司治理改革。

中国也深度卷入了这一制度扩散过程，"建立现代企业制度"便是其中的一个例证。当然，这并不是说中国的企业现代化完全复制了美式公司治理制度。事实上，自改革开放以来，我国国有企业改革主要经历了三个阶段。第　阶段的改革旨在提高对国有企业管理者和工人的经济激励，以及加大对国有企业的预算限制。第二阶段的改革开始于20世纪90年代初期，目标在于改制国有企业，建立"现代企业制度"① （李培林、张翼，2007；Zheng，2007；陈佳贵，2008）。随着1990年、1991年上海证券交易所和深圳证券交易所的相继成立，一大批改制后的国有企业和民营企业陆续上市。但由于资本市场刚刚建立，运行机制和相关制度还不完善，并没有充分发挥出资本市场在改善公司治理方面的激励与监督作用。大部分上市公司也仅仅把上市作为"圈钱"融资的工具，因此，很多上市后的企业与上市前并没有很大不同。特别是1997～1998年亚洲金融危机发生后，一系列上市公司丑闻和股票市场操纵案（如2000年的"基金黑幕"②、2001年的"银广

---

① 根据《公司法》（1994）规定，现代企业必须"产权清晰、权责分明、政企分开、管理科学"。

② 2000年6月，时任全国人大常委会副委员长成思危在全国人大关于《投资基金法》起草工作会议上对基金严厉质疑，其发言在次日《中国证券报》的头版头条刊出，对基金造成很大影响。8月，《中国证券报》发表《四问证券投资基金》一文，文章对"证券基金本身具有稳定股市的功能吗"、"证券基金本身具有分散股市风险的功能吗"、"证券基金的投资收益一定高于股民投资的平均收益吗"、"发展机构投资者就是发展证券基金吗"四个问题都给出了否定回答。加上6月初嘉实基金（博客、微博）因投资理念不同引发的内部分歧公开化，一系列事件在社会上引起了强烈的震动。10月，《财经》（博客、微博）杂志刊登了《基金黑幕——关于基金行为的研究报告解析》（以下简称《黑幕基金》）一文，"基金黑幕"事件爆发。作者声称该文是根据上交所工作人员赵瑜纲写的一份内部报告撰写而成，并称："虽然没有得到赵瑜纲本人的合作，但《财经》还是经过种种曲折才拿到这份在市场中传闻已久但多数人尚未目睹的报告。"《基金黑幕》一文设有"基金稳定市场——一个未被证明的假设"、"对倒——制造虚假的成交量"、"倒仓——更能迷惑人的操纵行为"、"独立性——一个摇摇欲坠的幻觉"、"净值游戏——不仅仅是表面的欺瞒"、"投资组合公告——信息误导愈演愈烈"6个标题，并对基金全盘否定。《基金黑幕》对基金造成（转下页注）

夏事件"①）相继曝光，这使我国高层决策者进一步意识到了公司治理在建立"现代企业制度"、拉动经济增长和股市发展方面的重要性（Naughton，2007；徐向艺、李一楠，2008）。第三阶段开始于20世纪90年代末。在经过近20年的企业改革探索之后，中央做出了"股份制改革是中国企业改革的核心，而公司治理改革又是股份制改革的核心"②的判断。因此，第三阶段的改革实为广泛的"公司治理改革"，以分别于1999年和2005年修订后的《公司法》③

（接上页注②）很大影响。随后国内很长时间内没有发行新基金，也没有成立新的基金公司，基金发展停滞了两三年。《基金黑幕》对基金投资交易规范化发挥了重要作用。事情发生后，监管部门、基金公司更加重视规范经营。监管部门要求基金公司认真自查，进一步完善交易规则，强化内部风险控制。基金公司将交易室从基金后台运作中独立出来，建立不同基金间有效的"防火墙"；对基金投资运作进行实时监控，内部交易规范变得空前严格。同一家基金公司，只要一只基金对某股票进行了买卖操作，其他基金就不能再进行反向操作。《基金黑幕》发表后，中国股市步入4年多的熊市，基金也陷入低潮期。《基金黑幕》是基金15年发展历史上永远抹不去的一段记忆。

① 银广夏公司全称为广夏（银川）实业股份有限公司，现证券简称为ST广夏（000557）。1994年6月上市的银广夏公司，曾因其骄人的业绩和诱人的前景而被称为"中国第一蓝筹股"。2001年8月，《财经》杂志发表《银广夏陷阱》一文，银广夏公司虚构财务报表事件被曝光。专家认为，天津广夏出口德国诚信贸易公司的产品为"不可能的产量、不可能的价格、不可能的产品"。以天津广夏产品设备的产能，即使通宵达旦运作，也生产不出其所宣称的数量；天津广夏萃取产品出口价格高到近乎荒谬；对德出口合同中的某些产品，根本不能用二氧化碳超临界萃取设备提取。

② 例如，1999年中国共产党第十五届中央委员会第四次全体会议强调，只要国有企业改革仍在继续，公司治理改革就是核心。

③ 我国的《公司法》由第八届全国人大常委会第五次会议于1993年12月29日通过，自1994年7月1日起施行。根据1999年12月25日第九届全国人民代表大会常务委员会第十三次会议《关于修改〈中华人民共和国公司法〉的决定》第一次修正；根据2004年8月28日第十届全国人民代表大会常务委员会第十一次会议《关于修改〈中华人民共和国公司法〉的决定》第二次修正；2005年10月27日第十届全国人民代表大会常务委员会第十八次会议修订；2005年10月27日中华人民共和国主席令第四二号公布，自2006年1月1日起施行。新《公司法》共十三章二百一十九条，原法中只有二十余条内容未变。其他条款内容均有所添加或删改。新法条款数量略有减少，但立法体系与法律结构更为合理严谨。新《公司法》的立法理念更为适应市场经济之需要，体现了鼓励投资、简化程序、提高效率的精神，取消了诸多不必要的国家干预的条款，废除了股份公司设立的审批制，减少了强制性规范，强化当事人意思自治，突出了公司章程的制度构建作用，为进一步完善公司治理结构、加强对股东权益的保护提供了制度保障。此后，《公司登记管理条例》于2005年12月18日修订颁布，随《公司法》于2006年1月1日起施行。2013年12月28日第十二届全国人民代表大会常务委员会第六次会议《关于修改〈中华人民共和国海洋环境保护法〉等七部法律的决定》第三次修正，其中《公司法》做出多项调整。调整后的《公司法》自2014年3月1日起施行。

和《证券法》①，以及中国证监会发布的一系列法规为标志。这些法律法规在很大程度上借鉴了股东导向型公司治理模式的制度设计，比如独立董事制度、信托责任、公司高管股权期权薪酬制度等。

但法律规章往往只是各种制度因素和社会力量角力的结果，而非原因。那么，在中国企业改革高峰期的 1997～2007 年，我国为什么会选择股东导向型公司治理制度作为中国企业改革、建立现代企业制度的参照？在企业层面，是什么因素影响了上市公司采用股东导向型公司治理制度（比如独立董事制度）？上市公司采用股东导向型公司治理制度是各个公司的个体理性决定还是受到了制度环境的强烈影响？股东导向型公司治理制度在中国企业中的扩散机制是什么？虽然这些问题仍待解答，但可以明确的是，中国企业采用股东导向型公司治理制度并非偶然，它反映了过去三四十年金融全球化的加速推进和股东资本主义的兴起和历史变迁。

一　股东资本主义的兴起及全球扩张

20 世纪 80 年代以来，美国的经济运行模式和公司治理模式经历了巨大变化，产生了新的资本主义形态：国际竞争激烈、行业管制宽松、工会力量式微、机构投资者大量持股大公司。相应的公司组织结构特征是：规模缩小并实施"专业化"战略（specialization strategy），通过裁员（downsizing）和重组（restructurings）实现组织结构精简（Budros，1997）。这些变化源于"股东价值最大化"及其背后的"股东资本主义"的兴起，两者相辅相成，互为表里。股东资本主义无论作为一种意识形态还是一系列公司组织结构和战略②，都以"股东

---

① 《证券法》是 1999 年中华人民共和国颁布的法规，是中华人民共和国成立以来第一部按国际惯例、由国家最高立法机构组织而非由政府某个部门组织起草的经济法。《证券法》的出台与 1998 年亚洲"金融危机"的爆发有很大关系，最新修订时间是 2014 年 8 月 31 日。证券法有广义和狭义之分。广义证券法指一切与证券相关的法律规范的总称。狭义证券法，指调整和规范证券总类、证券发行关系、证券交易关系、证券市场监督管理关系以及其他相关法律规范的总称。

② 经济社会学家已经做过很多关于美国上市公司"股东价值最大化"理念的传播和实施方面的实证研究（Davis，1991；Davis and Stout，1992；Davis et al.，1994；Fligstein and Markowitz，1993；Fligstein，2001；Useem，1993；Dobbin et al.，2003；Zuckerman，1999，2000）。结果表明在很多美国公司都进行了财务重组，并采取了剥离不相关的产品线（Davis et al.，1994；Zuckerman，1999，2000）、兼并相关产业（Davis and Stout，1992；Fligstein，2001）、股票回购等金融手法（Westphal and Zajac，2001）以及裁员等一系列策略。这些行为都是为了向投资者证明公司专注于核心业务，专注于赚钱，从而提高公司股票价格。

价值最大化"为导向（Fligstein and Shin，2004；Dobbin and Zorn，2005）。

支持股东价值最大化的学者和企业界人士认为，20 世纪 70 年代美国企业出现问题的根本原因在于，董事会和资本市场未能有效监督、奖励和惩罚公司高管以最大限度地提高资产收益，从而提升股价（Jensen and Meckling，1976；Jensen，1989；Fligstein and Shin，2004）。因此，他们广泛推行一系列新的公司治理做法，例如加强董事会的独立性，强化对公司高层管理者（高管）的市场约束等。不过现实问题在于，无论是董事会还是资本市场都无法有效约束公司高管们的行为。一方面公司高管团队控制着董事会，另一方面外部也缺乏有效的资本市场。董事会的董事们对经理人违反股东价值最大化原则并不敏感，因为他们的利益往往紧密联系在一起（Davis，1991）。

随着法律界、学术界和政治团体激烈讨论董事会应该扮演的角色，20 世纪 70 年代末美国大公司的董事会角色发生了显著变化。在企业并购大潮充斥着诉讼和反诉讼的背景下，1978 年"商业圆桌会议"（The Business Roundtable）发布了题为"大型上市公司中董事会的角色和构成"① 的报告，将董事会从原来的装饰性作用转变为更积极的作用（Mace，1971），该报告的条文成为改善美国公司治理运动的第一波准则。随后几年，他们又提出了一系列公司治理"最佳惯例"（the best practices）。大多数上市公司都对董事会的结构和功能进行了改革，例如任命"外部/独立"非执行董事以确保股东利益，在董事会的各个委员会（尤其是审计、薪酬和提名委员会）中委任外部董事，减小董事会规模，将董事长和总经理两职分任等（Useem，1993；Davis and Stout，1992；Davis et al.，1994；Davis，2005）。这些都标志着"股东价值最大化"已经成为上市公司运行的核心原则，"股东资本主义"正式兴起。

那么，究竟哪些因素引发了股东资本主义在美国的兴起？对于这一问题，目前学术界尚无统一定论。总的来说，主要有两大理论阵营——新古典主义经济学理论（主要是代理理论）阵营和社会学/组织理论阵营。从经济学视角出发的分析大多关注效率方面的因素，而以社会学理论为基础的

---

① 该报告声明董事会的主要职责是：（1）监督公司高管和董事会成员的选拔和继任；（2）评估公司绩效和分配资金；（3）监督企业社会责任；（4）确保遵纪守法（Charkham，1995）。

探究则倾向于强调社会、政治和文化因素的作用。具体来说，社会学对股东资本主义兴起的解释大致分为四种理论：新制度主义理论（new institutional theory）、政治－文化视角的权力和意义构建理论（power and sensemaking theories）、网络理论（network theory）以及资源依赖理论（resource dependence theory）。比较来看，经济学视角和社会学视角的分析主要存在以下几个方面的分歧：股东导向型公司治理制度兴起与传播的原因与动机（企业效率和股东价值最大化 vs 合法性和权力再分配），传播主体（企业 vs 政府和专业人士），传播机制（市场竞争机制 vs 强制性、规范性和模仿性同构机制）以及股东资本主义兴起与传播的影响和后果（企业效率和股东价值的提升 vs 合法性的增强，股东价值的受损以及由工人/员工等利益相关者到企业高管、机构投资者和证券分析师的财富再分配）。

（一）新古典主义经济学的理论解释（委托－代理理论）

委托－代理理论认为股东导向型公司治理制度是降低代理成本、最大化股东价值、提升投资机会，以及获得外部资本的最佳方法（Manne，1965；Jensen，1986）。他们认为产品市场和劳动力市场日益提升的竞争压力和金融市场的压力，会迫使企业采取股东导向型公司治理制度（Jensen，2000）。此外，新古典经济学家们坚信，美式股东资本主义是生产和资源分配最有效率的组织形式。他们还认为，市场和效率因素的考量迫使德日企业采用美式股东导向型公司治理做法，因为美式公司治理模式是最优的、最有效率的，德日企业要想在日益激烈的国际市场竞争中存活下来，并提高自身竞争力，就不得不采用美式公司治理制度。

（二）社会学解释：三类理论

1. 新制度主义理论

新制度主义理论将注意力从技术环境转移到企业所嵌入的制度环境。制度环境由规范性、认知性和强制性的因素构成，存在于一定的文化语境中，是建构组织形式与组织成员思维的重要力量。一方面，出于合法性考虑，组织会主动吸纳那些被广为接受或被认定为规范的行为方式，此时对效率的追求便会退居其次；另一方面，效率本身也是社会建构的结果。何为效率、如何达到效率的最大化往往是历史的、文化的和社会的选择，具有一定偶变性（contingency）。所谓组织的最佳模式往往是历史过程不断收敛的结果，甚至是由"专业人士"（professionals）有意识主导的变革（Meyer and Rowan, 1977；Strang and Meyer, 1994；Meyer, 1994）。

在新制度主义理论的支持者看来，股东价值是一种社会建构出来的"神话"（myth）（Dobbin and Zorn 2005）。出于组织合法性（legitimacy）的考虑，美国企业普遍采用了股东导向型的公司治理做法，比如股票期权薪酬制度、裁减冗员以及其他一些灵活机动的员工雇佣措施。通过这些象征性（symbolical）手段，企业向金融市场发出了一个重要的信号：我们遵循"股东价值最大化"的理念，并以"股东导向型模式"治理公司（Budros, 1997；Westphal and Zajac, 1998；Kalleberg, Reynolds and Marsden, 2003）。专业人士（例如基金经理和证券分析师）在打造和传播这一信号中发挥了关键作用（Zuckerman, 1999, 2000；Dobbin and Zorn, 2005）。

因此，新制度主义者不认为股东导向型公司治理模式是最有效率的组织方式，相关制度的传播也并不基于效率因素。作为"神话"的股东资本主义，是一个社会、政治和信仰体系，而不是单纯的技术和经济实践集合。不少研究已经证实股东导向型公司治理制度的传播更多由合法性和权力而非效率因素驱动。这些制度之所以在全球传播并被不断模仿，原因在于它们被社会建构成是合理的、有效率的和先进的，而不是因为这些公司治理制度真的是最有效率的制度安排。

2. 政治－文化理论

政治－文化理论（political-cultural theory）强调"权力"以及具有回溯性的"意义构建/认知"在股东价值神话的塑造中起到的作用（Dobbin and Zorn, 2005）。这一理论的支持者认为，那些最具权力的行动者通常都会利用自己手中的权力来让实践活动在更大程度上服务于自身利益，并建构起相应的意识形态或理论体系以支撑自身做法的合法性/合理性。股东资本主义的兴起过程也是如此：市场中最具权力的三类群体——并购专家、机构投资者和证券分析师（takeover specialists, institutional investors and securities analysts）首先提出一些新的公司治理做法，然后通过自身掌控的资本市场权力将其灌输到企业管理层。接下来，他们开始对各种理论（例如委托－代理理论和核心竞争力理论）进行综合性、回溯性的意义建构，以构建"股东价值最大化"学说的理论框架并对"企业效率"这一概念进行重新定义（Davis, Diekmann and Tinsley, 1994；Zuckerman, 1999；Dobbin and Zorn, 2005；Zorn and Dobbin et al. , 2005）。从更广泛的意义上来说，金融市场中上述三个专业群体的崛起还要归功于自20世纪70年代以来美国工会力量的衰落、政府监管的放松以及银行影响力的下降。这些企业没有了源于银行压力的内部规制以及来自政府和工会的外部调控，就不得不转而倚靠这些专业人士，因为他们能操纵那些影响企业绩效的关键信息，而企业的绩效又是投资者们亘古不变的关注焦点。这种转变的结果便是权力和利益从主要的利益相关者（例如政府、工会和银行）转移到了金融市场的三类专业人士，即机构投资者、并购专家和证券分析师的手中（Mizruchi and Kimeldorf，2005）。

通过以上分析我们可以看出，新制度主义理论和政治－文化理论对股东资本主义兴起原因的解释存在一些共同之处：两种理论都强调了专业人士具有的强制性力量，以及规范性同构机制的关键作用。政治－文化理论对股东资本主义兴起的政治、经济背景以及权力效应和认知构建问题的解释具有很强的说服力，而新制度主义理论的探讨则让我们得以了解股东资本主义如何实现制度化并完成在美国乃至世界范围的广泛传播的具体过程。

3. 网络理论和资源依赖理论

除了新制度主义理论和政治－文化理论以外，网络理论（network theory）和资源依赖理论（resource-dependence theory）也对股东导向型公司治理制度的传播给出了相应解释。比如，一些研究论证了企业精英网络（例如连锁董事关系网和地理上的接近性）对于"黄金降落伞制度"（golden parachutes）和"毒丸计划"（poison pills）等企业战略在美国企业中的传播所起到的重要作用（Davis，1991；Davis and Greve，1997）。资源依赖理论的研究发现，企业倾向于采用关键资源提供者认可的行为模式（Palmer，Jennings and Zhou，1993），因为它们受控于一些掌握了对于其发展运营至关重要的稀缺资源（Pfeffer and Salancik，1978）。资本即是这样一种关键资源。由于政府和工会力量的持续衰落以及企业的资金来源从银行变成了资本市场，再加上机构投资者和证券分析师越来越成为企业生存和盛衰的重要因素，许多企业的资源依赖对象从利益相关者（例如银行和工会）转变成了股东/投资者和资本市场，因此企业行为便自然而然开始有了"股东价值最大化"的倾向（i. e.，Ahmadjian and Robinson，2005）。

二　中国股东导向型公司治理改革，1997～2007

在 20 世纪 90 年代股东资本主义发展的高峰期，中国证券监管机构和财经政策制定者们也意识到全球对股东导向型公司治理制度的热情。1997 年亚洲金融危机的爆发使得金融监管更为迫切，在这种背景下，当年 8 月国务院研究决定，将上海、深圳证券交易所统一划归中国证券监督管理委员会（证监会）监管①。随着 1999 年《证券法》的颁布，证监会开始行使双重权力：规范证券市场以及在统一法律框架内标准化既有的法律法规。从 20 世纪 90 年代末到 2001 年，中国证监会发布了 60 多项法律法规，其中很多借鉴了股东导向型公司治理制度的一些做法，如独立董事制度、董事的信托责任（fiduciary duties）、信息披露、公司并购准则（take-over code）和公司控制权市场（market for corporate control）、法律改革以确保可以通过诉讼保障股东权利、会计制度改革和审计监督等。

其中令人印象最深刻的是 2001 年 8 月 16 日发布的《关于在上市公司建立独立董事制度的指导意见》（以下简称《指导意见》）。《指导意见》要求在 2002 年 6 月 30 日前，每个上市公司董事会成员中应当至少包括 2 名独立董事；在 2003 年 6 月 30 日前，每个上市公司董事会成员中应当至少包括三

---

① 1992 年 10 月，国务院证券委员会（简称国务院证券委）和中国证券监督管理委员会（简称中国证监会）宣告成立，标志着中国证券市场统一监管体制开始形成。国务院证券委是国家对证券市场进行统一宏观管理的主管机构。中国证监会是国务院证券委的监管执行机构，依照法律法规对证券市场进行监管。国务院证券委和中国证监会成立以后，其职权范围随着市场的发展逐步扩展。1993 年 11 月，国务院决定将期货市场的试点工作交由国务院证券委负责，中国证监会具体执行。1995 年 3 月，国务院正式批准《中国证券监督管理委员会机构编制方案》，确定中国证监会为国务院直属副部级事业单位，是国务院证券委的监管执行机构，依照法律、法规的规定，对证券期货市场进行监管。1997 年 8 月，国务院研究决定，将上海、深圳证券交易所统一划归中国证监会监管；同时，在上海和深圳两地设立中国证监会证券监管专员办公室；11 月，中央召开全国金融工作会议，决定对全国证券管理体制进行改革，理顺证券监管体制，对地方证券监管部门实行垂直领导，并将原由中国人民银行监管的证券经营机构划归中国证监会统一监管。1998 年 4 月，根据国务院机构改革方案，将国务院证券委与中国证监会合并组成国务院直属正部级事业单位。经过这些改革，中国证监会职能明显加强，集中统一的全国证券监管体制基本形成。1998 年 9 月，国务院批准了《中国证券监督管理委员会职能配置、内设机构和人员编制规定》，进一步明确中国证监会为国务院直属事业单位，是全国证券期货市场的主管部门，进一步强化和明确了中国证监会的职能。

分之一独立董事①。中国证监会还在《指导意见》和《上市公司治理准则》中指出，董事会应该建立薪酬、审计和提名等委员会，独立董事应当在这些委员会的成员中占有二分之一以上的比例，而且独立董事应当担任各个委员会的主席。《指导意见》是中国证监会借鉴股东导向型公司治理模式，通过实施独立董事制度来规范公司内部治理的一次努力。中国证监会在发布《指导意见》和《上市公司治理准则》后，又颁布了多项政策，旨在提高独立董事制度的规范性和有效性。新的措施赋予了独立董事更多权力，例如否决关联交易、聘请独立的会计和审计事务所，费用由上市公司支付等。此外，还要求中国上市公司采用美国常见的累积投票制（cumulative voting）方法来选择独立董事，以充分发挥中小股东的作用。如图 2-1 所示，《指导意见》实施后效果非常显著，中国上市公司中独立董事占所有董事会成员的比例从 2001 年的 6% 迅速提升至 2002 年的 23%，2004 年底达到 34%。1998~2006 年，中国上市公司中独立董事的平均比例是 20%。这在短期内是一个很大的进步，但还是远低于美国——美国大部分公司的外部董事（outside directors）② 在 2004 年平均超过了 80%（如图 2-2 所示）。

关于中国企业的领导体制，《公司法》（1994）建议将董事长和总经理两职分任，因为"董事长和总经理职位的分离代表所有权与经营权分离，这是现代企业的特点之一"。正如图 2-1 所示，1994 年《公司法》颁布后，整体上中国 50% 以上的上市公司都将董事长和总经理两职进行了分别任命。20 世纪 90 年代末，中国证监会鼓励上市公司进一步分离董事长和总经理两个职位。从图 2-1 可以清晰地看到，从 1997 年到 2001 年短短 4 年，两职分任的比例从 60% 跃升到了约 90%。

在解释股东导向型公司治理做法在中国传播的原因和机制之前，有必

---

① 按照有关规定，独立董事需要满足以下五个条件：（1）非上市公司或者其附属企业任职的人员及其亲属（包括配偶、父母、子女、兄弟姐妹、岳父母、儿媳女婿、兄弟姐妹的配偶、配偶的兄弟姐妹等）；（2）直接或间接持有上市公司已发行股份不超过 1%；（3）非上市公司前十名股东中的自然人股东及其直系亲属（配偶、父母、子女）；（4）非持有上市公司已发行股份 5% 以上的股东单位任职的人员及其直系亲属；（5）非上市公司前五名股东单位任职的人员及其直系亲属。

② 严格来说，外部董事（outside directors）不等于独立董事（independent directors），独立董事都是外部董事，但外部董事不一定是独立董事。但在美国，没有像在中国这样关于独立董事的严格定义，一般都把"外部董事"当作"独立董事"。为表述方便，本书中美国的"外部董事"与中国的"独立董事"予以通用。

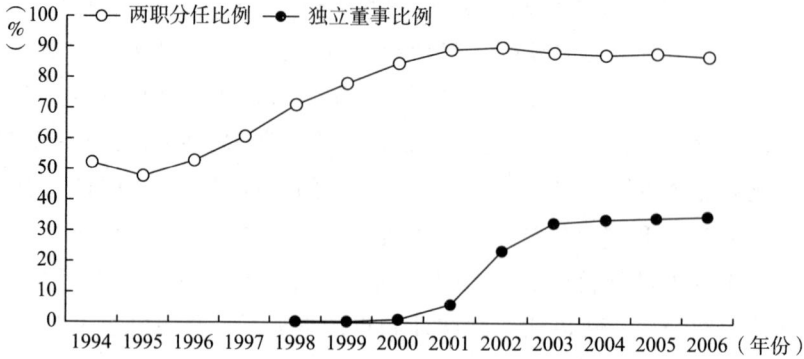

图 2 - 1　中国上市公司董事长和总经理两职分任比例和独立董事比例（1994～2006 年）

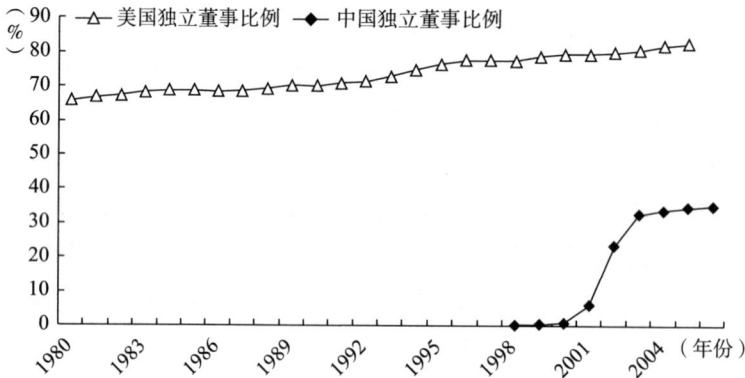

图 2 - 2　独立董事平均比例：中美比较

要先简单介绍一下新制度主义理论中关于组织实践传播（the diffusion of organizational practices）的相关研究。

（一）组织实践的传播：原因、机制和主体

新制度主义学者主要从两个角度来解释组织实践的形成和传播：效率（理性）动因和社会合法性动因（Strang and Macy，2001；Tolbert and Zucker，1983）。效率动因是指组织采用某种组织创新或组织实践会提升该组织的效率和效益。例如，M 型组织结构（the multidivisional form）的流行（Chandler，1962）、将濒临倒闭的文理学院改建为职业培训机构（Kraatz and Zajac，1996）都是出于技术或理性需求而采用某种组织实践的例子。相反，社会合法性理论认为一些组织实践被采用是因为其被人们认为是"理所当然"（taken-for-grantedness）的，是应该被采用的。如果一种组织实践被制度化了，采用这一组织实践就会为采纳它的组织带来合法性（Tolbert and Zucker，1983）。

那么，新的组织结构和实践是如何传播到其他组织中的呢？DiMaggio 和 Powell（1983）认为组织结构和行为趋同主要有三种机制：强制性趋同、模仿性趋同和规范性趋同（coercive isomorphism，mimetic isomorphism and normative isomorphism）。第一种机制是强制性趋同，这来自各个组织面临的正式和非正式的压力，这些压力来自组织所依赖的其他强势组织（比如政府）。根据资源依赖理论和权力理论（Palmer，Jennings and Zhou，1993），组织倾向于采用关键资源提供者认可的行为模式。第二种机制是模仿性趋同，当组织技术尚未成熟、组织目标模糊或环境中存在不确定性时，就会发生制度模仿。新制度学者认为模仿过程会导致全球组织行为日趋类似。组织间的模仿也可能是因为竞争（DiMaggio and Powell，1983）。当各个组织相互学习经营经验，或者希望尽量降低市场或资源风险时，就存在竞争性模仿压力。各个公司就会采取相同的行为规则，因为不这样做就可能处于不利的竞争地位，市场份额可能会降低。第三个趋同机制是某些规范性因素迫使组织采纳某种组织创新（DiMaggio and Powell，1983），例如对组织员工、技术人员、管理者的正式培训会提高那些与这些培训内容相一致的组织实践被采用的可能性。正规培训和专业化过程（professionalization）会通过共享社会规则创造一个制度环境（Meyer and Rowan，1977）。同一行业的专业人士或同一职业社区的成员会有共同的认识和知识基础。已有不少研究发现，在组织层面上存在规范性压力，专业化和共享知识会导致组织行为的趋同（Burns and Wholey，1993）。此外我们可以合理推断，规范性制度压力也会在全球范围内发挥作用，因为专业培训和教育知识通常是在全球范围内被标准化的，而不仅仅在一个国家的范围内，这为组织实践的跨国传播创建了一个通道（Meyer et al.，1997）。

最后，新制度主义理论学者认为，关于制度传播的研究，无论国内还是跨国研究，都需要识别并分析传播的行动者（agents）和渠道。DiMaggio 和 Powell（1983）认为理性化和科层化（rationalization and bureaucratization）的动因已经从市场竞争转移到了政府和专业人士。政府在组织实践的采纳和传播中存在强制作用，这从公共管理改革（Tolbert and Zucker，1983）到美国企业的劳工和人力资源管理实践（Baron，Dobbin and Jennings，1986）

中都可以看得很清楚。特别是，相关研究已经证明，政府在他国的组织行为在本国的传播中也起着关键作用（Guillen，1994）。例如，Cole（1989）解释了在"质量控制运动"（the quality control movement）的扩散中，日本政府如何发挥了突出作用。政府可能通过奖励或制裁某种组织行为，以促进组织变革。专业人士也在新型组织实践的兴起和传播中发挥了很大作用。有研究表明，专业人士群体（例如基金经理和证券分析师）是股东导向型公司治理制度和战略在美国兴起和传播的主体（Fligstein，1990；Dobbin et al.，2003）。具体来说，机构投资者和专业人士扮演着美国公司治理制度传播的催化剂角色。机构投资者行动主义（institutional investor activism）产生于 20 世纪 80 年代初期美国的收购浪潮中。机构投资者行动主义的出现标志着美国投资者群体由被动、分散、匿名的个人股东到机构投资者股东的转变，这些机构投资者在许多事情上开始挑战公司高管和董事，比如敦促公司董事会进行结构性改革，重新设计公司表决程序等。领军的机构投资者（比如 CalPERS，加州公共雇员养老基金）认为"好治理就是好生意"（good governance is good business），好的公司治理自然会为股东创造价值。企业要想在资本市场获得资金，就必须进行公司治理改革，以满足潜在机构投资者的期望和要求。例如，美国大公司自 20 世纪 80 年代以来董事会成员的数量减少、外部董事增多并占据大多数，都是和机构投资者的偏好相一致的（Davis and Thompson，1994）。总之，机构投资者和专业人士在美国股东导向型公司治理做法的传播中发挥了重要作用。

（二）股东导向型公司治理制度在中国传播的内生与外生动机

国家的诞生是经济活动中一个重要的历史标志。政府和政策制定者在经济规则的定义和结构性安排方面发挥了重要作用（Djelic，1998）。政策制定者对经济活动的参与程度和性质多种多样，可以通过立法或对财产权的定义间接干预，也可以作为监管机构或通过其他经济行为直接干预。因此，从制度角度研究经济结构和活动，必须详细分析政府、政策传统和国家与社会的互动模式（Dobbin and Sutton，1998）。Evans（1995）将韦伯的政府对市场具有积极促进作用的观点，与 Gerschenkron（1962）和 Hirschman（1958）发展经济学的主要观点结合起来，提出了"发展型国家"（the developmental state）理论。发展型国家的一个重要特点是，官僚机构既要有足够的自主权，官员能够追求长期目标；同时，官僚机构也要和私人资本发展密切关系，以及时了解不断变化的经济形势对企业家利益的影响（Evans，1995）。这种"嵌入式自主"（embedded autonomy）能够保证国家在制定、执行长期目标时从主要经济行动者身上及时了解各种情况、获取最新信息，从而促进发展目标的实现。

中国政府在经济和企业的发展中是一个不可或缺的因素。和其他东亚邻国一样，中国也具有发展型国家的特点。正如 Walder（1995）在解释中国经济奇迹时所言：地方政府与当地企业之间密切的关系，是激励和引导中国经济增长的关键。作为一个以经济增长为重要目标的国家，中国政府积极学习、借鉴国际先进经济经验和组织实践，助推中国企业"现代化"，从而实现经济增长[①]。如前所述，股东导向型公司治理制度在中国的传播并不是由机构投资者或者专业人士主导的，政府（例如证监会等政府机构）才是关键行动主体。这就提出了一个问题，为什么政府会推动企业大规模采用股东导向型公司治理制度？

组织制度传播的"效率"和"合法性"理论往往把彼此作为互相排斥的两种理论：在组织制度传播的初期都是出于效率或效益原因，而在后期则将其看作一个获得社会合法性的过程而不考虑是否获益。笔者更赞同Scott（2001）的观点，他认为效率和合法性既是互相竞争的关系，也是互相补充的关系。此外，在研究公司治理制度的跨国传播时，区分内生性和外生性动机（endogenous and exogenous motivations）有很重要的理论意义。具体来说，笔者认为内生性和外生性动机之间的主要区别是效率动机往往要内生驱动，而社会合法性则是外生性动机。同时考虑内生性和外生性动机才有助于我们全面理解为何股东导向型公司治理制度在中国被采用。

第一，中国企业体制的内生性特点，比如中国上市公司的公司治理质量较低，推动了被认为是"国际先进的"股东导向型公司治理制度在中国

---

①　和其他东亚邻国不一样的是，中国是社会主义市场经济国家，大企业一般是国家控股的。中国政府的这种独特特征意味着，在股东导向型公司治理制度在中国的采用中，中国政府扮演着双重角色：一方面，政府积极推进股东导向型公司治理制度在中国的应用；另一方面，中国政府是很多大型企业的控股股东，第一要务是维持其对大型企业的控制权，实现一些政治、社会目标，例如维持/增加就业、执行产业政策等，而不是单纯的股东价值最大化。如何调和中国上市公司中最大的国有股东和其他小股东（包括机构投资者和外资股东）的利益，以及如何解决政府同时作为监管者和股东的角色冲突，是中国政府面临的一项艰巨任务。

被采用。美式股东资本主义的主要特点之一是大公司的股权结构比较分散。但是中国大企业的股权高度集中，通常掌握在政府或家族手中。政府通过控制关系国计民生的具有重大战略意义的大型企业，以保持对国民经济的控制。对中国的家族企业所有者而言，强烈的家族忠诚度、对外人的不信任以及集权化的决策体制，导致了家族企业的控制权和所有权高度集中（Boisot and Child，1996；Whyte，1996；Peng，2004）。中国上市公司的另一个特点是母 - 子公司组织结构，也就是说，上市公司（子公司）通常是由企业集团（母公司）控制的。所有权的高度集中以及母 - 子公司的组织结构都对中国上市公司的治理产生了巨大影响。尽管一定程度的股权集中会减少股东和管理层之间的代理成本，但过高的股权集中会加剧控股股东和中小股东之间的代理问题①，滋生关联交易和内部交易问题。近年来上市公司一系列的丑闻事件也证明了这一点，1993～2002 年短短 10 年间，1200家上市公司中有 200 家因为违法违规而被定罪，违法违规行为包括：资产挪用、非法银行贷款担保、信息非充分披露，以及虚假陈述等。这些违法违规行为往往伴随着母公司和子公司之间的关联交易，由此情况更加复杂（Zhang and Ma，2005）。而股东导向型公司治理制度，例如独立董事制度，可以弥补中国法律体系的漏洞，保护中小股东利益。也就是说，股东导向型公司治理制度提供了一个迅速弥补中国法律制度漏洞的方法，提供了一条既可以制约大股东和公司高管滥用权力，又不用立即修改现存法律体系的渠道。因此，无论独立董事的任命，还是董事长和总经理两职的分任，都旨在制约控股股东的过大权力（所谓的"一股独霸"）。通过增强董事会的权力和独立性，希望可以缓和控股股东和中小股东之间的利益冲突。

第二，笔者认为中国公司治理体系比较低效是一个重要因素，但还不

---

① 在公司治理中存在两种委托 - 代理问题：一是管理层和股东之间的利益冲突，可能导致管理层自利（managerial entrenchment）问题；二是控股股东和中小股东之间的利益冲突，可能导致前者攫取后者利益，或"利益输送"（tunneling）（Volpin，2002）。在美国经理人资本主义下，公司的主要代理问题是管理层和股东之间的利益冲突。美国公司的股权结构非常分散，没有大股东可以有效地监督和规范公司高管的行为，常常导致"管理层自利"问题。随着股东资本主义的兴起，机构投资者日益重要，并能有效规范公司高管的行为，使得管理层与股东之间的代理问题有所减轻。中国企业与美国企业相比，面临的代理问题非常不同。对于中国上市公司来说，主要的代理问题是控股股东和中小股东之间的利益冲突。因为控股股东太过强势，为了谋求自身利益，往往牺牲中小股东的利益。而股东和管理层之间的代理问题不是最主要的问题，因为总有一个控股股东可以监督和规范管理者的行为。

足以充分解释股东导向型公司治理制度在中国的采用和传播。也就是说，除了改善公司治理的内在需求之外，还存在一些外部压力，要求中国公司采用"国际惯例"（international best practices），使中国公司治理制度与国际接轨，以吸引外资，并增强中国企业的国际竞争力。随着中国日益融入世界经济体系，尤其是2001年加入世贸组织后，股东导向型公司治理制度加速传播到中国。因此，中国参与世界经济被视为重要的外生力量，促进了中国企业采用股东导向型公司治理制度这一"国际先进"的公司治理模式，这不仅能够提高中国公司治理体系的效率，还能提升公司治理体系在全球经济中的合法性。

上述两种因素可以比较全面地解释中国采用股东导向型公司治理制度的原因：一方面中国企业的内部治理制度确实存在不足，有提升公司治理有效性的内在需求；另一方面，中国也面临一些外部压力，尤其是在加入世贸组织后，提高公司治理体系在国际社会的合法性、与"国际接轨"也显得非常必要。

（三）股东导向型公司治理制度在中国传播的两个阶段和三个机制

在前文中，笔者解释了为什么政府是股东导向型公司治理制度在中国传播的关键行动者，以及中国政府推行股东导向型公司治理制度的动机（效率和合法性动机）。接下来的问题是，股东导向型公司治理制度在中国上市公司中是如何被采用的？其传播机制是什么？

受新制度主义理论的启发，笔者认为股东导向型公司治理制度在中国的传播存在两个阶段和三个制度同构机制。第一阶段是在跨国层面，模仿性同构和规范性同构机制都发挥了作用。在中国经济转型的复杂时期，政府官员和政策制定者并不确切知道如何改进中国企业的治理、应该建立一个什么样的现代公司治理体系。在不确定的情况下，当有关官员不能使用"中国方法"来解决问题的时候，他们就需要环顾四周，就需要借鉴国际经验，学习美国、英国或德国、日本等发达国家的经验，以建立、完善中国的公司治理体系。

笔者认为，股东导向型公司治理制度之所以在中国得以采纳，除了股东导向型公司治理制度自20世纪90年代以来在世界上越来越有影响而日益被认为是"国际最佳"公司治理模式之外，中国证券监管机构主要决策者的专业教育背景和工作经历也起到了重要作用。几乎所有的证监会高层官员都有法律或金融学位，相当一批人在美国或英国留过学或受过专业培训，甚至直接雇用在美国或香港证券市场有工作经验的资深人士。比如，中国证监会原副主席（2001 年 3 月至 2004 年 9 月）史美伦女士在获得美国加州圣达嘉娜大学法学博士学位后，在美国加州和美国联邦法院工作，并曾在旧金山做过律师。在 2001 年出任中国证监会副主席之前，她还曾于 1998 年担任香港证监会副主席兼营运总裁。中国证监会的另一个重要领导人，前副主席高西庆先生，从杜克大学法学院获得法学博士学位，20 世纪 80 年代在华尔街做过多年律师。相反，证监会工作人员中有在日本或德国学习、工作经历的高层官员相当罕见。

杰利奇的研究表明，二战后工业生产系统从美国到欧洲的扩散中，组织实践的跨国传播必须熟知国外的做法并相信该做法是具有优势的（perceived superiority）。无论是规范还是认知原因，笔者认为那些有金融、法律专业背景以及美国教育、工作经历的中国政府官员更倾向于采纳美式股东导向型公司治理制度。法律和金融方面的专业训练使他们更容易相信美国的模式是最好的。随着金融全球化和股东资本主义的兴起，全世界都倾向于认为股东导向型公司治理制度是最优的。法律和财务方面的专业人士更是坚信股东导向型公司治理制度是最好、最有效的公司治理模式，能最有效地分配资源，实现股东价值最大化。证监会官员的施政思维也与股东导向型公司治理制度相一致：在中国证监会的官方网站上，有一个突出的声明——"保护股东的利益是我们工作的重中之重"①。

有趣的是，上述来自中国的案例表明，正像美国大公司首席执行官（CEO）的职能出身和专业背景（比如技术、销售还是财务出身）会影响公司战略和公司治理一样（Fligstein，1990），政府官员的专业经历和教育背景也可以通过强制性的国家权力影响公司治理和公司战略，尤其在中国这样的政府占主导地位、市场经济不够健全、专业人士群体还比较弱势的国家。

第二阶段是在国内层面，中国政府通过法律法规和国家权力，迫使企业采用股东导向型公司治理制度，我们称之为"强制性同构"。美国政府往往通过制造监管与法律的不确定性和模糊性等间接方法来影响组织行为和

---

① www.csrc.gov.cn.

组织结构（Dobbin et al.，1993；Kelley and Dobbin，1999），而中国政府通常是采用更直接的方法，直接要求企业采用新的组织制度或做法。比如前文提到的中国证监会发布的《关于在上市公司建立独立董事制度的指导意见》，就直接要求：所有上市公司在 2002 年 6 月 30 日前，董事会成员中应当至少包括 2 名独立董事；在 2003 年 6 月 30 日前，董事会成员中应当至少包括三分之一的独立董事。虽然它只是一个《指导意见》，不是法律或正式法规，但仍然具有强制力，因为证监会可以惩罚那些不遵守《指导意见》的上市公司，勒令其退市或采取其他制裁措施。

从图 2 - 3 中我们可以看到一个有趣的现象，虽然董事长和总经理两职分任制度源自美国，但平均每年只有 30% 的美国公司真正实行了两职分任；而在中国，大约 84% 的企业在 1997～2006 年实现了董事长和总经理两个职位的分任，这比美国公司的比例高得多。这一发现的精彩之处在于，中国的政府官员将美国的公司治理理论在中国变成了现实（MacKenzie，2005）。这一结果反映了中国政府在塑造企业行为方面的强大影响力，而在美国，诸如机构投资者和证券分析师这样的金融市场玩家和专业人士群体的影响力还不够大，还无法迫使企业采纳他们的想法。

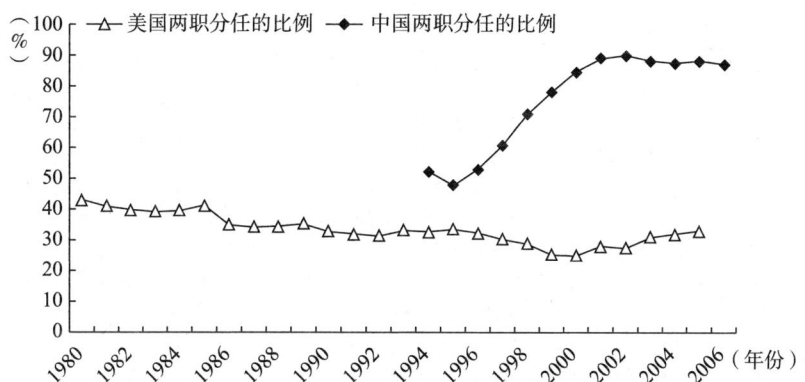

图 2 - 3 董事长和总经理两职分任的比例：中美比较

三 企业何以采用股东导向型公司治理制度

上文从宏观角度解释了为什么股东导向型公司治理制度会在中国得以广泛采用。接下来，笔者将对中国上市公司采用两项具体的股东导向型公司治理制度提出假设，分别是董事长、总经理两职分任和独立董事制度。

公司的个体特征和外部制度因素会影响公司采用股东导向型公司治理制度吗？除了政府，金融市场和全球化对中国企业采用股东导向型公司治理制度是否起到了积极推动作用？

（一）金融市场影响下的企业

1978 年改革开放之前，人们逐渐认识到苏联式的高度集中的社会主义计划经济无法产生足够的经济增长和技术创新，无法满足人民日益增长的物质文化需求和愿望。但与苏联和东欧国家实施"休克疗法"① 不同，中国向市场经济的转型采取了渐进式的改革路径。中国经济制度的最大特色是

---

① "休克疗法（shock therapy）"这一医学术语于20 世纪80 年代中期被美国经济学家杰弗里·萨克斯（Jeffrey Sachs）引入经济领域，主要内容是经济自由化、经济私有化、经济稳定化，实行紧缩的金融和财政政策，由于这套经济纲领和政策的实施具有较强的冲击力，在短期内可能使社会的经济生活发生巨大的震荡，甚至导致出现"休克"状态，因此，人们借用医学上的名词，把萨克斯提出的这套稳定经济、治理通货膨胀的经济纲领和政策称为"休克疗法"。1991 年底，苏联解体，叶利钦认为，20 世纪50 年代以来的改革，零敲碎打、修修补补，白白断送了苏联的前程。痛定思痛，俄罗斯应该大刀阔斧，进行深刻变革。此时，年仅35 岁的盖达尔投其所好，在萨克斯的点拨下，炮制了一套激进的经济改革方案，叶利钦"慧眼识珠"，破格将其提拔为政府总理，1992 年初，一场以休克疗法为模式的改革在俄罗斯全面铺开。休克疗法的重头戏，也是第一步棋是放开物价。俄罗斯政府规定，从1992 年1 月2 日起，放开90% 的消费品价格和80% 的生产资料价格。与此同时，取消对收入增长的限制，公职人员工资提高90%，退休人员补助金提高到每月900 卢布，家庭补助、失业救济金也随之水涨船高。物价放开的头三个月，似乎立竿见影，收效明显。购物长队不见了，货架上的商品琳琅满目，习惯了凭票供应排长队的俄罗斯人，仿佛看到了改革带来的实惠。可没过多久，物价像断了线的风筝扶摇直上，到了4 月份，消费品价格比1991 年12 月上涨65 倍。由于燃料、原料价格过早放开，企业生产成本骤增，到6 月份，工业品批发价格上涨14 倍，如此高价令买家望而生畏，消费市场持续低迷，需求不旺反过来抑制了供给，企业纷纷压缩生产，市场供求进入了死循环。休克疗法的第二步棋，财政、货币"双紧"政策与物价改革几乎同步出台。财政紧缩主要是开源节流、增收节支。税收优惠统统取消，所有商品一律缴纳28% 的增值税，同时加征进口商品消费税。与增收措施配套，政府削减了公共投资、军费和办公费用，将预算外基金纳入联邦预算，限制地方政府向银行贷款弥补赤字。可是，这一次政府再次失算。由于税负过重，企业生产进一步萎缩，失业人数激增，政府不得不加大救济补贴和直接投资，财政赤字不降反升。紧缩信贷造成企业流动资金严重短缺，企业间相互拖欠，三角债日益严重。政府被迫放松银根，1992 年增发货币18 万亿卢布，是1991 年发行量的20 倍。在印钞机的轰鸣中，财政货币紧缩政策流产了。休克疗法的第三步棋是大规模推行私有化。盖达尔认为，改革之所以险象环生，危机重重，主要在于国有企业不是市场主体，竞争机制不起作用。为了加快私有化进程，政府最初采取的办法是无偿赠送。经有关专家评估，俄罗斯的国有财产总值的1/3，约为1.5 万亿卢布，刚好人口是1.5 亿，以前财产是大家的，现在分到个人，也要童叟无欺，人人有份。于是每个俄罗斯人领到一张1 万卢布的私有化证券，可以凭证自（转下页注）

"以公有制为主体、多种所有制经济共同发展"，因此，中国并没有像苏联和东欧国家一样推行大规模的私有化，也没有对国有企业一卖了之，而是对国有企业实行渐进式的分级、分类改革。国家在对一些重要国有企业保留最终控制权的前提下，主要致力于对企业进行股份制、公司制改造，并优化企业治理机制。因此，中国的"公司革命"主要是将国有企业（或国企中的某些国有资产）改造为盈利导向的股份制现代公司（陈佳贵，2008）。最初，改制后的国有企业的股份主要由国务院、各大部委以及各级地方政府所有。企业管理者被授予比较大的决策权，但通常没有公司的股权（此时在国有企业高管中还未建立股权、期权等薪酬激励制度）。相当数量的经过股份制改造的国有企业后来被允许通过上海和深圳证券交易所（这两家证券交易所分别建立于 1990 年和 1991 年）向公众出售股份。出售给公众的大部分都是新股，但各级政府偶尔也会将自己手中的原始股权出售。政府希望通过更多的公众持股来改善改制后企业的公司治理状况，并使公司高管更多地为公司绩效负责（吴晓波，2007）。

　　虽然改制后的国有企业被允许向公众出售股权，但为了保持上市公司中国有股的控股地位，改制后的国有企业在上市首次公开募股时一般只能出售三分之一的总股份。剩余三分之二的股份要么直接由政府有关部门持有，要么以非流通国有股和法人股形式（non-tradable state and legal person shares）而存在。通过这些"顶层"制度设计，政府既可以保持对国有企业的控制，也进行了股权和公司治理结构改革；既能影响上市公司的重大发展战略，也可以决定高层管理人员的任命等重大决策。上市公司的法人股最终往往也是由中央、省（直辖市、自治区）、市等地方政府或政府部门所

（接上页注①）由购股。可是，到私有化正式启动，已是 1992 年 10 月，时过境迁，此时的 1 万卢布，只够买一双高档皮鞋。因此这个措施使大批国有企业落入特权阶层和暴发户手中，他们最关心的不是企业的长远发展，而是尽快转手盈利，职工既领不到股息，又无权参与决策，生产经营无人过问，企业效益每况愈下。1992 年 12 月，盖达尔政府解散。休克疗法的失败使俄罗斯 GDP 几乎减少了一半，GDP 总量只有美国的 1/10。经济结构也发生了重大变化，燃料、电力和冶金工业成了民族经济的关键部门，其比重在 GDP 中约为15%，在工业总产品结构中为 50%，在出口中为 70% 多。实际经济部门的劳动生产率极其低下，如果说原料和能源部门的劳动生产率还算接近世界平均指标的话，其他部门则远远低于美国同类指标 20% ~24%。居民生活水平更是一落千丈。到 2000 年底俄罗斯人的货币收入总量不足美国人的 10%，健康状况和平均寿命也在恶化。

控制或影响的。因此，早期中国股市最突出的特点之一就是流通股和非流通股（tradable shares and non-tradable shares）的股权分置。但随着市场的不断变化，原先的股权分置问题已经逐步得到解决。2005 年 4 月 29 日，经国务院批准，中国证监会发布《关于上市公司股权分置改革试点有关问题的通知》，启动了股权分置改革的试点工作。经过两批试点，取得了一定经验，具备了转入积极稳妥推进的基础和条件。经国务院批准，2005 年 8 月 23 日，中国证监会、国资委、财政部、中国人民银行、商务部联合发布《关于上市公司股权分置改革的指导意见》；9 月 4 日，中国证监会发布《上市公司股权分置改革管理办法》，我国的股权分置改革进入全面铺开阶段。至 2006 年底，几乎所有的上市公司都完成了股权分置改革。如图 2 - 4 所示，2005 年股份制改革前，平均只有约 40% 的公司股份是流通股，随着股权分置改革的完成，2007 年中国上市公司的平均流通股比例超过了 55%。

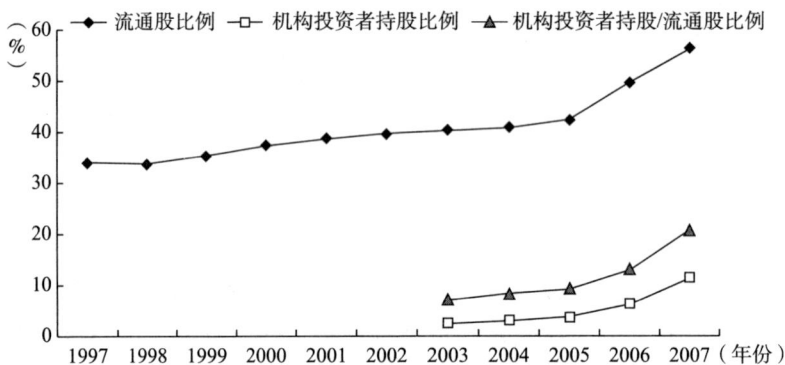

图 2 - 4　股权分置改革和机构投资者的兴起

　　总之，自 20 世纪 90 年代初沪深两大证券市场创建以来，中国证券市场得到了高速发展。到 2007 年底，中国股市共开设 1.38 亿个个人投资账户；上市公司的数量也从 1992 年的 53 家增加至 1530 家；A 股市场总市值达 4.65 万亿美元（约合 34 万亿元人民币），在亚洲仅次于日本，在全球排第四（仅次于纽约证券交易所、东京证券交易所和纳斯达克）。股票市值占国内生产总值的 158%，甚至高于美国和日本的比例，两者在 2007 年的数据分别是 138% 和 100%[1]。虽然中国证券市场发展迅速，但中国企业的大部

---

[1]　《第一财经日报》2008 年 1 月 10 日。

分融资还是来自银行，而不是资本市场（约70%来自银行，30%来自证券市场）。至于投资者的构成，中国的投资者主要是没有经验的个人投资者，而不是成熟的专业机构投资者。如图2-4和图2-5所示，2003~2007年，86%的流通股都是由个人投资者持有，只有14%的流通股由机构投资者所持有。个人投资者容易听信各种小道消息，往往是为了短期利益进行投机炒作，他们既没有能力也没有意愿对所持股的公司施加影响。他们对公司的基本面和公司治理不感兴趣，更关心的是如何更快地获取投机性股票收益。特别是在中国股票市场发展的早期，很多个人投资者是有大把时间花在股票市场"赌博"的退休和失业人员（Zhang，2002）。

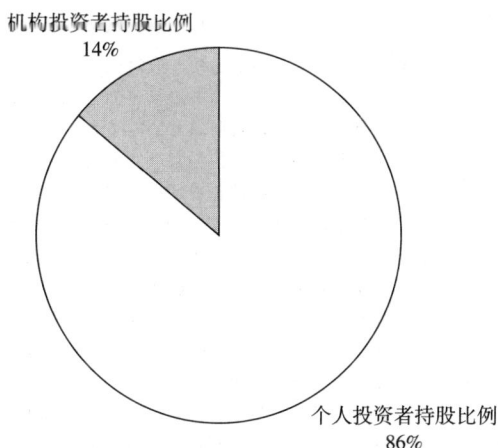

图2-5　2003~2007年个人投资者和机构投资者在流通股中的持股比例

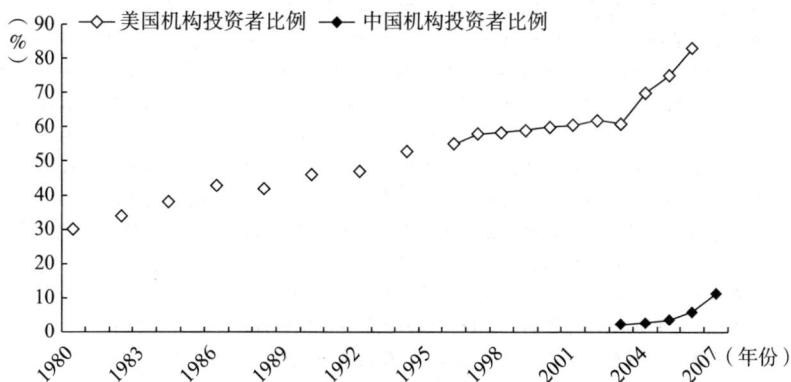

图2-6　机构投资者持股比例：中美比较

　　图 2 - 6 展示了美国的情况，截至 2006 年底美国机构投资者持股比例超过 80%。很显然，机构投资者①（包括共同基金、养老基金和保险公司等）占据了美国股市的主导地位，它们对股市的良好运作和稳定发展至关重要。但中国的情况截然不同，到 2007 年底，中国机构投资者持股比例只有 10% 左右，属于弱势群体。而且中国机构投资者在参与公司治理和企业战略方面，和美国同行有很大的差别。由于国家对民营资本参与金融投资活动的严格监管，机构投资者大多是由国有或国家控制的，在某种程度上，这些机构投资者本身就是国有企业，而不是"真正"市场化的金融市场参与者。此外，和个人投资者一样，很多机构投资者也采取短期投资策略：对公司

---

① 虽然机构投资者在资本市场上是一个常用的名词，但对这一名词理论上的界定却非常之少。国外比较权威的或全面的说法主要有两种：一是按照《新帕尔格雷夫货币与金融词典》的定义，机构投资者就是许多西方国家管理长期储蓄的专业化的金融机构。这些机构管理着养老基金、人寿保险基金和投资基金或单位信托基金，其资金的管理和运用都由专业化人员完成。很明显，这个定义所包含的机构投资者是指专门投资于证券业并积极管理这种投资的金融中介机构，它把产业基金、风险投资基金以及大陆法系国家的银行都排除在外，因此这种定义是不完备的。二是按照美国的《Black 法律词典》将机构投资者定义为：大的投资者，例如共同基金、养老基金、保险公司以及用他人的钱进行投资的机构等。在中国，机构投资者是指在金融市场从事证券投资的法人机构，主要有保险公司、养老基金和投资基金、证券公司、银行等。机构投资者从广义上讲是指用自有资金或者从分散的公众手中筹集的资金专门进行有价证券投资活动的法人机构。在西方国家，以有价证券投资收益为其重要收入来源的证券公司、投资公司、保险公司、各种福利基金、养老基金及金融财团等，一般被称为机构投资者。其中最典型的机构投资者是专门从事有价证券投资的共同基金。在中国，机构投资者主要是具有证券自营业务资格的证券经营机构，符合国家有关政策法规的投资管理基金等。机构投资者与个人投资者相比，具有以下几个特点：①投资管理专业化。机构投资者一般具有较为雄厚的资金实力，在投资决策运作、信息搜集分析、上市公司研究、投资理财方式等方面都配备有专门部门，由证券投资专家进行管理。1997 年以来，国内的主要证券经营机构都先后成立了自己的证券研究所。个人投资者由于资金有限而高度分散，同时绝大部分都是小户投资者，缺乏足够时间去搜集信息、分析行情、判断走势，也缺少足够的资料数据去分析上市公司经营情况。因此，从理论上讲，机构投资者的投资行为相对理性化，投资规模相对较大，投资周期相对较长，从而有利于证券市场的健康稳定发展。②投资结构组合化。证券市场是一个风险较高的市场，机构投资者入市资金越多，承受的风险就越大。为了尽可能降低风险，机构投资者在投资过程中会进行合理投资组合。机构投资者庞大的资金、专业化的管理和多方位的市场研究，也为建立有效的投资组合提供了可能。个人投资者由于自身的条件所限，难以进行投资组合，相对来说，承担的风险也较高。③投资行为规范化。机构投资者是一个具有独立法人地位的经济实体，投资行为受到多方面的监管，相对来说，也就较为规范。一方面，为了保证证券交易的"公开、公平、公正"原则，维护社会稳定，保障资金安全，国家和政府制定了一系列的法律、法规来规范和监督机构投资者的投资行为。另一方面，投资机构通过自律管理，从各个方面规范自己的投资行为，保护客户的利益，维护自己在社会上的信誉。

的财务基本面和公司治理缺乏真正的兴趣，而更关心投机性股票收益①。

资本市场在企业融资中占主导以及机构投资者持股在资本市场占主导是美式股东资本主义兴起必不可少的两大条件。相比较而言，中国资本市场在企业融资中仅占30%左右的份额，机构投资者在资本市场中的持股比例更是只有10%左右（截至2007年），因此不难想象，中国的资本市场和机构投资者对上市公司的影响还比较有限。再加上2005年以前资本市场上流通股和非流通股的股权分置，更进一步限制了资本市场在改善公司治理方面的效果。值得注意的是，虽然整体而言，中国资本市场对上市公司的影响还比较弱，但由于不同上市公司中流通股比例的差别很大（例如有些大型国有企业的流通股比例不超过10%，而一些私人控股企业流通股比例超过了95%），不同公司实际面临的金融市场压力其实非常不同。前文提到，金融市场上的投资者，特别是机构投资者更倾向于董事长和总经理两

①　机构投资者的发展有一个历史的演化过程。在证券市场发展初期，市场参与者主要是个人投资者，即以自然人身份从事有价证券买卖的投资者。20世纪70年代以来，西方各国证券市场出现了证券投资机构化的趋势。有关统计数据表明，机构投资者市场份额70年代为30%，90年代初已发展到70%，机构投资者已成为证券市场的主要力量。在中国，与个人投资者相比，机构投资者所占比重仍然偏小。截至1997年底，中国证券市场机构投资者开户数占总开户数比例不到1%。为了改变这种投资者结构失衡的状况，中国采取了一系列措施，在完善立法的前提下，逐步培育和规范发展机构投资者，发挥证券投资基金支撑市场和稳定市场的作用，促进证券市场健康持续稳定地发展。1997年11月，国务院证券委员会颁布了《证券投资基金管理暂行办法》。1998年上半年，开元、金泰、兴华、安信四家证券投资基金相继公开发行上市。总体而言，从中国机构投资者发展的历程来看，有三个重要的时间点。第一个是封闭式基金成立并开始运作的1998年3月。封闭式基金的成立引入了真正意义上具有专业优势的机构投资者。第二个重要的时间点是1999年三类企业资金和保险公司资金入市。其中保险公司投资于证券投资基金的总额增长了13倍，从开放初的14.79亿元上升到2001年的208.99亿元。保险资金成为机构投资者最大的资金来源。第三个重要的时间点是中国开放式基金成立的2001年9月底。自此，基金产品差异化日益明显，基金的投资风格也趋于多样化。虽然总体还比较弱小，但机构投资者在中国市场上发挥了一定的稳定市场作用。实证检验发现，机构投资者进入市场以后，上海证券市场和深圳证券市场的波动性都发生了结构性降低。机构投资者发挥了稳定市场的功能，符合对机构投资者的预期。在机构投资者发展的过程中，每次的政策推进都对市场起到了明显的稳定作用。在几个重要政策中，保险资金通过机构投资者间接入市对上海证券市场的稳定作用最为明显；封闭式基金的成立对深圳证券市场的稳定作用最为明显。机构投资者在稳定市场方面，在上海证券市场和深圳证券市场上表现强度是有差距的：在深圳证券市场上，机构投资者的进入最高降低了近13个百分点的波动性；在上海证券市场上，机构投资者的进入最高降低了6个百分点的市场波动。虽然机构投资者进入后市场出现了一些问题，但总体上来说，机构投资者的进入降低了市场波动，只是降低的幅度并没有人们期望的那么高。

职分任和董事会独立性比较高的企业，因此，我们提出以下假设：

假设 1a：受金融市场影响比较大（例如流通股所占比例比较高）的上市公司更可能将董事长和总经理两职分任。

假设 1b：受金融市场影响比较大（例如流通股所占比例比较高）的上市公司更可能在董事会中任命更多独立董事。

（二）全球化的影响

由于国家对外资流动和外汇管制比较严格，因此中国股票市场上存在内资股和外资股的分割问题。1992 年起国家允许部分企业对外国投资者发售股票（如果在上海或深圳证券交易所上市称为 B 股，如果在香港联交所上市称为 H 股）。直到 2001 年[①]，内资股（即 A 股）和外资股仍然是严格分离的。因此，中国股票市场的另一个突出特点是内资股和外资股之间的分置。但是，上市公司中外资股的比例也有很大差别，一些公司 90% 以上都是外资股，而另一些公司则没有任何外资股。如图 2 - 7 所示，1997 ~ 2007 年外资股占上市公司股份的平均比例是 15% ，而具有外国投资者的上市公司比例从 1997 年的 23% 大幅增加至 2007 年的 65% 。

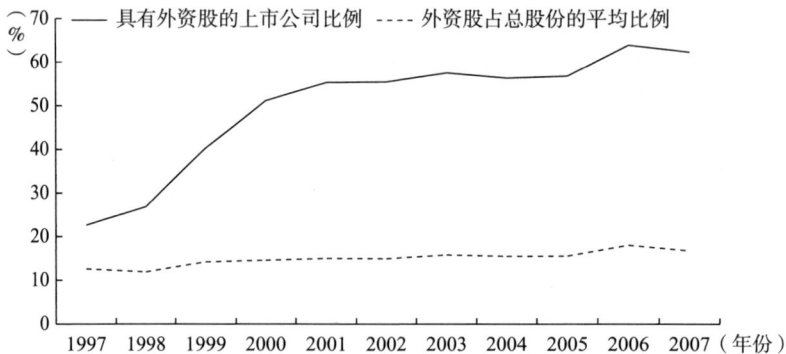

图 2 - 7　1997 ~ 2007 年上市公司中外资企业所占比例以及外资持股的平均比例

此外，中国沿海和内陆地区公司的市场化和全球化程度有明显不同，

---

① 自 2001 年 2 月开始，国内投资者可以买卖 B 股，国外合格机构投资者（qualified foreign institutional investors，QFII）也可以投资 A 股市场。

沿海地区的公司素有"世界工厂"的称号，和国际市场联系紧密。因为股东导向型公司治理制度对中国大多数企业和管理者来说都是一个新的概念，笔者认为那些有外资股东以及在沿海地区的公司更容易学习并接受股东导向型公司治理制度。因此，我们提出以下假设：

假设2a：受外资影响较大的公司（比如外资股比例较高的公司），更可能将董事长和总经理两职分任。

假设2b：受外资影响较大的公司（比如外资股比例较高的公司），更可能在董事会中任命更多独立董事。

假设3a：受全球化影响较大的公司（比如坐落于沿海地区的公司），更可能将董事长和总经理两职分任。

假设3b：受全球化影响较大的公司（比如坐落于沿海地区的公司），更可能在董事会中任命更多独立董事。

（三）政府的角色

中国上市公司根据其最终控制人的性质可以分为国有控股与非国有控股两类。如果最终控制人（控股股东）是政府（中央或地方政府）或国有企业，就归类为国有控股企业；如果最终控制人是个人、私营企业、外资企业或者其他非国有企业，就归类为非国有控股企业或私人控股企业。前面也提到，与西方发达国家的资本市场不同，中国的资本市场（如上交所和深交所）是由政府发起成立的，一开始主要服务于国有企业筹集资金、进行股份制改造、改善公司治理。因此，在资本市场创立初期，非国有控股企业很少能够上市融资，沪深两市上市的公司基本都是中央和地方政府选择的大型国有企业的子公司。如图2-8所示，1997年中国90%的上市公司都是国有控股的，经过十年的股份制改革和现代公司改革，到2007年仍然有70%的上市公司由政府控制。尽管国有控股公司仍然占大多数，但是有逐年减少的趋势，与此同时，随着时间推移中国上市公司中国有股的平均比例也大幅下降。如图2-8所示，1997年55%以上的公司股份是国有股，而2007年国有股的比例只占到30%左右。此外，2005年我国大刀阔斧地实施股份分置改革，使得之前不能流通的国有股可以上市流通，这进一步降低了国有股及国有控股公司的比例，并为中国公司控制权市场（a market for corporate control）的发展奠定了基础。总体而言，国有控股公司和国有股比例的显著下降会给资本市场和上市公司带来重要变化，使得资本市场在中国上市公司的公司治理和发展战略中发挥更大的作用。

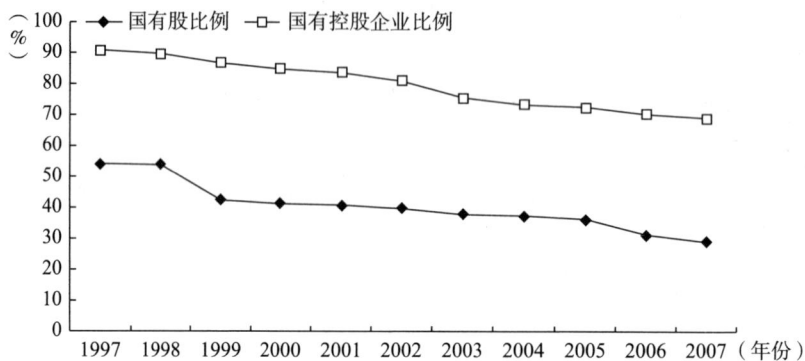

图 2 - 8　1997 ~ 2007 年国有股和国有控股公司比例的降低

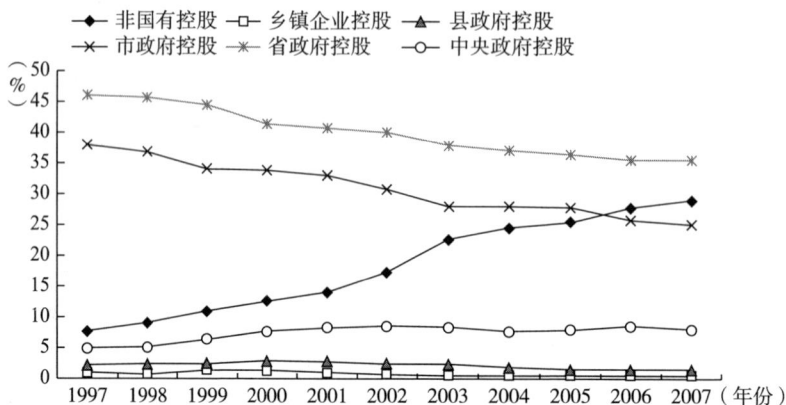

图 2 - 9　"抓大放小"战略和非国有控股企业的兴起（1997 ~ 2007 年）

此外，改革开放之前，所有国企都是由不同层级的政府所有或控制，每个国企都有一定的行政级别，虽然改革开放以来这种计划经济下的国企行政级别因素有所减弱，但国企的行政级别及其所隶属的各级政府仍然是一个重要的塑造企业行为和改革路径的制度因素（Bian，1994；Walder，1995；Guthrie，1997，1999）。众所周知，中国政府是五级政府，从最低的乡镇政府，到县级政府、市级政府、省级政府，再到顶部的中央政府。1997 年中央制定"抓大放小"政策之前，每个层级的政府都拥有和控制大量国有企业。"抓大放小"政策实施后，中央明确了要对国有企业实施

"分级分类"改革，那些由高层级政府（例如省政府和中央政府）控制的重要行业的大型企业仍然保持国家控股，而且国家会进一步扶持、壮大这些企业，使它们更大、更强，在国内和国际市场上更具竞争力。对较低层政府（例如乡镇、县和市政府）控制的不具战略重要性的中小型企业，则进行民营化改制或破产（在长期亏损的情况下）。如图 2 – 9 所示，"抓大放小"政策实施后，由乡镇、县、市、省级政府控制的企业数量显著减少，而中央政府控股的企业和非国有控股企业数量则大幅度增加。但是整体上，省级政府（共 31 个行政区划单位，不包括台湾）控制的上市公司仍然最多，其次是市级政府（共 600 多个地级市）控股和非国有控股企业（见图 2 – 10）。

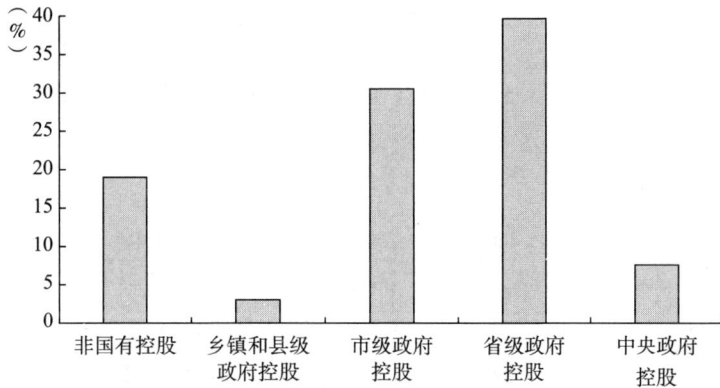

图 2 – 10　中国上市公司中非国有控股和不同层级政府控股企业的占比

正如前面所述，中国上市公司采用股东导向型公司治理制度主要是由中央政府推动的。那些由政府控股、国有股比例越大、由更高层级政府控股的公司，和中央政府的关系更密切（也面临更多的政府压力），因此，这些公司也就更有可能响应中央的政策，采用股东导向型公司治理制度。因此，我们提出以下假设：

　　假设4a：那些受政府影响越大（比如国有股比例越高）的公司，越有可能将董事长和总经理两职分任。

　　假设4b：那些受政府影响越大（比如国有股比例越高）的公司，越有可能在董事会中任命更多独立董事。

假说 5a：那些与中央政府关系越密切的企业（比如由高层级政府控股），越有可能将董事长和总经理两职分任。

假设 5b：那些与中央政府关系越密切的企业（比如由高层级政府控股），越有可能在董事会中任命更多独立董事。

（四）制度化的阶段论

根据中国证监会 2001 年 8 月发布的《关于在上市公司建立独立董事制度的指导意见》，在 2002 年 6 月前，上市公司董事会成员中应当至少包括 2 名独立董事；在 2003 年 6 月前，董事会成员中应当至少包括三分之一的独立董事。鉴于政府在中国经济中的主导作用和强大影响力，上市公司应该会积极响应国家要求，因此，我们提出以下假设：

假设 6：在政府发起公司治理改革运动期间（2001~2003 年），上市公司明显更可能在董事会中任命独立董事。

此外，根据制度化的阶段论（the stages-of-institutionalization thesis）（Tolbert and Zucker，1983；Dobbin and Sutton，1998），在一项组织制度的传播中，前期采用动因和后期采用动因会有差异。以实施独立董事制度为例，在初期，企业是被政府要求而采用这一董事会制度的（国家是首要的推动者），在后期（2003 年政府强制实施后）企业可能仍然会任命独立董事，但不再是因为政府压力。比如，上市公司任命更多的独立董事可能是因为它们认为独立董事制度是"现代企业"的必备特征，建立了独立董事制度的企业也会显得更为"先进"。因此，我们提出以下假设：

假设 7：在 2003 年政府强制实施独立董事制度之后，中国上市公司中独立董事所占的比例仍然在上升。

总之，中国的制度因素很复杂，虽然同是中国企业，但不同类型的企业面临着不同的制度环境：不同类型的企业面临着不同程度的政府压力、金融市场压力和全球化影响，所有这些因素都会影响中国上市公司采用股东导向型公司治理制度的可能性。

四　数据和研究方法

（一）数据和样本

公司治理方面的数据主要是从北京色诺芬信息服务有限公司开发的数据库和万得（Wind）资讯数据库中获取。财务数据主要是从上市公司年报和中国股票市场研究数据库（由深圳国泰安信息技术公司开发）中获取。此外，我们还对一些公司信息进行了手动编码，例如来源于上市公司网站、上市公司年报、招股书等的企业行政级别和行政隶属关系信息。此外，还有一些访谈资料作为补充，主要是对上市公司独立董事、总经理、基金经理、证券分析师、金融监管人员、企业律师等进行的访谈。这些访谈加深了笔者对过去几十年间国有企业改革、中国股票市场发展和公司导向型公司治理改革的理解。本研究的样本包括 1997～2006 年①的 676 家公司。由于不是每个变量都有观察期内得到的 6084 条完整数据，本研究用于分析董事长和总经理两职分任与独立董事任命的实际数据分别是 4880 条和5360 条。

（二）测量方法

1. 因变量

两职分任（separation）：虚拟变量，代表总经理和董事长职位由两人分别担任。取值为 1 代表总经理和董事长不是同一个人担任，反之取值为 0。

独立董事比例（p_outside）：董事会中独立董事的比例。计算公式是将独立董事的人数除以董事会总人数。

2. 自变量

金融市场影响（the financial market influence）：本书用流通股的比例来衡量金融市场对公司治理的影响。可流通股比例（p_tradable）是可自由流通股票占所有发行股票的比例。

全球化影响（global influence）：有两个指标衡量全球化对公司治理的影响。外资股比例（p_foreign）是外资股占所有发行股票的比例（外资股包括首次公开募股之前的外资原始股＋B 股＋H 股）；地区变量（coastal dum-

---

① 本研究采用的是滞后一年的滞后数据（lagged data）模型，因此实际分析所用的数据是1998～2006 年的。

my），1 代表上市公司登记注册于东南沿海地区，包括上海市、江苏省、浙江省、福建省、广东省和海南省。

国家影响（the state influence）：本书用国有股比例以及公司所隶属的政府层级来衡量国家对公司治理的影响。国有股比例（p_state）是国家所拥有的股份占总股份的比例。国有股包括直接由各级政府控制的股份（国家股）以及由国有企业或其他国有法人机构持有的股份（国有法人股）。行政级别（government affiliation）是一个虚拟变量，其中 1 = 非国有控股企业，2 = 乡镇企业和县政府控股企业，3 = 市级政府控股企业，4 = 省级政府控股企业，5 = 中央政府控股企业。

3. 控制变量

公司绩效（performance）：用资产收益率①（ROA）衡量。研究表明，企业会改变董事会构成以适应不断变化的环境，其中组织绩效会起调节作用，绩效差的公司更愿意改变董事会构成（Goodstein and Boeker，1991）。因此，本书为了验证绩效较差的公司是否更可能采用股东导向型公司治理制度而加入绩效变量作为控制变量。

公司规模（firm size）：用公司总资产的对数来测算。

资产负债率②（debt asset ratio）：用总负债和总资产的比率来衡量。

行业变量（industry dummies）：1 = 制造业、2 = 商业（批发和零售业）、3 = 综合性企业集团（多元化企业）、4 = 公用事业（public utilities）、5 = 房地产业、6 = 金融业。

此外，本书还引入年份变量（year dummies）来验证制度化的阶段论假设。在所有模型中，自变量和控制变量都是滞后一年的数据。具体的描述性统计分析和相关性系数矩阵如表 2 - 1 所示。

---

① 资产收益率（Return on Assets，ROA）又称资产回报率，是用来衡量每单位资产创造多少净利润的指标。衡量的是每一元资产所带来的利润。计算公式为：资产收益率 = （利润总额 + 利息收入）/ 总资产额。

② 资产负债率反映在总资产中指有多大比例是通过借债来筹资的，也可以衡量企业在清算时保护债权人利益的程度。资产负债率这个指标反映债权人所提供的资本占全部资本的比例，也被称为举债经营比率。资产负债率 = 总负债/总资产。表示公司总资产中有多少是通过负债筹集的，该指标是评价公司负债水平的综合指标。同时也是一项衡量公司利用债权人资金进行经营活动能力的指标，也反映债权人发放贷款的安全程度。如果资产负债率达到100% 或超过100% 说明公司已经没有净资产或资不抵债。

表2-1　主要变量的描述性统计分析和相关系数矩阵

变量		1	2	3	4	5	6	7	8	9
观察值		6393	5742	6784	6794	7435	6864	6786	6790	6774
均值		0.837	0.195	0.412	0.152	0.338	0.396	0.016	21.1	0.549
标准差		0.368	0.164	0.136	0.216	0.473	0.257	0.197	1.08	1.57
1	两职分任	1								
2	独立董事比例	0.073***	1							
3	流通股比例	-0.021*	0.256***	1						
4	外资股比例	-0.015	0.076***	0.103***	1					
5	是否沿海企业	0.002	0.018	0.028**	0.266***	1				
6	国有股比例	0.03**	-0.175***	-0.431***	-0.588***	-0.193***	1			
7	资产收益率	-0.0002	-0.118***	-0.038***	-0.029**	-0.018	0.08***	1		
8	公司规模	0.118***	0.203***	0.118***	-0.003	0.064***	0.093***	0.12***	1	
9	资产负债率	0.008	0.103***	0.015	0.009	0.029**	-0.027**	-0.22***	-0.12***	1

注：*，$p < 0.1$；**，$p < 0.05$；***，$p < 0.01$。

表2-2　董事长和总经理两职分任的随机效应估计模型 [1998～2006年（滞后数据）]

	董事长和总经理两职分任			
	模型1		模型2	
金融市场影响				
流通股比例	1.092*	(0.57)	0.5992	(0.51)
国际影响				
外资股比例	0.5551	(0.43)	0.1303	(0.37)
是否为沿海企业	0.0805	(0.22)	0.0813	(0.22)
国家影响				
国有股比例	0.7969**	(0.38)		

续表

	董事长和总经理两职分任			
	模型 1		模型 2	
企业隶属行政级别				
县和乡镇			0.756 *	(0.46)
市级			− 0.0378	(0.21)
省级			0.289	(0.22)
中央			0.2038	(0.33)
控制变量				
资产收益率	− 0.3082	(0.41)	− 0.277	(0.41)
公司规模	0.0583	(0.07)	0.0523	(0.07)
资产负债率	0.1332	(0.13)	0.1312	(0.13)
行业变量				
商业/批发零售业	− 0.3687	(0.40)	− 0.3284	(0.40)
多元化/综合性企业	− 0.3684	(0.36)	− 0.3586	(0.36)
公用事业	0.071	(0.35)	0.0834	(0.35)
房地产业	0.2696	(0.44)	0.3918	(0.44)
金融业	0.7981	(1.37)	0.8276	(1.37)
年份变量				
1998	− 1.056 ***	(0.21)	− 1.073 ***	(0.21)
1999	− 0.3042	(0.21)	− 0.3186	(0.21)
2000	0.3456	(0.22)	0.3466	(0.22)
2001	0.4635 **	(0.23)	0.4623 **	(0.23)
2002	0.1923	(0.22)	0.1857	(0.22)
2003	0.103	(0.22)	0.0991	(0.22)
2004	0.1249	(0.22)	0.1305	(0.22)
常量	1.014	(1.46)	1.577	(1.48)
N	4877		4883	

注：括号内是标准误差。由于多重共线性因素剔除了 2005 年的数据。$*$，$p < 0.1$；$**$，$p < 0.05$；$***$，$p < 0.01$。

五 模型结果

（一）董事长和总经理两职分任

表 2 - 2 是董事长和总经理两职分任的回归分析结果。结果显示，金融

市场对两职分任起到了一定积极作用，但在模型 1 中只在 0.1 的水平上显著。意想不到的是，外资股比例以及公司是否位于沿海地区对两职分任都没有显著影响，说明外资和全球化对中国上市公司董事长和总经理的两职分任没有实质影响。和预期一样，统计结果显示，国有股比例越高的公司越可能进行两职分任，说明和国家关系越紧密的公司越可能积极响应国家政策。但是和非国有控股企业相比，基层政府控股的企业（比如乡镇、县政府控股企业）更可能进行两职分任。这一结果比较令人吃惊，因为按理来说，由较高层级政府控股的企业（比如央企和省企）和中央政府的关系更密切，它们对中央政府的法规政策应该更敏感、更可能积极执行才对。

总的来说，董事长和总经理两职分任基本上是一个由国家主导的过程，金融市场和全球化力量都没有对其产生显著影响。1994 年《公司法》和 1999 年《证券法》（建议企业进行董事长和总经理两职分任，以分离决策权和执行权，建立"现代企业制度"），再加上中国证监会 2001 年以来推动的一系列公司治理改革，是中国上市公司董事长和总经理两职分任的主要动力。

表 2-3　独立董事比例的随机效应估计模型［1998~2006 年（滞后数据）］

	独立董事比例			
	模型 1		模型 2	
金融市场影响				
流通股比例	0.0013	(0.0081)	-0.0057	(0.0072)
国际影响				
外资股比例	0.0014	(0.0059)	-0.0068	(0.0051)
是否为沿海企业	0.0082***	(0.0028)	0.0085***	(0.0028)
国家影响				
国有股比例	0.0092*	(0.0054)		
企业隶属行政级别				
县和乡镇			0.0107*	(0.0063)
市级			-0.0042	(0.0030)
省级			-0.0012	(0.0030)
中央			-0.0056	(0.0046)
控制变量				

	独立董事比例			
	模型 1		模型 2	
资产收益率	− 0.0041	(0.0047)	− 0.0031	(0.0047)
公司规模	− 0.0015	(0.0010)	− 0.0012	(0.0010)
资产负债率	− 3.10E − 04	(0.0007)	− 2.80E − 04	(0.0007)
行业变量				
商业/批发零售业	− 0.0051	(0.0051)	− 0.005	(0.0051)
多元化/综合性企业	− 5.20E − 04	(0.0045)	− 7.20E − 04	(0.0045)
公用事业	0.0033	(0.0045)	0.004	(0.0045)
房地产业	0.0055	(0.0056)	0.0062	(0.0056)
金融业	− 0.011	(0.0150)	− 0.0119	(0.0150)
年份变量				
1998	5.00E − 04	(0.0036)	4.90E − 04	(0.0036)
1999	0.0049	(0.0035)	0.005	(0.0035)
2000	0.0572 ***	(0.0035)	0.0571 ***	(0.0035)
2001	0.2315 ***	(0.0035)	0.2314 ***	(0.0035)
2002	0.3226 ***	(0.0035)	0.3226 ***	(0.0035)
2003	0.3343 ***	(0.0035)	0.3342 ***	(0.0035)
2004	0.3414 ***	(0.0035)	0.3414 ***	(0.0035)
2005	0.3474 ***	(0.0035)	0.3474 ***	(0.0035)
常量	0.0291	(0.0202)	0.0314	(0.0206)
N	5363		5368	
R^2	0.8539		0.8541	

注：括号内是标准误差。*，$p < 0.1$；**，$p < 0.05$；***，$p < 0.01$。

（二）独立董事制度

如表 2 - 3 所示，金融市场对中国上市公司中独立董事的任职比例并没有显著的推动作用。外国投资者也没有显著影响，但沿海地区的上市公司董事会中独立董事的比例明显更高，意味着全球化对股东导向型公司治理制度在中国的传播有一定积极作用。至于政府的作用，我们发现国有股比例越高的公司以及由基层政府（县政府和乡镇政府）控股的公司，更可能在董事会中任命更多的独立董事。这和关于董事长、总经理两职分任的发现比较一致，即这两个股东导向型公司治理制度在中国企业的采用和传播中，政府都起到了类似的作用。此外，结果显示，2001～2003年上市公司更可能任命独立董事，表明上市公司积极贯彻落实了证监会关于在上市公司中建立独立董事制度的《指导意见》。年份虚拟变量在2003年、2004年和2005年的系数显著为正，表明即使关于独立董事的强制性要求2003年已结束（《指导意见》要求2003年6月底之前董事会中有三分之一的独立董事），上市公司仍继续任命了更多的独立董事，这意味着制度化的阶段论得到了支持。

需要指出的是，上市公司的个体特征（例如公司绩效、公司规模、资产负债率和行业）对上述两项公司治理制度的采用和传播没有显著影响，这意味着制度因素（比如国家政策）在股东导向型公司治理制度的采用和传播中发挥了更为重要的作用。

六 "最佳"公司治理制度的跨国传播

新制度主义者的有关研究发现，机构投资者和证券分析师是20世纪80年代初以来股东导向型公司治理制度在美国公司中兴起和传播的关键行动者。本书运用676家中国上市公司1997～2007年的数据来分析股东导向型公司治理制度（如独立董事制度）在中国的采用和传播情况，发现中国的传播主体和传播机制与美国有很大不同。股东导向型公司治理制度在中国的传播既不是由机构投资者也不是由专业人士倡导的，中国政府才是最关键的发起者和行动者，它推动了新型公司治理制度在中国企业中的应用。

具体来说，金融市场对中国公司采用股东导向型公司治理制度的影响微不足道，很大一部分原因是中国资本市场是高度分割的（2005年以前只有40%的公司股票是流通股），机构投资者也比较弱势（2007年以前机构投资者持股比例低于10%）。全球化也促进了中国企业采用股东导向型公司治理制度（比如通过国际贸易和合作产生的学习效应），位于沿海地区的公司在过去几十年受全球化影响较大。但比较意外的是，外商投资者对中国上市公司采用股东导向型公司治理制度影响不大，这很可能是因为大多数外商投资者来自非英美地区和国家，例如中国台湾、中国香港、日本和韩国等地。

本研究表明，政府是股东导向型公司治理制度在中国传播的关键主体，自改革开放以来中国政府就一直致力于促进中国企业的现代化。由于美式股东资本主义自 20 世纪 80 年代以来的兴起，股东导向型公司治理制度在全世界的影响越来越大，被誉为最佳公司治理模式或"国际惯例"，不但影响了德日等利益相关者导向型国家，也影响了发展中国家和转型国家的公司制度和公司治理改革。笔者认为，股东导向型公司治理制度从国外到中国的传播主要经过两个阶段、通过三种机制而完成。第一阶段是在跨国层面（从国外到中国），模仿性同构和规范性同构机制发挥了重要作用；第二阶段是在国内层面，政府通过法律法规和政策等手段要求企业采用新的公司治理模式，即"强制性同构"机制发挥了主导作用。

因为利益团体和既得利益总会在政策制定和实施过程中起到或明或暗的影响，人们难免会奇怪为什么中国上市公司的控股股东和高管们没有抵制独立董事制度的实施，毕竟这可能会削弱他们的权力、威胁他们的利益。原因可能很简单，第一个原因是他们认为独立董事不可能对他们的权力和利益造成实际的损害（他们认为独立董事没这个动机或能力，而且他们可以控制独立董事的提名和任命过程）；相反，他们认为知名独立董事（通常是学术界和商界的大腕）是一种战略资源（政、商、学界资源，可以提升公众信心和公司形象），有助于实现其个人和企业目标。第二个原因是"现代性"神话，对中国很多上市公司的控制者和管理者来说，独立董事制度似乎是所有现代企业必不可少的一部分（实际上独立董事制度起源于美国，主要是英美公司的一项治理制度，并非所有"现代"国家和"现代"企业都有独立董事制度），因此他们愿意采用独立董事制度实现企业的"现代化"，并建立一种积极向上的现代公司形象。从更广泛的意义上来说，当代中国的政府官员和企业高管们一直有两个"梦想"：现代化（建立现代企业制度）和国际化（与国际接轨）。股东导向型公司治理制度在中国的采用和传播是实现这两个梦想的很好例证。对政府官员来说，他们推动企业采用股东导向型公司治理制度，是为了实现中国企业的现代化和国际化，最终促进经济增长。对于企业和公司高管来说，他们采用股东导向型公司治理制度，并不是因为这些制度真的很有效（实际上很多管理者甚至不知道独立董事制度到底是什么，就更谈不上知道其为什么会提升企业绩效了），而只是因为这些公司治理制度被社会公认为很有效，是公司成为"现代企业"、"与国际接轨"的表现。因为建立"现代企业制度"、"保护股东利益"已经成为社会潮流和共识，企业一旦采用股东导向型公司治理制度就会向社会发出信号：企业正在积极建立现代企业制度和提升股东价值，从而获得社会的认可和回报。为企业提供关键资源的主要外部利益相关者，例如政府、投资者、证券分析师和财经媒体等，就会对信号做出积极回应，从而有助于提升企业声誉和带来发展机会。关键之处在于，即使股东导向型公司治理制度并不能真的最大化股东价值、提升企业绩效，企业仍然可以通过向外界发出它们是"现代的、先进的、可靠的"信号，从而增强公司的社会合法性和发展前景。

本书对中国上市公司的研究有助于我们更好地理解政府在公司治理制度跨国传播中的作用。本研究为强势组织（例如政府）在股东导向型公司治理制度的传播中起到的强制性作用提供了有力支持。此外，本书还对组织理论和经济社会学理论有一定的贡献——把新制度主义的基本理论拓展到了组织实践的跨国传播和同构（isomorphism）领域。在以往的研究中，组织制度传播中模仿机制的重要性主要体现在人际交往和组织层面。本书还展示并支持了国际层面组织制度传播的模仿机制。总体来看，本研究的结果展现了权力（vs 效率）在企业采用新型组织制度中的重要性，以及政府（vs 金融市场）在股东导向型公司治理制度跨国传播中的作用。

第三章
再造激励机制：高管薪酬体系变革

　　社会中的劳动分配制度是个人和家庭再生产的主要物质条件，一般来说，接受不同薪酬等级的劳动者占据着相应的社会经济地位。在中国现代化转型过程中，经济社会领域最为显著的一点是市场体制和竞争机制发挥着越来越大的作用；伴随而来的是计划经济时期供职于公有（集体）经济"单位制"中劳动者转而大量被非国有性质的公司雇用。劳动者群体本身的分化越发显著，以个人或家庭物质财富为基础的社会分层一方面展现了中国近四十年渐进式改革引发的社会结构变迁，另一方面也将成为党的十九大以后"以人民为中心"改革的重要考量因素。中国作为目前世界上经济体量最大的以公有制为主体的社会主义国家，发展好国有企业不但是政治经济体制的根本要求，还涉及国家制度机制有效的运转和劳动分配的公平正义等一系列社会问题。

　　我国的企业改制和公司治理改革（尤其是上市公司的公司治理改革）在很大程度上受到委托－代理理论和美式股东导向型公司治理制度的影响（杨典，2013）。经过多年的改革和不懈努力，我国上市公司已建立起了"三会"（股东大会、董事会和监事会）、独立董事、分设董事长与CEO（首席执行官或总经理）、高管持股和公司股票期权薪酬激励计划等一系列的公司治理制度。美式股东导向型的公司治理制度自20世纪80年代金融资本主义和股东资本主义迅速发展以来在全世界范围被视为"最佳""最理性"的现代公司制典范，不但影响了德日等西方发达国家，也影响了发展中国家和转型国家的公司制度和公司治理改革。可是，在与美国公司迥异的制度环境和政治经济模式中，采用了美式"最佳"公司治理做法的非美国公司的现代化路径呈现怎样的特点值得关注。虽然与高管薪酬有关的公司产权、代理、激励、治理与公司业绩等问题一直是管理学界和经济学界的热门议题，但鲜有学者将高管薪酬作为制度性的收入分配体系置于整个社会系统中去探讨其对于社会变革、企业现代化的全局性意义。

高管薪酬制度所代表的是公司运作中的核心问题，它通过对管理人员的激励安排引导公司整体战略的实施并体现企业内部的权力运作机制、竞争制度和劳动分配制度。管理学界和经济学界的诸多讨论皆围绕公司代理理论、股东对高管的监督与激励、高管在影响薪酬体系制定过程中的权力以及高管薪酬与公司业绩敏感度等方面展开，注重在公司层面的实践，却较少探讨不同高管薪酬体系的社会意义（Jensen & Meckling，1976；Shleifer & Vishny，1997；Sanders，2001；权小锋等，2010；方军雄，2011；Fama & Jensen，2013）。就中国而言，与此相关的大量实证研究分析了中国上市公司高管薪酬制度的决定因素、激励模式等具体特征，为中国高管薪酬体系规范化、制度化和现代化做了很多富有理论和实践意义的分析（黄志忠、白云霞，2008；万媛媛等，2008；黄志忠、郗群，2009；苏方国，2011；刘浩等，2014；方政等，2017）。但是，这些研究尚未能将中国上市公司高管薪酬的改革和实践与近现代中国企业的现代化进程相联系，同时也较缺乏对中国国情下企业制度整体方向的反思。本书在梳理以美国为代表的西方发达国家过去上百年高管薪酬制度演化路径的基础上，从社会学角度分析中国企业高管薪酬制度的发展轨迹和动力机制，试图从一个更为广阔的角度探讨高管薪酬制度在建立中国特色企业制度中的作用，以及企业薪酬制度如何影响中国的收入不平等和社会分层机制。

一　西方高管薪酬制度的演进路径

（一）美国"管理革命"后管理的职业化与经理人激励

就世界范围而言，美国作为经理人资本主义（managerial capitalism）的发源地，一个新的职业经理人阶层在人类历史上第一次承担起协调产品和服务的流通以及为未来生产和分配进行资源分派（Allocation）的责任（钱德勒，2016/1977）。这意味着，企业的交易活动主要被置于职业经理人"看得见的手"（the visible hand）之中，取代了原先由市场所掌握的部分经济协调功能。回溯美国现代工商企业的成长史，17世纪90年代至19世纪40年代经济虽然迅速增长，但在经济中活跃的仍是传统方式经营的单一单位公司，家族是基本的经营单位。这些传统公司主要是大批发商，买卖各种商品，组织结构简单，即便在制造业企业中，劳动分工和联合生产方式也尚未出现，因而老板就能自行管理企业，不需要专职支薪经理人。随着新技术的运用、市场的扩大和经济活动量的增加，企业内部逐渐将大量生产与大量分配相结合，以此产生的多功能企业（multi-functional）在美国经济活动中占据主要地位。以上简述的由钱德勒（Alfred D. Chandler Jr.）描绘的现代大型工业企业的产生在经济领域极大地促进了美国甚至世界经济的增长，同时，庞大的管理网络将运输与通信、实业与金融、城市与乡村等都连接起来，在引导社会变革方面也具有举足轻重的意义。

真正引发美国企业"管理革命"（the managerial revolution）的事件不单是多部门结构的现代大型工业企业的发展成熟，关键是执行企业内部管理协调功能的职业经理人的出现。以这些职业经理人为代表的管理层之所以能超越银行家和家族老板在企业中占据支配地位，是因为他们具有以下不可替代的作用：一是适应结合了大量生产与大量分配的多部门复杂组织结构的企业内部协调功能；二是满足了多变的外部市场环境的需要；三是维持与工会组织和联邦政府的关系、承担必要社会责任的社会角色要求（钱德勒，2016/1977）。在职业经理人群体逐渐掌握美国现代大型工业企业管理权力的同时，美国大公司的股权却相当分散，一般而言，最大股东也很少能拥有超过5%的公司股份，如美国电话电报公司（AT&T）就曾宣布无人持有超过1%的股票（Davis，2009）。这样的情况使得掌握了大型公司管理权的职业经理人阶层获得了巨大的经济权力：他们既可以使某一群体受益，也可以使其受损，同时能够影响整个区域，改变贸易趋势，为不同的社区（community）带来繁荣或衰败。由于这些大公司规模巨大，有些还是超级跨国公司，因此，由这些职业经理人控制的大型公司已超越了私人公司领域，变得接近于社会组织（social institutions）（Berle & Means，1932：46），他们的行为模式和价值导向不但会影响公司的发展和战略，更会影响广大美国人民的就业、收入、家庭和社区生活，甚至会影响美国的国际竞争力和全球地位。在经理人资本主义时期，由于股权高度分散，分散、弱小的中小股东既对这些公司高管（职业经理人）的任命没有发言权，也无能力和意愿对这些公司高管进行有效的监督和制衡。公司高管不但控制了公司的大部分资源，还通过少数寡头公司掌握了大部分市场话语权并占据了大量国家资源。因此，在经理人资本主义下，一方面是广大中小股东作为股东的"无权"，另一方面，由于高层经理掌握着至高无上的权力，他们面临的提升公司绩效的压力并不大，由于有托拉斯、辛迪加等联合体的存在，各大公司之间的竞争并不是特别激烈，公司之间的兼并、重组、恶意收购相当罕见，整个美国的大公司世界（the corporate world）是比较稳定、有序的。因此，这一时期的雇佣关系比较稳定，终身雇佣的情况也不少见，公司高层经理更追求企业规模的扩张，打造"企业帝国"（the corporate empire），而不是追求资本回报率。由于没有实行股票期权激励制度，他们对公司的股票价格也并不十分在意。那时的美国大公司，更像一个由各类"利益相关者"（股东、经理人、员工、顾客及当地社区）组成的公司社区，公司也更像一个有机组织体，而不是"一堆合同的集合体"（a nexus of contracts），更不是一个纯粹为投资者谋利的"投资工具"。

（二）股东价值最大化下的高管薪酬结构性变革

从 20 世纪 80 年代开始，美国企业界经历了大规模的兼并重组，经理人资本主义时期分散在人们手中的公司股权被集中由机构投资者（institutional investors）管理。这一变化极大地改变了美国公司整体的治理结构和权力运作模式：公司高管在经理人资本主义时期所拥有的在公司内部的"绝对权威"被八九十年代金融市场中机构投资者主导下的公司兼并与收购终结，当公司大投资者不满意公司的高级管理层时，常用的做法是游说董事长投票反对管理层甚至强行更换总经理（尤辛，1999）。虽然机构投资者在公司战略、高层人事选任上占据主导地位，但其主要精力在于"投资公司"而非"经营公司"，因此如何使公司管理层实现以机构投资者为主的股东价值最大化一直是公司内部治理的核心议题，即如何有效解决公司治理中的"委托－代理问题"。主流经济学界和管理学界通常认为在美国自由市场经济条件下发展起来的股东导向型公司治理制度更有利于平衡风险与收益，能最有效地配置资源和提高公司运作效率，能最大限度地减少代理成本，实现对管理层的激励，引导管理层最大化股东价值。

同时，随着信息技术的发展，证券交易所提供的金融指数和上市公司信息披露规则使公司信息变得十分容易获取，机构投资者利用这些指数化、数字化资料可以很方便地对所投资公司的市值进行监测，并对下一批投资公司进行评估和预测。"股东价值"（shareholder value）最明显的体现即股票市场上反复变动的公司股票价格，经济学理论认为将公司股票价格与高管业绩挂钩的这种浮动报酬形式能够将管理层收入直接与公司业绩、经营风险相连，有助于更大地减少管理层的"道德风险"（moral hazard），引导管理层行为实现股东价值最大化，同时也便于股东和管理层更好地进行市值管理（market value management）① 和市盈率（price to earning ratio）② 计算。

一直到20世纪80年代初，美国公司的高管薪酬仍主要由现金③构成，当时美国股票市场股价指数也不高，高管薪酬中的股票期权难以体现激励性质，因而其作为一种激励机制尚处在萌芽阶段；80年代中期，机构投资者为了将高管利益更好地与公司利益结合开始要求高管持有本公司一定数量的股票；80年代末期美国薪酬制度出现的变化一方面是高管被授予巨额股票期权，另一方面员工持股计划也逐渐推广开来，至90年代股价上升较快，给公司高管带来越来越多收益的股票期权成为薪酬结构中重要的一部分（胡继之、于华、冯娟，1999），也使得美国大公司的高级管理人员成为美国社会收入最高的阶层（见表3-1）。

表3-1 美国主要社会阶层收入比较

社会群体	1982年（万美元）	1994年（万美元）	1982~1994年增幅（%）	1982~1994年每年的增幅（%）
高级管理人员	94.5	248.8	163.2	8.4
工人	3.0	3.26	7.1	0.6
教授	4.1	4.8	15.9	1.2
平均收入最高的0.5%	18.4	28.1	53.0	3.6
NBA球员	33.1	155.8	371.3	13.8

数据来源：胡继之、于华、冯娟，1999。

① 所谓市值管理是指公司建立一种长效组织机制，致力于追求公司价值最大化，为股东创造价值，并通过与资本市场保持准确、及时的信息交互传导，维持各关联方之间关系的相对动态平衡。

② 市盈率，简称PE或P/E Ratio，指在一个考察期（通常为12个月的时间）内，股票的价格和每股收益的比例。市盈率是最常用来评估股价水平是否合理的指标之一，由股价除以年度每股盈余（EPS）得出，与市净率、市销率、现金流量折现等指标一样，PE是股票投资基本分析最常见的参考指标之一。

③ 包括基本薪酬和奖金。

对45家公司自1982~1995年的跟踪调查显示，高层管理人员报酬的不确定性已越来越明显。在1982年7名最高层经理总收入中仅有大约1/3（37%）属于浮动可变报酬[①]，而到了1995年，可变部分已增长到61%，其中，固定部分[②]的减少由具有长期性质的激励措施取代。对首席执行官（Chief Executive Officer，CEO）来说，具有长期性质的可变报酬部分已由1982年占总收入的17%上升到1995年的47%。从报酬方案来看，1982年，45家工业公司中7名最高层管理人员的长期激励性质的报酬平均占基本工资的27%，而1995年这一比例已达150%，对于首席执行官而言，这一比例也从29%上升到154%。1990年，美国1000家大公司中，有350家公司的首席执行官的平均可变收入占总收入的61%，两年以后，这一比例上升为69%（尤辛，1999）。

而到21世纪初期，美国股票期权薪酬制度经历了史上最大的危机，一系列行业巨头爆出虚报利润、捏造盈利等财务丑闻。据媒体统计，至少有135家发授股票期权的公司正面临政府调查或内部反省（《打造"中国式"期权》，2006）。美国参议院常务调查委员会（2002）在安然破产案调查报告中认为，安然董事会向高管提供了过于丰厚的薪酬，不止一次就单笔交易向某一位高管支付数千万美元的薪酬，同时将公司股票期权大量授予高管却缺乏有效的监管和合理的限制。相似的如世通、施乐、迈克菲、CNet等公司高管都通过虚假财务披露、人为操纵股价等进行股票期权欺诈获取不正当个人利益。之后美国制定了一系列法律法规用以督促公司财务会计制度改革和规范、约束公司股票期权激励制度的实施。

（三）美国高管薪酬制度演进的主要原因

在现代公司成立之初，其形态主要为行会成员联合体和家族企业等，彼时的管理者本身就是行会领导者或家族主要成员，企业所有者和管理者之间基本不存在"委托－代理"问题或企业经理人的道德风险。这一时期的企业主要受银行家的控制，企业的主要发展问题不是内部治理结构问题而是业务发展的融资和市场扩张问题。当市场逐渐扩大、企业经济交往不再

[①]　即短期性质的每年奖金数和长期性质的股票购买权及其他与股票相关的激励措施。

[②]　包括工资与津贴。

限于一地、社会经济关系变得复杂，企业内部成员逐渐与企业脱离亲缘、地缘等人身、情感依附关系，普通员工甚至是企业高层管理人员都逐渐越来越多地成为支薪受雇人员，这就是钱德勒提出"管理革命"的由来。就整个社会而言，企业这一经济组织变成了社会组织：股权分散在众多普通个人投资者手中，与公司有经济联系的社区、劳动者个人及其家庭以公司为中心生活，即二战后美国等西方国家一度出现的"公司社会"（corporate society）和"福利资本主义"时期。这一阶段公司所有者因为由众多中小个人股东组成，所以缺乏实际的公司治理权力，高管对公司发展和管理经营拥有不容置疑的权威，公司规模越大越有利于彰显公司业绩和管理者的能力，也更有利于"公司社会"中普通劳动者个人的获得感，同时也越有利于管理者的晋升和薪酬增长。

美国 20 世纪 70 年代的经济"滞胀"终结了经理人资本主义的美好生活，国民财富缩水、企业收缩之后银行业改革和金融去管制化加快了金融市场的发展，机构投资者兴起并通过企业间兼并重组基本掌握了对公司的主导权。相应地，在经济思想领域新自由主义兴起，国家减少对经济、社会活动的干预，金融经济学提出的有效市场假说（the efficient market hypothesis）和公司管理领域的股东价值最大化理念强化了自由竞争的资本主义制度下金融市场的主导地位，并引导公司管理活动自觉围绕金融指数进行市值管理，最大化实现股东（主体是机构投资者）价值。随着股东价值最大化理念在美国公司治理中占据主流，企业高管在公司战略决策方面的影响力和对公司的控制权被削弱而置于股东权力之下。

西方与公司理论相关的经济学和管理学主流认为，在自由竞争机制下公司股价最有利于体现公司价值和股东利益，将高管薪资收入与公司未来一段时间内的股价捆绑在一起有利于激励高管更加关注公司在金融市场的表现、更好地实现股东价值、约束高管行为及减少代理问题，股票期权激励是当今经济条件下最有效和最理性的最大化股东价值的激励机制（Masson, 1971；Murphy, 1985；Hall & Liebman, 1998；Brickley et al., 2006；Defusco et al., 2012）。加之各个公司为了阻止同行公司对高管"挖墙脚"和强化高管组织承诺，纷纷对高管提供高薪酬的经济激励并授予大量股票期权以促使高管个人和公司价值之间进行"价值捆绑"。越来越多的公司将一定数量的股份授予企业高管或实行股票期权计划①。因此，在 20 世纪 90 年代，高管薪酬日益与公司股价紧紧联系在一起（Davis & Kim，2015）。

二　美国高管薪酬体系变革的经济和社会影响

（一）高管薪酬变革在提升业绩和股东价值中的表现

与经济学和管理学理论的设想不同，高管薪酬体系中的股票期权激励并没实现预期的提高企业业绩和最大化股东价值的作用，反而带来了一系列对企业和社会的不良后果。研究表明，这些激励措施具有不对称的风险特性，授予股份和股票期权的激励计划对公司的收购和剥离倾向有着截然相反的影响。此外，情境特征降低了与股票期权薪酬相关的风险寻求行为，而不是与股份相关的风险厌恶行为（Sanders，2001）。与此相关，研究结果还显示治理结构较差的公司有更大的代理问题，而这些有较大代理问题公司的首席执行官却得到了更高的报酬，由此使公司的绩效变得更差（Core et al.，1999）。对于目前广泛采用的独立董事制度，学者发现与许多受推崇的改善公司治理的指南相反，没有证据表明独立外部董事创建了一个比内部董事更有效的董事会，此外也没有发现外部董事持有更多的股权可以改善公司治理体系（Core et al.，1999）。Mehran（1995）也通过实证研究确认了公司业绩与外部董事持股之间没有显著的关系。除非外部董事的薪酬通过股票期权等途径实质性地与公司业绩挂钩，否则他们所承担的资本风险可能不足以激励他们的监督管理团队。值得注意的是，虽然行业和规模在解释这些薪酬同伴群体的构成方面很重要，但潜在的同行公司的薪酬水平也扮演着重要角色。公司倾向于选择高薪的同行来证明他们的首席执行官（CEO）的高额薪酬是合理的。这种效应在同伴群体较小的公司尤为明显，这类公司中首席执行官兼任董事长，首席执行官任期更长，而董事们则忙于在多个董事会任职（Faulkender & Yang，2010）。即便从管理学理论内部来看，薪酬的激励作用也存在分歧，从最优高管薪酬合同的视角来看，薪酬分配是由董事会制定的，目的是最大化股东价值；而从管理层权力视角

---

① 即高管被奖励通常以股票发行价格（当公司股价上涨时，公司股价将超过发行价格）在约定期限内购买公司股票，以此促使公司高管提升公司股价、最大化股东利益，而当公司股价下跌时高管也不会面临惩罚（Westphal & Zajac，1998）。

来看则表明，董事会在设计高管薪酬时并不能做到独立、公正，相反，高管们有权力影响自己的薪酬制定，他们利用这种权力进行抽租（extract rents）①。此外，掩饰"抽租行为"的想法可能导致使用低效率的次优激励的薪酬安排，从而损害股东价值（Bebchuk et al.，2002）。Mizruchi（2007）研究发现，在管理层权力的影响下管理不善的公司会将更高价值的股票期权和限制性股票授予高管；同时，20世纪80年代的收购浪潮促使企业管理者将他们的担忧从商业领域转移到特定公司的短期业绩之上；由于没有外部力量来有效整合管理层成员，美国企业精英已经变成一盘散沙，他们狭隘而自私，不愿像他们的（经理人资本主义时期的）先驱一样采取集体行动来解决美国社会所面临的问题，承担相应的社会责任。另外值得深思的一点是，当政治家、工会领导人和消费者对上市公司高管过高的薪酬大加挞伐时却忽略了真正的问题——相较于首席执行官获得多少绝对数量的薪酬，他们的薪酬是如何获得的这一问题更为重要。研究表明，在大多数上市公司中支付薪酬的方式相当"官僚化"②，高管薪酬实际上与业绩无关（Jensen & Murphy，1990）。

大量研究表明股东导向的做法实际上并没能真正实现股东价值的最大化，而且有些做法甚至还对股东价值造成了严重损害并成为滋生企业违法行为的温床（Collingwood，2001）。例如，一度被大多数观察者认为能够把管理层利益和股东利益结合在一起的长期薪酬激励计划（例如股票期权等）被负面性地描述成"牺牲股东利益使企业高管快速致富的见不得光的第三只手"（Crystal，1984）。考夫曼和英格兰德认为，公司控制权市场（market for corporate control）已经变成了彻头彻尾的投机游戏，不断上演的都是"财富再分配"的戏码，根本没有真正去"创造财富"。他们强调，如果不采取任何监管措施以遏制这种投机行为，资本市场将会最终"毁掉"而不是"振兴"美国的产业基础（Allen & Ernest，1993）。美国商会主席兼首席执行官多诺霍盖尔（Donohue）也开始呼吁必须终止这样的"季度性盈利游戏"（quarterly earnings game）。他指出，证券分析师和商业媒体对企业短期

---

① 由经济学家麦克切斯内（F. McChesney）提出，原指政府在与企业交往过程中通过权力寻租分享部分不道德的经济收益。

② 指薪酬高低主要与职位等级呈现一致的趋势，而与绩效相关度低。

绩效的过度关注阻碍了企业长期战略的制定，大量滋生了企业高管的舞弊和财务虚报行为，严重影响了上市公司的信息披露，致使市场效率大大降低。多诺霍盖尔坚信当人们因为对短期市场情况过分关注而逐渐失去远见的时候，那肯定是一些基础性、根本性的市场制度出了问题。非常有趣的一点是，当其他国家正在试图引入美式股东导向型公司治理做法的时候，多诺霍盖尔却意味深长地指出"就在许多美国的 CEO 们对未来三个月的绩效状况担心之时，我们的全球性竞争对手尤其是中国和印度这样的新兴竞争对手却在致力于为企业甚至是为整个国家谋求长期性投资"（Donohue，2005）。

鉴于许多股东导向的做法不但没有取得预期的效果，反倒还引发了大量的企业违法行为，弗雷格斯坦提出了"股东价值的极度膨胀已经走到终点"这一论断。他认为每种新兴的控制理念都会有 20～25 年的活跃期，而"股东价值"这一控制理念几乎刚好已经盛行了这么多年。并且在他看来，股东价值理念对于股票价格和金融工程（financial engineering）的关注也并不具有可持续性（Fligstein & Shin，2005）。与弗雷格斯坦不同的是，道宾和佐恩认为以股东价值为核心的企业做法对于金融市场上那些大权在握的专业人士（例如机构投资者和证券分析师）来说最为有利可图，因此即使股东导向的企业做法对于企业和整体经济并无益处，但出于自身利益的考虑这些强大的专业人士团体也会努力去维持和巩固股东导向的做法（Dobbin & Zorn，2005）。因此，只要这些专业人士们所拥有的权力不能得到有效的管治和约束，当前盛行的这种所谓"股东价值最大化"的高管薪酬体系是不可能在短期内发生改变的。

（二）高管薪酬体系变革的社会影响

自 20 世纪 80 年代公司战略发展理念以"股东价值最大化"为原则之后，公司股票价格被视为评判公司经营优劣、公司高管绩效好坏的关键指标，金融市场在企业战略决策中取得越来越重要的地位。共同基金、养老基金、保险公司等机构投资者的影响力越来越大。在这种情形下，公司的战略目标服务于短期股票价格，之前稳定的公司架构变得灵活，公司拆分、兼并、重组、破产行为常态化，不论公司高管还是普通工人都难以与公司维持稳定的雇佣关系。据统计，全球有 60% 的劳动力处于非正规部门中，在欧盟 27 国中处在欧洲东部和南部相对不发达经济体中非正式部门就业的工人更为集中（Williams，2014）。

　　雇佣关系弹性化与工会的日益衰落加剧了失业问题。与此同时，跨国公司在全球寻找经济宽松、金融自由的地区，加快转移制造企业，以低工资和低制造成本提高公司在金融市场上的绩效，这在一定程度上加剧了美国国内失业情况。股东利益至上的公司经营模式主要关注持股股东经济价值的实现，因此，企业会尽量缩减原材料、生产、运输和劳动力成本。尤为值得指出的是，由于劳动力成本在美国等西方发达国家企业的成本支出中占据相当高的比例，各大企业为了压低成本，一方面通过裁员、重组等方式尽量减少员工，另一方面大量采用非正式雇佣、灵活雇佣的方式以减少人力成本支出并规避企业的福利责任。因此，20世纪80年代以来美国的失业率不但在上升，美国工人的工资收入也越来越难以维持自身或家庭的再生产，导致中产阶级人数萎缩，工人贫困化程度加深，甚至出现了成年人"主动失业"的现象，"啃老"在崇尚个人主义生活方式的美国社会开始出现。

　　另外，以机构投资者为代表的金融力量重组了社会结构，握有股权的公司高管和股东获取了大量社会财富，在工人阶级日益贫困化、中产阶级不断萎缩的同时，以私募股权投资（private equity，PE）基金经理、风险投资（venture capital，VC）基金经理和公司高管（corporate executives）为代表的一批批超级富豪也在不断诞生，整个社会的贫富分化日益严重。股东价值最大化被新自由主义理论及相关制度合理化，股东价值最大化被认为最有利于企业效率的最大化，也最有利于整个社会福利的最大化，因此，企业的分配原则越来越倾向于股东利益（shareholder interests），而不是利益相关者的利益（the interests of stakeholders，比如工人、消费者、社区等）。

　　还有，近期美国劳工联合会－产业工会联合会（AFL-CIO）发布的年度报告显示，2015年标准普尔500成分股公司首席执行官（CEO）的平均薪酬是普通员工的335倍，而在1980年，这一比例是20倍左右。由此可见，自20世纪80年代初金融资本主义兴起以来，美国公司内部的分配机制越来越向公司高管倾斜，企业内部的贫富分化日趋严重，这是导致整个美国社会贫富分化和不平等程度加深的重要原因和组织机制。以2016年谷歌CEO的收入为例，谷歌母公司Alphabet公布的数据显示，2016年谷歌CEO Sundar Pichai的薪水总额近2亿美元，其中主要来源于2016年被授予的价值1.987亿美元的股票。而谷歌员工的收入中位值是14万美元左右，也就是说，该 CEO 的年收入是普通员工的 1400 多倍！

即便在经济下行或经济危机期间，收入和财富处在社会不同地位的人们所受的影响也存在很大差异。占据社会财富 10% 的富裕阶层财富类型丰富、财富投资分散，更容易从危机中恢复；而占据社会 80% 左右的底层则将其财富主要系于房产之上，在危机面前非常脆弱，难以恢复。上述原因都导致美国富裕阶层与中下阶层的收入差距不断被拉大（见图 3 - 1、图 3 - 2）。

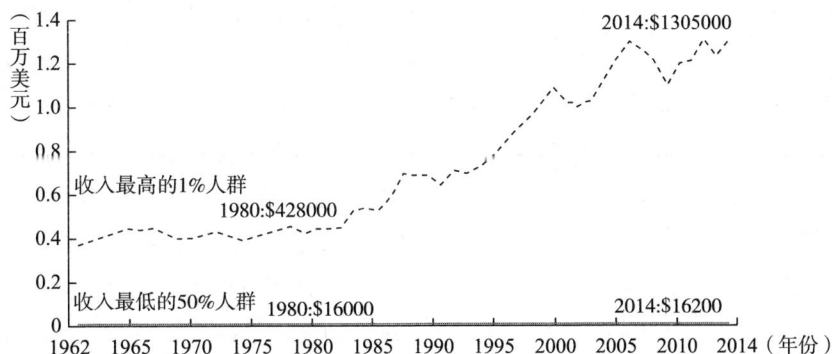

图 3 - 1　美国员工中收入最高的 1% 和最低的 50% 人群平均年收入

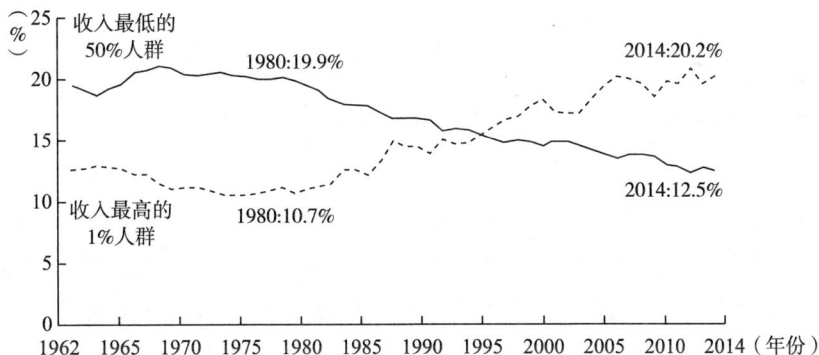

图 3 - 2　美国收入最高的 1% 和最低的 50% 人群占美国总收入的比例

纽约作为全球收入最不平等的城市之一，即便在 2007 年金融危机爆发之后的 2009 年，一些顶尖对冲基金经理的年收入仍可达到人均 30 亿美元之上，而该城市另外一半的人口年均所得不超过 3 万美元；除了货币收入的不平等以外，资本与不同社会群体结合可以产生更为复杂多样的后果，资本主义社会中对地位、技术、才能、成就等的重视使得具备不同民族、种族、性别和宗教等特征的社会群体拥有获得不同机会的能力，这些特征与不同的就业机会和收入水平相结合之后产生了更为广泛的经济和政治权利差异（哈维，2016）。在新自由主义思潮的裹挟下，美国社会出现极端贫富差距现象的同时，大众反对政府对经济的直接干预和福利国家制度，从而在一定程度上使资本获得了进一步压低中产阶级和底层劳动者薪资、瓦解工会的机会。

总的来讲，以大金融财团和机构投资者主导的股东资本主义拉大了美国等发达国家内部的贫富收入差距，加剧了不合理的分配秩序。金融和企业精英的利己主义通过掌握金融市场运作规则、控制金融产品和金融衍生品以及在企业中推崇股东价值最大化获得金融资本对整个社会的支配权，以此将社会财富和社会权力聚拢到社会少数的财富阶层；以白领、高级蓝领和中低级知识分子为主的社会中间阶层利益受损，甚至滑向底层阶级，成为非正式就业和失业者的"后备群体"。数据显示，美国全部住户收入基尼系数1971年达到0.40，开始从收入相对合理（0.3~0.4）逐渐接近收入差距较大（0.4~0.5），并在2015年达到最高点——0.48①。这种不断扩大的收入差距和贫富分化是美国保守主义兴起的重要阶级基础和社会基础。

三　近代以来中国企业高管薪酬制度的历史发展

（一）中国近代企业制度起步时期的高管薪酬制度

中国真正意义上的现代企业肇始于19世纪60年代初的洋务运动。洋务运动前期，以"自强"为口号先后建立了安庆军械所、江南机器制造总局、福州船政局、天津机器局等早期军工企业，第一次引入现代化工厂并采用西方机器进行生产。彼时，洋务派朝政大员虽有心师夷长技以挽清朝于颓势，但无意对当时的政治经济体制进行大刀阔斧的改革，对西方的新式企业管理制度采纳有限：器物管理和技术上由西方技术人员负责，企业运作和治理方面由朝廷中"洋务派"官僚担任管理者，在上述企业中基本沿用清政府行政体制。

洋务运动早期（19世纪60~70年代）军工企业的开办一般程序是首先

---

① 数据来源：美国商务部普查局。

由主张洋务的朝廷大员上奏"开西学，办洋务"，然后由朝廷批准设立[①]。闽浙总督左宗棠以及船政大臣沈葆桢等亦纷纷疏请清政府自设相关军工企业。但军工企业只是作为这些朝廷大员若干事务中的一小部分，他们很少直接介入企业的具体管理，而是通过控制企业人事任免等权力利用私人关系将企业管理权控制在亲属、亲信手中，这使得企业带有浓厚的个人、政治色彩（高德罡，2009）。船政大臣之下的经营决策者一般具有亦官亦商的属性，多是具有虚衔或实职官职的士绅（见表3-2）；尽管当时尚未建立起系统的激励约束机制，但经营决策者在公司内部往往处于控制地位，同时也能取得较多的股息收入、花红（红利）收入（杨在军，2006）。

表3-2　早期轮船招商局主要经营管理人员及背景

姓名	职务	背景
朱其昂	总办[①]（过渡）；会办[②]	沙船世家；实职官员
盛宣怀	会办、总办	绅士出身；实职官员
唐廷枢	总办	买办；虚衔
徐　润	会办	买办；虚衔
郑观应	会办	买办；虚衔
叶廷眷	会办	买办；实职官员
张鸿禄	会办	混迹官场；实职官员
马建忠	会办（兼商总）	绅士出身；实职官员
谢家福	会办	绅士出身；实职官员
沈能虎	会办	绅士出身；可能是实职官员
严　漾	商总[③]	候选同知
唐德熙	副商总	绅士；四品衔候选员外

① 清朝后期，清政府在中央或地方新设置或临时设置机构中品级最高的行政长官，相当于现代公司职务体系中的"总经理"。

② 清朝后期，清政府在中央或地方新设置或临时设置机构中品级最高行政长官的副职，相当于现代公司职务体系中的"副总经理"。

③ 清政府在垄断行业或特许经营行业中所指定的某些商户首领，也称作"总商"，商总领导下的合法商户为"散商"。"商总"或"总商"相当于现代行业中的"总经销商"。

---

① "制造之事，实始天津。当咸、同间，中原未靖，李鸿章疏请在天津设机器局，自造枪砲，以供北方军队之用。同时，江苏亦创立机器局……江苏巡抚李鸿章疏言，统军在江南剿贼，习见西洋火器之精，乃弃习用之抬枪、鸟枪，而改为洋枪队……惟器械子弹皆系洋式，所用铜铁木煤各项，均来自外洋。必须就近设局自造，以省繁费。"（《清史稿·志一百十五·兵十一》，1927）

最能体现这些军工企业政策色彩的是对管理人员的激励制度：一方面，参照军机处、总理衙门等实行保奖制度①。保奖制度主要应用于政府官员的兼职性工作，如"军机处"所属人员的升迁，这种制度打破了清王朝依托科举考试的铨叙制度②，适用于清帝和清朝设立的集权机构，临时性、事务性职位或总理衙门③等为适应特殊情境设立的机构。洋务企业采用保奖制度既给了在企业中任管理职务但无政府品级的官员门生、知识分子一定的名誉奖励，也为这些人走向仕途做了必要的准备并提供了一定的政治资源。对洋务企业来说，保奖制度在激励企业管理人才的同时也加重了企业本身的官僚化。另一方面，洋务企业也效法西方初步建立起了涵盖管理人员、技术工人、普通工人等的薪酬制度。

表 3 - 3   江南制造局各级员工平均日工资

职称	平均日工资（银元）	折合中等米（市斤）
洋匠	11.433	357.28
委员、提调、帮办	1.773	55.41
司事	0.886	27.69
匠目	1.746	54.56
工匠	0.652	20.38
幼童	0.207	6.47
小工	0.166	5.19

数据来源：上海社会科学院经济研究所，1983：89。

从表 3 - 3 可见，江南制造局在薪资分配上优先考虑西方技术人员（洋匠），本国雇员的薪资从管理者到学徒（幼童）、小工基本上依次递减。另外，管理人员和技术人员（洋匠、匠目）实行月工资制且用银两（洋匠用英镑或银两）给付。从福州船政局管理人员（员绅④）的工资情况可以看

① 保奖制度是指清政府针对官员职缺之外的工作，即"差"（不带品级多具有临时性的兼任职务）的一种考察。得保奖者，可得升阶升衔，也能得到仕途迁擢的便利，既可看作一种奖励，亦可看作专门针对"差"而施行的保举和升迁制度（李文杰，2011）。
② 依托察举、考试等的政府取士用人制度。
③ 清政府在签订《北京条约》后为处理外交事务特设中央机构。
④ 船政衙门员绅即行政人员，包括船政提调、轮船统领、总监工、洋监督、局员、局绅、委员、委绅等（沈岩，2016），相当于现代公司中的管理层。

到，管理人员工资比例随着企业运营时间而逐渐增加（见表 3 - 4）。

表 3 - 4　1867~1882 年在局员绅工资情况

单位：两，%

年份	员绅工资数额	经费总额	比例
同治五年（1866 年）十一月~同治十三年（1874 年）六月	85409	5360589	1.59
同治十三年（1874 年）七月~光绪三年（1877 年）十二月	63199	1693800	3.73
光绪四年（1878 年）一月~光绪五年（1879 年）十二月	31489	967221	3.26
光绪六年（1880 年）正月~光绪八年（1882 年）十二月	47301	1421782	3.32

　　资料来源：高德罡《晚清军工企业管理机制研究——以福州船政局、江南制造局为中心》，原作者根据左宗棠等《船政奏疏汇编》整理。

　　值得注意的是，员绅虽多自带品秩，但所承担的职务并不以官员品秩作为唯一的标准，因为职务和品秩同时影响管理人员的薪酬。船政局员绅工资可以分为薪水和津贴两部分[①]。薪水和津贴两个部分按照不同标准并行，同时考量在局员绅的官员和职员双重身份。其中，员绅的薪水主要按照品秩高低发放，与岗位和工作量无关，可视为员绅的基本工资。而津贴则考虑在同等职务上的员绅品级差异所造成的工资不平等所发放的补偿性工资（高德罡，2009）。值得注意的是，因福州船政局管理人员多为官员出身且企业官商体制导致滥支滥用现象严重，清朝御史和清王朝多次批评，"福建船政局收用员绅过多，需款太钜，致造船经费不能统归使用"，"不肖员绅虚糜无已，致办理不收实效"（转引自林庆元：1986）[②]。但实际上福州船政局无论在靡费还是冗员方面都是同一时期洋务企业中较好的一个。福州船政局管理层的工资特点在于（见表 3 - 5）：工资层级分明、级差较大，除船政大臣外，工资最高的提调为工资最低的员绅的 6.7 倍；管理人员高于同品秩政府官员；津贴制和保奖制在一定程度上有利于提升管理人员积极性；按照精通西洋事务程度和西方技术熟练程度在工资和晋升方面有所考量；另外是中西人员薪金差别较大（见表 3 - 6）（林庆元，1986）。

　　[①] "员绅当札委之始，薪水视其官阶，津贴则视之责任之重轻，厂务繁简以视区别"（沈云龙，1975）。

　　[②] 原文出自《船政》卷三十一第 1 页。

表 3 – 5　船政局员绅与清朝官吏年薪俸比较

单位：两

	清朝官吏薪俸			船政局员绅薪水	
	品级	官衔、身份	年薪	在厂职务	年薪
文职	一品		180	船政大臣	7200
	四品	道员	105	提调	480
	五品	郎中、员外部	80	稽查	350
	六品	主事、通判	60	车间学校委员	240
	七品	知县	45	车间学校委员	192
	八品	县丞、教谕	40	车间学校委员	144
		都尉			216
	从九品		31	车间学校委员	96
		附生、贡生、监生			72
		军工			60
武职	六品	千总			120
	七品	把总	12		96
	八品	外委	23		72

资料来源：林庆元，1986：251。

表 3 – 6　船政局中外人员月薪金比较

单位：两

职务	洋员薪金		中国人员薪金	
	最低	最高	最低	最高
船政大臣、监督		1000		600
帮办		400		
监工（稽查）	200	400		50
教员	200	250	17	36
技术员			20	136
技工	100		8	12
工人			4.5	6

资料来源：林庆元，1986：257。

　　特别是自洋务运动始开办的厂矿企业中存在一种特殊的管理制度——把头（包工）制。这是一种主要存在于洋务运动所开办的近代军工业、铁矿业中以包工头为首领的包工雇工及生产劳动方式（马学军，2016），这种制度与西方包工制的不同之处在于"明显的人身依附关系"之下的强迫劳动（莫晟，2012）[①]。了解把头（包工）制才能深入地理解洋务企业中管理制度的社会经济根源。众所周知，洋务企业在中国君主统治行将结束、西方器物和制度逐渐传入之际兴办，企业内部运作明显打上中、西方制度的双重烙印。这对于了解中国企业管理制度的演变具有源头性的地位。与西方包工制类似，把头赚取的主要也是"来自资本家支付的劳动价格和中间人实际付给工人的那部分劳动之间的差额"（马克思，2004：636），但其管理人员来源和管理制度与西方包工制迥异：把头群体主要来源于被遣散的湘军，其中的中下级军官与开办洋务企业的将领具有很强的私人依附关系，借此他们一方面可以获取工程资源，另一方面又拥有对普通士兵和劳工的指挥权力；洋务企业中同时还采用传统社会中的保甲连坐制度进行管理，"秘密社会"中的帮会力量也牵涉其中（马学军，2016）。近代军工企业中把头（包工）制分工明确、等级严明，在一定程度上提高了组织效率，为过渡到西方近代管理制度做了准备和尝试。值得关注的是，每个企业中由众多大把头和归其节制的劳工所形成的小生产圈子可被视为洋务企业中最初的基层管理单位，这些基层单位的大把头时常直接接受企业最高管理者（高级将领）的领导。因其所具有的依附性，在大把头看来，这些单位的根本目的除了生产之外还具有为原企业中高层军政将领服务、获取政治权力和升迁的功能，这些政治资源连同货币收入一起构成了把头的"薪酬"。

洋务运动后期（19世纪70年代~20世纪初），"官督商办"成为贯穿洋务企业始终的企业监督－经营体制。一直以来，学界对官督商办企业的性质和企业经营者的阶级划分进行讨论，并从国家资本主义、官僚资本主义、私人官僚资本主义、民族资本主义以及"准股份公司制"等多个方面进行了分析（葛吉霞，2004）。也有学者提出，官督商办是在商人对制度（交易费用）的需要和官僚在剩余索取权方面的需求以及在保护企业产权方面的优势等共同作用下形成的依附型产权制度（曹正汉，1997）。但不难看出，无论官督商办企业采取了何种资本组成形式和何种经营体制，其中最

[①] 另外，在近代中国，把头相较于西方包工规模更大、受其节制的工人更多、对工人的苛虐更为严重，封建把头多没有专业的技术或业务水平（余明侠，1994）。

重要的特征是杂糅了官方的政治目标、民间资本的经济从属性以及市场力量发育的不完全性。这种依附性集中体现在官督商办企业中管理者的地位和经营权力上。轮船招商局开办之初由清朝军政大臣李鸿章先后指定官员朱起昂、买办唐廷枢和徐润为"总办"或"会办"。在任职期间，唐、徐等商董自愿不支薪水，但两人均有投资入股且将原自有的轮船托付给招商局营运（黎志刚，2012），几大管理人员同时作为招商局股东受到《轮船招商局章程》和《轮船招商局规》对股商利益的保护。在之后的运营中，先后有买办商人郑观应、盛宣怀等加入或掌管招商局。以郑观应为例，在进入招商局之前他就表明"不计薪水之多寡，唯恐舍长局而在短局，有关名誉"，不愿中国航运上"更为外人所欺辱"（吴晓波，2007），因郑观应早先在太古轮船公司①年薪为 7000 两，因而轮船招商局承诺"不以六千金为限止"②（张后铨，2015）。

可以看出，进入招商局的几大买办首先有殷实的家底为基础，且在招商局等多家洋务企业、洋行均占有股份同时也经营私人企业（多为房地产），多与洋务大臣有官商往来关系。官督商办企业对他们而言，一方面，具有施展经营才能、获得企业发展的股东收益的经济利益，比如作为第一大股东，盛氏家族从汉冶萍分得股息约为 230 万元（张后铨，2012），盛宣怀逝世后经清理实际应分财产 11606014.388 两（宋路霞，2009）；另一方面，也夹带着官商私人关系以及对国家救亡图存的愿望，如朱其昂"自愿以身家作抵"③筹办轮船招商局。洋务运动后期在尝试引入民间资本、有经验的管理者以及股份制公司制度之后，轮船招商局、开平矿务局获得了不俗的效益。但"1883 年以后，不幸以盛宣怀为首的官僚紧紧掌握了官督商

---

① 英国商行太古轮船公司自清咸丰十一年（1861 年）营口被迫代替牛庄开港后成立。当时，经营海运业的英商有旗昌洋行、怡和洋行、瑞康洋行、远来盛洋行、卜内门洋行和亚细亚石油公司，太古轮船公司便是其中的一个大户。"太古"一词原意为"虎狮"，总公司设在英国伦敦。清光绪十六年（1890 年），它投资 50 万英镑，在辽河南岸开始建筑英国式的二层红砖营业楼，坐北朝南，石头基础，所用红砖皆从英国运来。太古轮船公司资金雄厚，自备仓库两座、码头两处，有轮船 13 艘，诸如德安号、宁波号、成都号、宁海号、牛庄号、临安号和海平号，等等。该公司在营口 20 余年，生意格外兴隆，每月进出港的货船平均在 13 艘以上，货运量为 1.2 万吨左右，定期通往上海、天津、华南、香港和英国。
② 在唐廷枢、徐润邀请郑观应入局之时便承诺"现拟月俸坐办薪水二百两，年结花红约提一分，大旨每年可包六千金之租（数），倘花红上有多，则仍归阁下，决不以六千金为限制也"。
③ 《洋务运动》（六），第 87 页。

办企业，在中国工业发展中，官僚主义开始比企业家精神起着更重要的作用"（郝延平，1991：373）。

总的来说，洋务运动中兴办的企业反映了中国经济的新变化和中国近代工业的起步，经济成分的根本性变革正在形成，以企业中间管理层、买办商人为代表的职业经理人逐渐走向历史前台。但晚清中国并没有真正的"民族经济"——一个转化为始终一贯的、统一的经济空间的政治空间，中国商人要么依靠官僚、血缘、地缘关系经销货物，要么以买办商人的身份寻求西方商人的保护，在西方人的名义下经营（郝延平，1992）。洋务企业从前期的官办到后期的官督商办在企业内部薪酬制度上做了诸多如按技术熟练程度、工作量增减薪酬，管理者持有股份红利等现代薪酬制度尝试。企业经营本身也取得了比较明显的成效——资本积累不断增加、营业额不断扩大，这在一定程度上抵制了外国资本主义的侵略，达到了分洋商之利的效果（夏冬元，1982）。但受限于清王朝当时所面临的政治经济形势以及官僚体制的斗争，大多数企业在后期彻底失败，企业经营在当时已无法通过内部管理和企业家的个人才能进行挽救。

在官督商办阶段，以轮船招商局为代表的企业将所有权与经营权结合，实行了事实上的经营管理者持股制度，对企业经营业绩起到了促进作用（吴文宏，2015）。涉及洋务企业管理人员薪酬制度的资料并不成体系，散见于各船政大臣的经费报销奏折、奏事折、官员书信。这一方面显示洋务企业早期并未重视企业薪酬管理的制度化，另一方面也反映筹建和经营洋务企业对于国家和当时的管理者群体来说经济利益不是唯一重要的目标。对清王朝来说，发展军工、航运以及民用工业是为了"制夷"以谋求统治稳固、国家政治经济稳定；而对船政大臣来说，"他们要保证企业有所成效，与其说这是一项经济目标，毋宁说是责任重大的政治任务"（庞百腾，2000：286），他们在筹办洋务企业中能够笼络幕僚和明确政治站位，扩展获取政治资本和笼络门生、知识分子的范围；管理人员本就在朝廷大员的荫庇之下，脱胎于官僚派系之中，在洋务企业任职是特殊的政治资本，得到升迁的机会更多、速度更快（高德罡，2009）。不难看出，洋务企业的建立和经营都并非完全服务于经济发展，而是在宏观层面实现国家目标，维护君主专制统治；中观层面发展新式武器以"御敌"，发展民用工业以"与洋商分利"；微观层面则是实现管理者个人政治经济利益的手段，郑观应曾批评洋务企业管理人员"其不贪肥者，则遇事必遏抑之；唯利是图者，必借端而朘削之"（张国辉，1979：363）。因而企业运作工具化特征明显。另外，洋务运动两个时期不同的指导思想（"自强"与"求富"）足以表明产业部门的设立主要是根据外部环境变化和国家主观需要而定，设立军工厂以适应战局，发展民用工业以解决发展军工厂的资金和工业基础、与洋人争夺市场等问题，并非企业自主根据所谓产业发展规律、产业结构演变而自然发展。

（二）民国时期官办企业的高管薪酬制度

民国建立之初，孙中山一度对外国记者发表演讲说："余乃极端社会党……国家无资财，国家所有之资财，乃百姓之资财。民国政府拟将国内所有铁路、航业、运河及其他重要事业，一律改为国有。"（转引自夏良才，1986）但当时孙中山已辞去临时大总统职务转而出任中国铁路总公司总经理，在北洋政府历任总统之下孙中山的国有化思想并未推行。洋务运动中兴办的军工、民用企业或破产，或被洋商攫取（开平矿务局），还有大量企业被民营化（轮船招商局）。北洋政府时期（1912～1927）在1914年初通过《公司条例》，以此为代表的工商立国、实业救国一时间成为国内政界、商界、媒体等广泛关注的议题，为企业制度建设提供了有利的政治境遇和丰富的社会土壤（李玉，2007）。因战乱、通货膨胀、军阀割据等因素造成政府资金紧张，加之洋商仍掌握国家经济，北洋政府时期提出"繁重之事业，则以政府经营为提倡"（转引自张忠民、朱婷，2007），当时的国有经济部分仍延续晚清官督商办模式或者官商合作模式开办公司。学界对于北洋政府期间的官营企业研究甚少，且"军阀混战，中央和地方都靠借债度日，更少工业建设，加以资料缺乏，无由统计……民族资本主义趁第一次世界大战之机有了进一步发展，官办工业就更不成气候了"［转引自王处辉，2001；原文出自（许涤新、吴承明，1990：790）］。但另有学者统计，这一时期的官办企业反而有明显发展，直接由中央政府创办的企业虽然大为减少，各地军阀和地方政府却大量创办企业以扩充经济实力（王处辉，2001）。这一时期官商合办企业的行业主要集中在矿业、民用轻工业和银行业，这些企业中的商董的主要经济利益来自入股股息，商人管理者经营企业在获得官方特权的同时也不断受到管控，尤以银行业的行政摊派、战争摊派为甚。

南京国民政府时期（1927～1948）中国近代国有企业的产权结构、治理结构与政治权力密切相关，表现为行政长官的决策权、内部人控制和官员寻租交织在一起，如权贵群体利用赋予中国建设银行公司进出口和换汇特权控制，套取该公司大量资金（杜恂诚，2006）。但国民政府时期的国有企业并非没有改革和创新[①]。首先，国民政府1932年于南京成立了管理重工业的资源委员会，在开展资源调查，进行开发和动员，制定工业发展规划，接管和统制重工业、工矿企业等方面做了诸多工作；国民政府在抗战胜利后将国营工业扩大到轻工业，形成了统领全国（包括台湾省）石油、金属矿开采和冶炼、钢铁、电力、煤炭、机械、化学、电子等行业，以资源委员会、中国纺织建设公司为核心，包括各部会、各国家行局、各地方所属企业在内的庞大国营工业体系（赵兴胜，2004；薛毅，2005）。资源委员会中职员任别分为"特任"、"相当简任"、"相当荐任"和"相当委任"四等，月薪资水平从55～800元不等（见表3－7）。相比较而言，军工厂管理人员最高等级的"军简三级（上校）"日薪资为19元，最低为"军委四级（准尉）"日薪资为8元，而工人最低六等日薪资为0.068元。

表3－7　国民政府资源委员会职员薪俸标准

单位：元

《资源委员会职员薪俸标准》1941年11月						
任别	级别	俸别				
特任		800				
相当简任	1	680				
	2	640	顾问			
	3	600		业务委员	专门委员	
	4	560				专员
	5	520				
	6	490				
	7	460				
	8	430				

---

① "如果说有限的制度禀赋使得国营企业之官僚治理结构的演变与强化呈现出路径依赖之特征的话，那么，国营企业管理与激励机制之建立则呈现出独立之特征。"（卞历南，2011）

《资源委员会职员薪俸标准》1941 年 11 月

任别	级别	俸别			
相当荐任	1	400			
	2	380			
	3	360	专		
	4	340			
	5	320			
	6	300			
	7	280	员		
	8	260		研	
	9	240		究	
	10	220		员	
	11	200			
	12	180			
相当委任	1	200			
	2	180		助	
	3	160		理	
	4	140		研	
	5	130		究	
	6	120		员	
	7	110			
	8	100			
	9	90			
	10	85			
	11	80			
	12	75			
	13	70			
	14	65			
	15	60			
	16	55			

资料来源：重庆市档案馆、四川省冶金厅、《冶金志》编委会，1988：699。

　　20 世纪 40 年代以后，在资源委员会所辖的国有企业中，几乎所有中高层管理人员都是受过正规高等教育，在国内市场正常流动的技术、管理专家，其在所就职公司没有任何股权，属于纯粹受雇于国有企业的支薪经理人，并实际掌握企业的经营管理大权。虽然资源委员会对经理人的聘任呈现一定的市场性、专业性与所有权和经营权分离的特征，但这些经理人员不可避免地具有官方背景并从属于一定的政治派系。在薪酬和福利方面，国有企业员工的薪酬标准略高于或与政府公务员的薪酬标准相同，各事业津贴不超过公务员待遇的30%（张忠民、朱婷，2007）。资源委员会内部实行薪级制度，薪水6等32级薪给制度，其中一、二等级者为会本部负责人或大型厂矿的厂长；三、四等级者为会本部课长或中小型厂矿负责人，五等级者为大学毕业生，六等级者为高中及专修课毕业生。其月薪则50~600元不等（见表3-8）；一般情况下每个职员每年晋升一级，但因学历不同、工作成绩不同而不同，突出贡献者则可大大加快晋升速度，也可越级晋升（郑友揆等，1991）。与薪级制度相适应，资源委员会的管理人员相应分为助理管理员、管理员、助理管理师、副管理师、管理师、正管理师6等（薛毅，2005）。此外，为满足事业拓展需要和符合"编制"规定，资源委员会还采用"聘派制"① 任用人才。按照聘派制用工的人员可以不受"文官官等官俸表"限制，实际支付的薪级可与铨叙等级有所差距，差额由专款支付。当时，聘派人员占到本部各级名额总人数一半以上（全国政协文史资料研究委员会工商经济组，1988）。

表3-8 国民政府资源委员会职员薪给

单位：元

等级	等级	职称	月工资
一	1~6	助理管理员、助理工务员	50~100
二	1~6	管理员、工务员	110~160
三	1~6	助理管理师、助理工程师	170~240
四	1~6	副管理师、副工程师	250~360
五	1~5	管理师、工程师	370~490
六	1~3	正管理师、正工程师	500~600

资料来源：郑友揆等，1991。

---

① "聘用"制适用于任用顾问、业务委员和专门委员，"派用"制适用于任用专员、研究员和助理研究员等。

一般来说，官办企业职员待遇比较优厚。"民国以后，江南造船所所长月薪 700 元，外加车马费、交际费几百元。但工资定高定低还取决于各人的靠山来路，若是海军部的来头或所长之亲友则工资就定得高。上海邮政局的工资福利制度，1927 年以后由南京国民政府制订。包括薪金和晋级、津贴、年赏、养老抚恤金、假期旅费、医药费以及奖惩各项，都有明文规定。职员薪金分为邮务长、邮务员和邮务佐三类，各设若干等级。薪金的高低相差很大。外籍正副邮务长月薪 1050～1857 元，而中国正副邮务长月薪 550～800 元，还不及外籍普通邮务员。级的高低按照服务年资深浅为标准。邮务职工初入局时，按其班次最末等级领薪，然后循序渐进，年资愈深，薪金愈大。"（《上海劳动志》编纂委员会，1998）

表 3-9　甲等、乙等邮务员工资

单位：元

甲等邮务员	乙等邮务员	薪给数目	甲等邮务员	乙等邮务员	薪给数目
一等一级		500	二等六级	一等六级	150
一等二级		460	三等一级	二等一级	130
一等三级		420	三等二级	二等二级	115
一等四级		380	三等三级（试用）	二等三级	100
一等五级		340		二等四级	90
一等六级		300		二等五级	80
二等一级	一等一级	270		二等六级	70
二等二级	一等二级	240		三等一级	60
二等三级	一等三级	210		三等二级	50
二等四级	一等四级	190		三等三级（试用）	40
二等五级	一等五级	170			

资料来源：《上海劳动志》编纂委员会，1998。

国民政府在暴力革命和派系斗争中建立起来，当时国内整体政治局面尚不稳定、各种政治势力之间的政治经济力量仍不平衡，新的国家治理体系和社会稳定的运行体制还未有新的萌芽。在整个国民政府时期，对外面临着战争风险以及西方发达资本主义经济危机的压力，对内面临着政权合法性、财政资金紧缺、不断演变的党派斗争冲突和经济民生压力。国民政府早期依赖军事强权推行公债，物价、货币改革未能持续解决政权运作和财政紧张问题，反而导致一系列金融及民生问题。国民政府此后集中发力进行经济国有化，建立国有企业是为了回应孙中山新三民主义中"凡本国人及外国人之企业或有独占的实质，或规模过大，为私人之力所不能办者，如银行、铁路、航路之属，由国家经营管理之，使私有资本制度不能操纵国民之生计"的治国设想，意图实现国家经济发展，同时也有受社会主义思潮影响体现出对国内阶级问题的考量——"当防资本家垄断之流弊"——最大限度地为政权存在争取广大非精英阶层的认同。

发展国有企业除了实现部分革命党人的政治抱负以外，更为直接的目的是在当时国内民间社会不具备发展支持战争、政治斗争资金的情况下，政府通过发展重工业和军用工业一方面实现加强军事能力对外应对战争、对内维持军政治理体系，另一方面也通过招募商股、聘用民营企业家到国有企业任职等做法扩大资金来源。到后期，仅资源委员会所辖的国有企业就涉及矿产、化工、电力等控制国民经济命脉、利润巨大的垄断行业，是政府直接管理国民经济部门的重要工具。特别是，通过资源委员会及其下属的国有企业管理人员，国民政府能在存在军阀、亲日势力分庭抗礼的情况下，笼络大企业家、银行家、知识分子投入到国有企业的直接管理和建言献策中，以此稳固实力，依靠宋子文等人游说国际利益集团获得英美等国的支持（郑友揆等，1991）。显而易见，在民国时期，无论是重工业还是金融业，由政府选任的国有企业管理者及相关的顾问、研究人员和技术工程师都是政权根据时局考虑所选的，依照国内外政治经济局势选派人员到国有企业发展军用、民用抑或金融业务。这些做法与经济学理论基于西方经验总结出来的由轻工业积累发展到重工业存在较大差异，直接目的是实现特定政治集团的统治，而非建立竞争性经济秩序。

（三）中华人民共和国成立后计划经济制度下的国有企业管理人员薪酬探索

中华人民共和国成立后，主持全国财政经济工作的陈云发表《学会管理企业》一文指出，"新民主主义经济应当实行一定的计划性，要求国营经济各部门有统一的管理以及生产组织，有企业管理、工资待遇等各方面的统一的制度……强调制定统一的、合理的、科学的工资制度更加必要"（陈云，1950）。在改革开放前进行的地方及全国工资改革中涉及国有企业管理人员的工资制度主要有八级工资制和职务工资制①。1955 年 8 月 31 日国务院发布《关于国家机关工作人员全部实行工资制和改行货币工资制的命令》，废除供给（包干）制待遇办法，将国家机关工作人员工资标准分为 29 级，最高 1 级 649.6 元，最低 29 级为 27 元，最高为最低的 31.1 倍；同时，为符合"同工同酬"原则，取消部分工作人员的保留工资（张晋藩等，1992 年）。国有企业领导和工作人员工资标准参照以上规定（徐之河、徐建中，1992）。

"1956 年 7 月在国务院发布《关于工资改革的决定》后的具体作法是'管理人员和技术人员根据所任职务，结合德才，适当照顾资历的原则进行升级'；11 月，中共中央在劳动部党组《关于企业领导干部增加工资问题的报告》中规定这次工资改革中科长以上干部工资增长幅度不得超过 20%，厂长级主要领导干部工资增长幅度不得超过 13%。12 月，按中共中央规定，又降低 10 级以上党员领导干部工资标准，各级降低的比例是：1 ~ 5 级为 10%，6 ~ 8 级为 6%，9 ~ 10 级为 3%。通过这次工资制度改革，调动了职工的劳动积极性，生产有了显著提高，1956 年工业总产值、全员劳动生产率分别比上年增长 35.6%、19.2%。以上海市为例，国营、地方国营、公私合营企业等实行职务工资制的行政管理人员中，厂长最高工资标准为 820 工资分，办事员最低工资标准为 190 工资分，最高工资标准为最低工资标准的 4.3 倍。"（《上海劳动志》编纂委员会，1998）

表 3 - 10　1952 ~ 1955 年工程技术人员和行政管理人员职务工资标准

单位：工资分/月

职务	工资标准	
	华东工业部系统	轻工业系统
工程师	500 ~ 820	–

① 1950 年全国工资改革准备会议讨论决定八级工资制中管理人员和技术人员分为二级至五级（徐之河、徐建中，1992）；1952 年中财委联合全国总工会召开国营企业工资工作会议，进一步调整工资等级制度，探索逐步建立职务工资制。以中华人民共和国成立后实行职务工资制较早的东北铁路系统为例，"管理人员在原有的 13 等 39 级等级表的基础上，取消了等级线，实行了职务工资制"；职务工资制度的建设首先从划分企业单位等级开始，其后在摸清企业工作必要的职名和定员人数的基础上制定合理的组织定员表，满足上述条件后为管理人员规定工资；具体在确定单位首长的职务工资时，首先根据企业性质、重要程度、复杂程度等要素排列顺序，同时确定各类企业单位的最高工资，然后根据企业内划分单位等级的数目，为各等级确定具体的工资数额；此外，若原有企业管理人员工资高于新工资标准，则以"保留工资"的形式存在（蓝苍，1955）。

续表

职务	工资标准	
	华东工业部系统	轻工业系统
技师	350～580	－
技术员	270～440	280～430
助理技术员	170～250	180～250
厂长	520～820	430～620
车间主任、科长	340～560	330～420
工段长	290～400	－
办事员	190～270	－
一般职员	－	190～330

资料来源：《上海劳动志》编纂委员会，1998。

"1956 年，上海工程技术人员、行政管理人员实行科室人员分类的职务工资制，将原来工程技术人员和行政管理人员分别实行两套职务工资标准合并为一套。并根据各企业在国民经济中的重要性，技术复杂程度，规模大小，以及现实工资情况，按产业、企业类别、科室、车间分类，管理人员也分成几类。从厂长、总工程师到办事员、助理技术员划分为若干类职务，每一职务又划分若干等级，分别规定了工资标准。"（《上海劳动志》编纂委员会，1998）

表 3－11　1956 年钢铁二类、机器一类工业企业职务工资标准

单位：元/月

职务	一级	二级	三级	四级	五级	六级	七级
正副厂长、总工程师	231	210	191	175	162	150	－
副总工程师、总设计师、总工艺师、总机械师、总生产长	191	175	162	150	139	－	－
一类车间正副主任，设计、工艺、生产等正副科长	162	150	139	128	117	(107)	－
二类车间正副主任，计划、劳资、财会、人事、保卫等正副科长	150	139	128	117	107	(97)	－
三类车间正副主任，秘书、总务、福利等正副科长	139	128	117	107	97	(89)	－
一类工段工段长	136	126	116	106	97	89	－
二类工段工段长	126	116	106	97	89	82	－
三类工段工段长	116	106	97	89	82	76	－

续表

职务	一级	二级	三级	四级	五级	六级	七级
设计、工艺、机械等专职工程师	150	139	128	117	107	–	–
上述各种专职技师	146	136	126	116	106	97	–
上述各种专职技术员	107	97	89	82	76	70	64
助理技术员	58	53	48	–	–	–	–
生产计划、劳动工资、财务会计、综合统计等专职经济师	136	126	116	106	97	–	–
上述职能组组长或主任经济员	126	116	106	97	89	82	–
成本会计、劳动组织、综合计划等专职经济员	106	97	89	82	76	70	64
会计、统计、机要员、工资核算员	89	82	76	70	64	58	53
记账、描图、打字员	76	70	64	58	53	48	–
考勤、电话、收发员	70	64	58	53	48	44	–
财会、劳资、综合计划等助理员	53	48	44	–	–	–	–

资料来源：《上海劳动志》编纂委员会，1998。

"由于上述职务等级工资制过于繁琐，脱离了企业管理的实际情况，加之职务等级划分过细，造成了企业内部干部之间的矛盾。1963 年调整工资时，取消了企业分类、科室分类和人员分类，简化了工资标准，实行了新的职务等级工资制。同时将最低工资标准下延至 36 元。并将部分产业合并为同一类产业，合并相近的工资标准，修改职务等级线，适当降低厂长、科长（车间主任）、工程师、经济师、技师、技术员等几个职务的最低工资标准。"（《上海劳动志》编纂委员会，1998）

表 3-12　1963 年钢铁二类、机器一类工业企业职务工资标准

单位：元/月

顺序	工资标准	级差								
1	231	21	正							
2	210	19	副							
3	191	17	厂	总总						
4	174	14	长	设机						
5	160	13	/正	计械师师	正					

续表

顺序	工资标准	级差								
6	147	11	副	副			工	技		
7	136	10	总	总	科	经	工	段	程	师
8	126	10	工	工	长	济	段	一	师	
9	116	10	程	艺	/	师	长	般		
10	106	9	师	师	正			职		技
11	97	8			副			员		术
12	89	7			车					员
13	82	6			间					
14	79	6			主					
15	70	6			任					
16	64	6								
17	58	5								助
18	53	5								理
19	48	4								技
20	44	4								术
21	40	4								员
22	36									

　　自中华人民共和国成立到1966年，我国整体经济面基本经历了新民主主义经济向社会主义经济过渡和国民经济逐步恢复、曲折探索及调整时期。这一时期所实行的国有企业管理人员薪酬是作为统一全国各地区工资制度中的一部分而存在的。限于当时国内经济状况和基本经济制度，国有企业管理人员薪酬的标准首先保证不能给全国经济增加负担，其次还要体现按劳分配、破除平均主义和不能造成管理人员与工人过大的贫富差距等具体要求。在全国多次关于工资改革的会议以及中共中央关于工资改革的意见中多次强调"不能妨碍制度统一"（陈云，1950）、"加强团结"（1950年全国工资准备会议）、"反对高低悬殊"（1956年11月中共中央）、"做到大多数工人拥护"（1950年全国工资准备会议）、"依靠群众、使工人切身感到自己是企业的主人"（陈云，1950）、"为社会主义建设事业服务"（1955年国家统计局关于工资总额组成的暂行规定的问题解答）、"促进国民经济的

恢复和发展、巩固和提高职工劳动热情、克服平均主义"（1956年国务院关于工资改革的决定）等。1949～1966年这十多年中，国内外政治经济形势复杂多变，国家战略目标和产业发展方向也经历了不同的调整。不难看出，在设计和落实工资制度方面除了激发劳动者劳动热情、促进经济增长这一根本目标以外，还非常多地在考虑社会主义（新民主主义）政权中工人阶级地位、执政党性质和施政原则等方面并做出安排。工资作为实现劳动者再生产的主要物质来源在中华人民共和国成立初被赋予了意识形态、阶级身份、制度合法性、制度优越性、实现国家战略目标及产业目标等多重含义和多重任务。聚焦到国有企业管理人员的薪酬上来讲，首先要统一于全国总体的工资制度中去，以实现中华人民共和国成立初期统一制度建立起规范政权机器的基本要求。其次，在清理混乱、不合理的工资制度过程中，既要符合新民主主义经济（社会主义经济）的按劳分配原则和具有一定程度的激励性，还要与资本主义工资分配体系有所区别，以满足意识形态要求、达到加强和巩固政权合法性的目的。再次，国有企业管理人员作为"干部"中与工人阶级生产生活接触最为密切的社会群体，工资制度中注意不搞平均、体现差异、增强团结也就成了维持干群关系、突出工人阶级领导地位的直接要求。最后，历次工资改革会议和文件中突出"强调对重点工业部门、重点建设地区的企业人员的工资应有较多的提高"，表明在当时复杂的环境下国家对重点工业部门和国家战略产业的倾斜，这既是经济上的要求，也是对政治和社会方面的考虑。值得指出的是，虽然当时国家整体处在计划经济时期，国有企业管理人员的薪酬由国家统一部署安排显得"合乎制度"，但在这里所要强调的是我们应该在更大层面上去理解"计划经济"：对经济实行"计划"的原因和后果都不是完全经济性的，政治（意识形态、政权合法性、制度合法性、国家战略）和社会（贫富差距、阶级地位、社会关系）方面的考量也非常重要。

（四）改革开放以来历次国有企业高管薪酬制度调整

改革开放初期是国有企业管理体制变革的重要历史时期，国有企业在恢复厂长（经理）负责制的基础上开始推行所有权与经营权分离，发展承包经营责任制。1984年通过的《中共中央关于经济体制改革的决定》明确要求"企业职工的工资和奖金要同企业经济效益的提高更好地挂起钩来。在企业内部，要扩大工资差距，拉开档次，以充分体现奖勤罚懒、奖优罚劣，充分体现多劳多得，少劳少得……当前尤其要改变脑力劳动报酬偏低的状况"。1985 年国务院发布的《关于国营企业工资改革问题的通知》中进一步要求，在国营大中型企业中，"实行职工工资总额同企业经济效益按比例浮动的办法"。国有企业中职工工资制度逐步走向市场化。在实际控制国有企业的经营人员薪酬标准问题上，1991 年 2 月劳动部印发《关于进一步搞好全民所有制企业内部工资分配的意见》，提出："改进完善企业经营者的工资收入分配办法……经营者全年工资收入水平可以适当高于其他职工，其高出部分一般应掌握在不高于本企业职工年平均收入（基本工资和奖金）一至二倍的范围内，少数贡献特别突出的可以再适当高一些，但最多不得超过二倍。"①

　　1999 年十五届四中全会通过的《中共中央关于国有企业改革和发展若干重大问题的决定》明确提出"少数企业试行经理（厂长）年薪制、持有股权等分配方式，可以继续探索，及时总结经验，但不要刮风"，这一表述也成为国内企业实行股票期权激励和员工持股的最初政策来源。之后，上海、北京、武汉等城市分别出台了有关指导意见和办法并在国有企业中进行股票期权激励的试点，有学者根据不同的划分标准将其概述为上海模式、北京模式和武汉模式（耿正权，2004）以及政府主导型模式、公司主导型模式（兰邦华，2002）。截至 2003 年初，中国 1000 多家上市公司中就有近100 家实施了不同类型的股票期权激励计划（《股票期权的难圆之梦》，2003）。2005 年末证监会发布并于 2006 年 1 月 1 日施行的《上市公司股权激励管理办法（试行）》② 规定，完成股权分置改革在沪、深上市的公司，可遵照该办法以限制性股票、股票期权或其他方式实行股权激励计划。2006

---

①　1992 年劳动部和国务院经贸办印发的《关于改进完善全民所有制企业经营者收入分配办法的意见》中进一步细化以上标准："确定经营者收入必须贯彻按劳分配原则。企业经营者的劳动报酬应该建立在工作实绩考核的基础上，主要与其所在企业的经营成果相联系……全面完成任期内承包经营合同年度指标（包括合同规定的经济效益指标和以技术改造为主的发展后劲指标及各项管理指标等），经营者年收入可高于本企业职工年人均收入，一般不超过一倍；全面完成合同年度指标并达到省内同行业先进水平或超过本企业历史最好水平的，经营者的年收入可高于本企业职工年人均收入的 1 至 2 倍；全面超额完成承包经营合同规定的各项任务，主要经济指标居国内同行业领先地位，并在企业技术改造、资产增值、产品调整、出口创汇、提高经济效益等方面做出突出成绩的，经营者年收入可高于本企业职工年人均收入的 2 至 3 倍。"

②　该办法在 2016 年 8 月 13 日证监会发布施行《上市公司股权激励管理办法》时被废止。

年由国资委印发并于当年 9 月施行的《国有控股上市公司（境内）实施股权激励试行办法》提出上市公司可以本公司股票为标的，对公司高管等人员实施中长期激励；还明确规定股权激励计划中授予股权的总量、对象等限制性条件以及"高级管理人员个人股权激励预期收益水平，应控制在其薪酬总水平（含预期的期权或股权收益）的30%以内"。据统计，在深交所上市并实施股权激励机制的上市公司高管平均薪酬在 2006 年、2007 年分别是深市所有上市公司高管平均薪酬的 1.12、2.23 倍。就增长幅度而言，这类公司高管薪酬 2007 年相对于 2006 年的增加幅度为 153.14%，明显高于同期市场平均增幅水平（27.51%）。具体来看，实施股权激励机制的上市公司中董事长、总经理、监事长、副总经理的薪酬水平分别是深市上市公司对应高管平均水平的 2.19 倍、2.29 倍、3.24 倍、3.16 倍，这些高管 2007 年的薪酬相对于 2006 年的增加幅度分别为 183.04%、185.51%、458.04%、334.69%。国有控股（非垄断）[①] 上市公司中董事长、总经理、副总经理的薪酬水平高于其他上市公司，以 2007 年为例，国有控股（非垄断）上市公司中董事长的薪酬分别是外资控股、其他上市公司的 7.40 倍、5.72 倍，总经理的薪酬是其他上市公司的 5.51 倍，副总经理的薪酬分别是外资控股、其他上市公司的 7.33 倍、9.38 倍，高于深市上市公司相应高管薪酬的平均增加幅度[②]。2009 年初财政部印发《金融类国有及国有控股企业负责人薪酬管理办法（征求意见稿）》，限定国有金融企业负责人税前最高年薪为 280 万元人民币[③]，进一步强调"根据有关规定暂时停止实施股权激励和员工持股计划。在国家对金融企业股权激励和员工持股政策公布之前，各国有及国有控股金融企业不得实施股权激励或员工持股计划"[④]。证监会又于 2016 年 8 月印发并施行《上市公司股权激励办法》，进一步明确了激励对象，防止利益输送和内幕交易，细化了对激励对象的绩效考核并强调内部监督

---

① 该研究报告将国有控股（垄断）定义为在军工、电网电力、石油石化、电信、煤炭、航空运输和航运、金融、铁路、高速公路、港口、机场等行业进行生产经营的国有控股企业。

② 数据来源：深圳证券交易所上市公司研究小组：《研究报告：深交所上市公司高管薪酬分析》，2008。

③ 新华网 2009 年 2 月 9 日电，转引自环球网 http://china.huanqiu.com/roll/2009－02/366312.html。"280 万" 系根据该征求意见稿中所给出的高管年薪计算方法所得。

④ 财政部：《关于金融类国有和国有控股企业负责人薪酬管理有关问题的通知》，财金〔2009〕2 号，2009 年 1 月 13 日。

控制。

　　自 1992 年进行国有企业经营者年薪制试点以来，各地虽然都出台了相关细则并于 2009 年、2015 年和 2016 年先后对国企（央企）高管实行限薪令，规定企业经营者年薪不得与普通职工平均薪资存在较大差距，但实际情况是现有国有企业经营人员薪资与普通职工、社会平均工资存在过大差距，引起了政府和人民的广泛关注。根据《人民日报》公布的数据，我国企业高管的薪酬水平在 2001 年前整体上并不高，有的甚至偏低。但其后，高管薪酬进入快速提高阶段，与其他工薪劳动者的差距越来越大。从央企来看，2002 年高管平均薪酬与央企职工平均工资的倍数为 9. 85 倍，到 2010 年提高到 13. 39 倍，之后在政府管控下趋于平缓。从全部上市公司来看，2000 年高管与职工平均工资差距为 8. 68 倍，到 2011 年已扩大到 17 倍（《国企高管薪酬不应超普通人 12 倍》，2014）。

四　探索中国特色高管薪酬制度

（一）西方现代高管薪酬制度在我国的应用与成效

　　改革开放以来，我国一直在努力探索增强企业活力、促进中国企业的现代化转型。1993 年十四届三中全会明确提出了推动国有企业逐步建立"产权明晰、权责明确、政企分开、管理科学的现代企业制度"，并在 1994 年通过《中华人民共和国公司法》（以下简称《公司法》）提出分设董事长和总经理两职，之后中国证监会发布《关于在上市公司建立独立董事制度的指导意见》，借鉴美国现代公司治理模式建立独立董事制度，并在 1999 年十五届四中全会后开始推动部分国有企业实行股票期权激励和员工持股计划。据统计，截至 2013 年，全国 90% 以上的国有企业完成了公司制、股份制改造，多数企业建立了股东会、董事会、经理层和监事会等机构，公司治理结构逐步规范（苗圩，2013）。2017 年 6 月国务院国有资产管理委员会举办的国有企业改革成果发布会上公布的数据显示：102 家中央企业中建立规范董事会的达到 83 家，占比超过 80%；中央企业外部董事人才库已经达到 417 人，专职外部董事增加到 33 人。各省（自治区、直辖市）国资委所监管一级企业中有 88% 已经建立了董事会，其中外部董事在董事会中占多数的企业占比 13.1%。早在 2008 年，国有控股上市公司（垄断）和国有控股上市公司（非垄断）中建立薪酬委员会的比例就分别达97.37%、93.23%[①]。

但我国上市公司在高管薪酬体系建设方面仍存在较为突出的问题。一份由中国证监会研究中心委托深圳证券交易所发布的我国《上市公司高管薪酬分析》（2008）指出，整体而言我国上市公司高管薪酬增长过快，有可能出现"过度激励"并形成不受公司内部薪酬委员会约束推高薪酬的"利益共同体"，高管薪酬在市场化不足的同时呈现"官本位"化趋势。有学者研究了2001年引入独立董事的数据，发现提高独立董事比例及董事会中薪酬委员会的设置非但没有降低高管薪酬，反而与高水平薪酬有关；而且，独立董事比例的大小对薪酬敏感性的影响并不具有统计意义上的显著性，更多的是一种象征意义，象征着上市公司治理改革、保护股东权益方面的积极作为而已，主要用以获取在制度环境中的合法性；董事长、总经理二职分任也不有利于加强高管薪酬与企业业绩的关联性（张必武、石金涛，2005）。管理学理论认为，公司高管人员薪酬应显著高于其他管理阶层薪酬，这有利于激励管理人员提高公司业绩，但对我国两百多家上市公司2001～2004年年报数据的分析得出，薪酬差距并未对企业业绩产生正向影响，反而随着收入差距的增加不利于团队合作和组织绩效的提高（张正堂，2007），况且企业内部薪酬差距的激励作用呈现边际递减趋势，过分扩大差距将无助于公司绩效的提升（刘春、孙亮，2010）。有关国有企业的研究还显示，国企内部薪酬差距较低时薪酬差距扩大才会呈现正向的激励效应，且能更多地激励职工，过大的薪酬差距很可能是管理层权力使然，并不利于国有企业深化改革和社会公平的实现（黎文靖、胡玉明，2012）。同美国公司相比而言，我国企业股权集中度和企业最终控制人性质等公司治理因素对公司业绩的影响力比高管薪酬级差的影响更大，加之我国长期以来的集体主义文化和追求公平、和谐的社会价值，有学者认为我国公司在设计公司高管薪酬差距时要考虑我国雇员对差异的接受水平等社会性因素，而不能简单沿用国外模式（胡玲、黄速建，2012）。实证分析还显示，现代公司理论所提倡的薪酬激励仅在我国国有中小上市公司具有激励作用，薪酬的设计不能仅对薪酬的绝对数量有所考量，还要综合考虑企业所处的具体

---

① 数据来源：深圳证券交易所上市公司研究小组：《研究报告：深交所上市公司高管薪酬分析》，2008。

情境和经营环境（夏宁、董艳，2014）。对实行美式股票期权薪酬激励制度的中国上市公司的研究进一步发现，股票期权激励计划有助于业绩提升的公司大多为业绩较为优良的公司，且以其资产为基础所形成的盈利能力具有强大的惯性，这些盈利的公司大多基于上期的盈利惯性；分析认为股票期权计划激励公司高管提高或保持盈利能力的手段很可能是基于成本的节约而非市场的扩张（赵青华、黄登仕，2011）。即便在高管薪酬对公司绩效表现出正向影响的研究中也发现这种激励效应在国有上市公司和非国有上市公司中表现不同。此外，高管持股数量、公司规模和股权集中度也会改变高管薪酬和公司绩效之间的关系，不可一概而论（刘绍娓、万大艳，2013）。而在学界主要关注高管激励对企业业绩影响的同时，也有学者综合考量了高管薪酬与普通职工薪酬的激励作用，发现两者对未来业绩均有显著积极影响，且两者之间对业绩影响变动的程度不存在显著差异，反而职工薪酬的激励作用更稳定（陈冬华等，2015）。在实施股票期权激励的条件中，学者认为，处于新兴行业、高成长性、在初创时期以及董事会独立性高或股权集中度低的公司中，这种激励能发挥更好的作用（孙海法等，2008；王锦芳、陈丹，2011），这与西方管理理论认为高管股票期权激励计划有利于实现最大化股东价值存在出入。尤其在当前知识经济的宏观环境下，所谓的"西方现代企业制度"（主要是美国企业制度）在多大程度上能够有效提升企业业绩和实现股东利益最大化成为公司治理结构发展的关键问题，有学者以 2002～2011 年我国 A 股上市公司为样本进行分析后认为，董事长与总经理两职分任难以对智力资本价值创造效率发挥积极、显著的作用；而提高独立董事比例和设置更多的专门委员会，不论是在智力资本还是物质资本中都难以发挥较为显著的积极作用；高管薪酬和高管持股对于企业智力资本虽具有正向治理效应但呈现递减趋势甚至出现负面影响，高管持股对物质资本创造效率的作用有限（傅传锐，2014）。有学者对中国上市公司股票期权计划行权[①]收益进行研究，发现如果股票市场中的市值指标不能很好地反映公司业绩增长，则管理层期权收益较低时，管理层提升公司业绩与股票期权计划并无必然联系（刘志远、刘倩茹，2015）。

[①]　此处的"行权"是指在股票期权激励计划中，经理人行使在约定期限参考股权当前价格购买约定数量股票的权利。

一分为二地看，一方面，国有企业公司制改革过程中所引进的西方现代公司治理模式强化了国有企业在市场经济中制度上的合法性，提升了社会认可度和国有企业在制度环境中的适应能力；另一方面，尽管这种"现代"的"最佳"的股东导向型公司治理制度在全世界范围内被广泛效仿，但在我国的应用实践中并未被证明是"绝对有效"的。新制度主义经济社会学认为，人类经济活动中所谓的"最佳"模式往往是一种由社会建构出来的事后解释。在新制度主义者看来，一项制度要发挥作用要契合其所处的社会背景、社会传统、文化意识形态以及政治运作模式，是制度环境中不同利益群体共同作用的"合力"的结果。以改革开放后我国国有企业高管薪酬制度为例，事实证明，简单照搬西方高管薪酬制度是达不到预期效果的，在国家、市场、社会等多方力量的作用下，高管薪酬制度几经变革与调整，不是经济利益或组织效率等任何单一因素就可以解释的。

（二）社会建构视角下的中国高管薪酬制度建设

本书通过回顾我国自清末洋务运动以来大型企业（主要是官办或国有企业）管理人员的薪酬制度发现，公司内部薪酬分配制度的形成不仅仅是由效率或经济利益决定的，而是受到制度环境中政治、社会、历史、文化等一系列复杂因素的影响。在更大程度上，中国大型企业（以国有企业为代表）的高管薪酬制度历经百余年，在多变的政治经济环境下采取复杂的策略以适应制度环境、提高企业治理合法性。更进一步来看，高管薪酬制度作为在分配层面的制度化工具起着实现特定政治诉求、落实特定产业政策和保持社会稳态等多重目标。国有企业作为我国社会主义公有制经济的具体体现，国家在始终不断的调控中既试图实现经济效益增长，又兼顾政治、社会和传统治理体制的考量。国家不断借鉴、采用西方现代企业治理模式以强化国有企业"经济国家队"市场角色的同时，也将其作为强化和稳固国家治理体制、突出意识形态和实现国家战略等目标的工具。

与美国相比，中国社会的发展传统和公司运营所处的制度环境存在很大的差异：（1）公司起源和主导思想不同。美国大型现代化公司虽最先出现在铁路等公共事业领域，但主导公司发展的思想和理念是在资本主义市场中建立竞争型制度，发展经济，实现资本盈利，政府一般不得直接干预公司发展；而中国公司起源于清末封建社会内忧外患的崩溃时期，公司由朝廷军政大臣提议开办且多由官僚或官商控制，一方面承担救亡图存、维护清王朝统治的政治目的，另一方面被视为官僚体系中官僚积累政治资本、稳固派系的工具。（2）所面临的社会环境和市场力量不同。百年来，中国经历战乱、政权更迭，至今仍处在社会重大转型时期，经济发展受到政治、文化、社会等多方面的影响，民族工业和市场经济制度在曲折中断断续续发展，以现代企业制度建设为代表的经济建设始终要在实现国家战略、体现政治目标、保持社会稳定等方面保持平衡；而美国大公司社会发展时间长，自由竞争的市场力量强大，制度建设相对完善，积累的经验比较丰富。（3）当前经济社会发展阶段不同。美国自20世纪80年代以来进入金融市场主导下的金融资本主义发展阶段，主要机构投资者强烈影响了大型企业的公司治理制度和战略发展方向；经过三十多年的改革开放，中国整体经济社会发展虽进入新时代，但仍处于渐进式改革背景下多发展阶段并存的转型时期，这就决定了多种所有制、多种公司发展模式并存，公司之间不平衡不充分发展的现象将继续存在。（4）市场与社会的关系不同。美国被视为自由市场和竞争型社会的典型；中国作为新兴市场经济国家和转型国家目前仍处在"政府－市场"、"关系－竞争"型社会过渡阶段，政府在经济发展中仍然发挥着重要作用，关系、文化等因素仍在经济活动中有很大影响。

改革开放初期，国家对国有企业经营人员进行工资改革的初衷，一是为了促进生产，同时也是"同建立健全以承包为主的多种形式的经济责任制紧密结合起来"[1]；二是克服平均主义，更好地"贯彻按劳分配的社会主义原则"[2]，体现不同性质劳动、不同劳动程度职工的工资差别。而20世纪90年代以后，国有企业经营人员薪酬调整的主要目标是建立"管理科学"的现代企业制度，建立科学薪酬监管体制并正确处理企业负责人与职工之间合理的工资收入分配关系。应该指出，以国有企业经营人员工资收入分配改革为代表的国有企业改革总体是向着市场化机制发展的；在改革过程中，包括国有企业改革在内的整个社会主义市场经济建设不但是经济问题更是政治问题，调整国有企业内部收入分配的重要目标既要巩固我国公有制经济的地位，也是体现社会主义制度的内在要求。即便在20世纪80年代

---

① 《国务院关于国营企业工资改革问题的通知》，国发〔1985〕2号。

② 十二届三中全会《中共中央关于经济体制改革的决定》，1984年12月20日。

以来新自由主义崛起、"华盛顿共识"横行，及其后一段时期西方"高科技经济"、"信息经济"高速发展，国内民营经济体量快速增大的情况下，我国始终坚持公有制经济的主体地位并对国有企业进行不断改革和治理，这些具有战略性的做法存在经济制度变革、政治和社会稳定的多重考量。有学者指出，变革传统社会、走向现代化的趋势作用在发展中国家也有可能导致"转型社会的政治不稳态"（王沪宁，1989）。在面临经济和政治的双重压力下，若不能很好地处理经济发展和政治稳定问题，将直接影响社会主义社会整体的正常发展和进步。从经济上来说，公有制经济被视为体现社会主义制度根本特征的指标，社会对整个国有企业体系的运转状况既有单个企业经济效益的要求，还有对政府调控经济的能力的判断；从政治上来看，改革国有企业特别是国有企业经营人员的收入分配体系要满足政权意识形态内含的按劳分配等社会主义原则，以及及时通过国家力量规范社会资源分配规则，这两个方面在社会理念和社会运作程序上都意在进一步赋予政权合法性并加强政治认同感。

在我国经济市场化转型过程中，大部分经济学家对国企整体改制、内部改革的研究都着眼于经济效率以及"现代"企业治理机制建设与国有企业发展的关系。经济学界注重的是国有企业在经济维度上的深入探讨，却甚少关心国有企业这一"特别"经济体系的政治和社会意义。首先，在我国经济体制改革和国有企业改制之初，宏观层面的计划经济体制和中观层面的集体经济传统运作模式仍在全社会处于主导地位，"大锅饭""高福利""单位制"尚在基层社会经济活动中占有重要地位。这就决定了国有企业开展经营活动的资金、资源依然主要由国家生产计划部门掌握，能够影响国有企业管理人员任职的权力仍然在国家人事部门手中，微观企业运作中既缺乏决策体系和竞争氛围，也缺乏变革集体主义制度下"国家包干制"的动力。改革开放初期，民营企业的发展一方面迫使处在非垄断领域、被率先采用市场化运作机制发展起来的民营企业压缩利润的国营企业主动改革，另一方面稳固了部分处于垄断行业、垄断市场、垄断技术的国有大型企业的市场地位。而国有企业中率先改革并取得成功的企业也多得益于"能人"企业家对特定历史环境的把握和个人治理才能的发挥，而非采用"理性"设计的现代企业制度使然，反倒"摸着石头过河"式的"能人"领导下的职工"自救"以及主动改革企业发展模式以适应市场竞争环境等策略是主要原因。其次，几十年来国有和集体经济单位制下就业稳定，终身雇佣，人员流动率小，单位内部多实行按资历和岗位分配的工资福利制度。在当前社会主义市场经济制度下，虽然大多数国有企业进行了公司化改制、引进了"现代"公司治理模式，但在集体经济思想传统、国有企业作为全民所有制企业的特殊性质和所处的特殊资源结构地位，以及社会主义意识形态的影响下，公众难以接受国有企业高管过高的薪酬，促使社会舆论对政府国有企业管理部门形成压力。再次，自国有企业改革以来，所有权/产权争议以及国有企业管理人员的身份认同困境一直存在。加之目前我国金融市场、公司上市规则、监管制度尚不成熟，比较充分竞争的高管人才市场还没有建立起来，机构投资者并不能够真正影响国有控股上市公司的战略决策和治理制度，国有上市公司本身的治理结构和"全口径"信息披露制度还需进一步规范和发展。因而，国有企业自身在现有条件下还做不到自觉规范高管薪酬、改革企业内部合理分配收入，而主要由国家政策引导和驱动。

　　新制度主义和发展型国家理论认为，工业化进程中后发国家的后进企业若毫无国家帮助则很难有机会跻身世界前列，而国家能通过为企业提供"扶持之手（helping hand）"来帮助本国企业加快发展（Evans，1995）。在中国国有企业改革的过程中，从计划经济体制向市场经济转型的中国并不清楚如何建立"现代企业制度"而只能借鉴学习国外"先进"经验。放眼全球，日本经济从 20 世纪 90 年代初开始衰退，20 世纪 80 年代被其他各国广为模仿学习的支撑日本工业制造业强盛的日本公司治理模式逐渐在全球经济中"失宠"。加之西方新自由主义经济理念的兴盛以及美国金融市场、知识经济和科技产业的崛起，美国股东导向型的公司治理制度在全球范围内被看作最有效率的经济组织形式。美国倡导新自由主义的经济学界和管理学界所提出的"有效市场假说"、"股东价值最大化"等理念更加强化了美式公司治理模式在金融投资全球化、金融市场条件下的"合法地位"。在 20 世纪 90 年代末 21 世纪初的中国公司治理改革运动中，中国借鉴美式股东导向型公司治理制度一方面使国企改革在当时的国际经济条件下获得"现代企业制度"意义上的制度合法性，为国有企业进一步的开放提供了与国际主流经济制度共同的制度脚本和认知框架（所谓的"与国际接轨"）；另一方面也契合了当时中国宏观层面改革开放的历史进程，即通过市场化改革解决计划经济体制的弊端，满足了建立产权明晰、政企分开、具备独立法人地位的市场经济主体的要求。但当前的全球政治经济新局势和我国改革开放 40 年来积累的实践经验表明，美式股东导向型公司治理制度连同其一系列资本运作模式和一揽子金融制度安排可能仅仅契合了 20 世纪 80 年代至 2008 年全球金融危机前的经济全球化形势，发源于美国的全球金融危机不但使西方普遍出现经济复苏乏力和政治、文化领域的保守主义倾向，也使得美式公司治理模式"风光不再"。全球各国的经济实践表明，某种公司治理模式（比如高管股权期权薪酬制度、独立董事制度）被其他国家广为效仿，并非其具有超越时空和制度环境的"绝对效率"，而只是其在特定时空范围的"相对表现"。历史和现实都充分表明，中国企业制度的发展和改革不应建立在单纯的"经济"和"效率"考量之上，国家治理理念、历史文化传统和社会发展阶段同样具有举足轻重的作用。在改革企业高管薪酬制度，增强其工作积极性和企业活力的同时，也要重视企业职工群体的利益，抓好对国有企业重要干部的管理并充分发挥企业党组织在提高国有企业竞争力和增进社会福祉方面的作用，这样才能兼顾效率和公平，建立起符合我国当前发展阶段和国情的有中国特色的企业治理模式和高管薪酬制度。

第四章
重塑公司战略：从多元化到专业化

在 20 世纪 60 ~ 70 年代，尽管美国大公司广泛采用了集团公司模式（the conglomerate model）和多元化战略（diversification strategy），但并没有足够证据表明这些战略发挥了其应有的作用，相反，越来越多的事实证明多元化战略在提高公司业绩、增强公司竞争力方面是无效的。因此至 20 世纪 80 年代，多元化集团公司模式开始失宠，提升专业化成了美国大公司在过去三四十年的战略趋势。比如，1980 年，只有 25% 的美国大公司集中于单一行业（a single 2-digit industry）运营，而到 1990 年这一比例达到了 42%（Fligstein，1991；Davis，Diekmann & Tinsley，1994；Zuckerman，1999，2000）。在其他发达国家或新兴经济体，也有不少因素在推动公司模仿、采纳美国盛行的专业化战略：企业所在国政府会要求企业停止多样化运营以提高公司绩效；机构投资者会迫使公司去多元化（de-diversify）以提高投资回报；公司董事会中的外籍董事也会要求企业采取更加集中化的战略；商业教育者和咨询顾问在其教学和咨询服务中，也十分推崇美国大公司的专业化战略（Ramaswamy & Li，2001）。美国大公司的专业化趋势通过"制度同构"（institutional isomorphism）机制在全球各地得以广泛传播，彰显了公司多元化战略研究采用经济社会学和新制度主义视角的必要性和重要性。

尽管专业化战略成为美国和不少其他国家企业的宠儿，但多元化战略却仍是中国企业的主导战略。如图 4 - 1 所示，在世界主要经济体公司多元化程度的比较中，中国是个特例：中国企业的多元化程度明显比其他所有国家都高，不仅比美国等发达国家高，也比同属发展中国家的印度和巴西高。

为了更好地理解中国企业多元化的原因及其对企业绩效的影响，我们必须同时考虑多元化的传统解释（经济学/管理学）及中国的特殊制度环境。因为，尽管有大量证据表明多元化并不能显著提高公司业绩，有时甚至是成功企业走向崩溃的主要原因，但不少中国企业还是争先恐后地实施多元化并以此为荣。这些事实提醒我们，中国企业多元化的原因可能与其制度环境密切相关，而不单单是市场机制的自然结果。也就是说，在中国，塑造公司战略的因素除了经济学家和管理学家声称的效率和利润之外，可能还有特殊的社会和制度因素。作为一项尝试，本章试图采用社会学新制度主义组织分析的理论框架去厘清、分析影响中国企业多元化战略的制度因素及其作用机制，为我们更好地理解多元化提供不同于经济学和管理学的第三种视角。具体来说，本章主要旨在研究国家和资本市场等外在制度因素对中国上市公司多元化战略的影响。

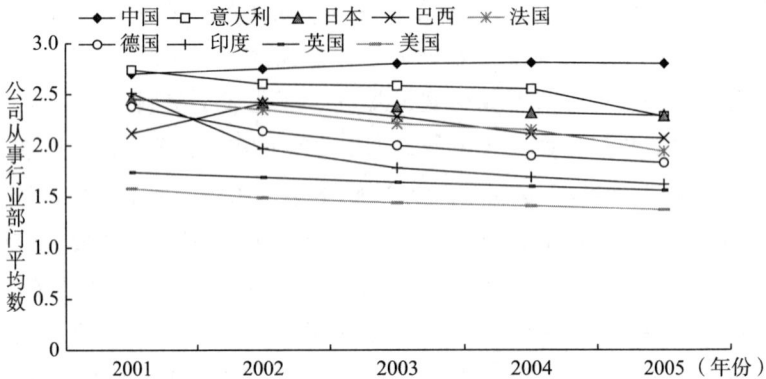

图 4 - 1 公司多元化程度的国际比较

说明：资料源自（Fan et al. , 2007）。

与多元化原因密切相关的一个问题是多元化如何影响公司绩效。虽然多元化在发达国家被认为不是一种好战略，但也有学者认为其在发展中国家可能是一种比专业化更优的战略，会显著提高公司业绩（Khanna & Palepu, 1997），因为在发展中国家，产品市场、资本市场和劳动力市场很不完善，政府法规和合同的执行力度也不够，而多元化企业集团有自己的劳动力市场和资本市场，在遵守政府法规和履行合同方面比个体企业也更有效率和效果，因此，多元化企业的绩效会更好一些。中国多元化企业是否在业绩方面表现得比专业化企业更好？或者说，高绩效是中国企业采取多元化战略的原因吗？为了更好地理解中国企业多元化的原因及其后果，首先我们简单回顾一下中国企业多元化发展的历程，并对中国企业的政治社会环境进行简要说明。

一　多元化战略在中国的兴衰

（一）多元化公司模式在中国的兴起：1978～1997

改革开放以来，中国企业呈现从单一企业向多元化企业集团转变的趋势，而且多元化企业的多元化程度也在逐步加深。在 20 世纪 90 年代后期，即多元化战略的鼎盛时期，90% 以上的中国上市公司实施了多元化战略，平均业务部门数量超过 3 个，有些企业甚至涉足 12 个行业之多。毋庸置疑，中国企业多元化有诸多经济驱动因素，例如快速变化和高度不确定的市场环境（因此企业采取多元化战略以分散风险），从短缺计划经济向市场经济转型而产生的各个行业的巨大市场机会（因此企业蜂拥到尽可能多的行业以期获取最大化的机会和利益）。但是，多元化公司模式在中国的广泛盛行也有不少制度因素的推动，特别是国家在塑造公司战略方面起了重大作用。

具体说来，中国政府在 20 世纪 90 年代推行多元化企业集团政策有几个动因。其一，中国政府认为中国企业应该模仿日本和韩国的多元集团公司模式，以提高企业竞争力、促进经济发展；其二，中国本土企业与在华运作的大型跨国公司日益激烈的竞争也迫使中国企业快速整合起来，打造多元化"企业航母"以有力应对外资竞争。此外，中国政府也把多元化企业集团当作吸纳日益增多的亏损企业和下岗职工的一个有效途径。与破产相比，多个企业兼并、重组为一个更大的多元化企业遂成为更优选择。当时有大量案例显示，各级政府曾主导一些大型国企吸收、合并亏损的中小国企形成大的多元化集团，这说明 90 年代中国很多多元化企业集团的建立，更多的是基于政治考虑而不仅仅是经济方面的考量（樊纲，1996；Keister，1998）。

在改革开放初期，一些学者和官员就提出建立企业集团有助于整合国家经济的想法。但由于缺少相关产业政策支持，再加上地方官僚势力的反对，大型企业集团的打造遭遇难产。到 90 年代初，情况才有了根本好转。1993 年两个法律政策的颁布成为中国企业集团命运的转折点。第一个是《中共中央关于建立社会主义市场经济体制若干问题的决定》将"现代企业制度"作为我国企业改革的关键，呼吁建立跨地区、跨行业的大型企业集团。第二个是 1993 年通过并于 1994 年 7 月正式实施的《公司法》。《公司法》连同其他相关法律法规，成为我国现代企业制度的法律基础和影响我国企业集团战略的重要制度因素。在《中共中央关于建立社会主义市场经济体制若干问题的决定》和《公司法》颁布不久，国务院在 1994 年就选择了 100 家企业和 56 家企业集团作为建立现代企业制度的试点。这些企业在制定经济计划、融资运营和对外贸易中拥有更大的自主权。1997 年春，国务院把试点企业集团的数量从 56 家扩大到了 120 家。中央对企业集团发展的高度重视，在各个部委、省市等层面引起了极大反响，后者纷纷采取各种措施以支持中央计划。1995 年 4 月，原化学工业部宣布，将大力支持其属下的 5 个大型企业集团，力争在"九五"期间达到超过 100 亿元的年销售目标。国务院也于 1995 年宣布投入 1000 亿元支持 8 家重点汽车企业集团的发展。各省市也纷纷搭上支持企业集团发展的"花车"（bandwagon）。1995 年春，上海市政府率先采取措施鼓励企业集团的发展，各种企业集团随后在部、省（直辖市、自治区）、市、县等各层面蓬勃发展，农业部和地方政府甚至支持在乡镇层面打造乡镇企业集团（Shieh，1999；陈清泰等，1999）。

20 世纪 90 年代中后期国有企业的普遍亏损和经营困难，使得我国政府认识到国企改革必须"有所为、有所不为"①，于是新的国企改革核心原则"抓大放小"随之产生了。"抓大放小"，即集中政府的有限精力和资源扶持大型成功的国企，而放松对中小国企的控制权和所有权。具体来说，就是将大中型国企转变为独立法人实体，并支持其兼并、重组、联合，形成大型多元化企业集团。而小型国企，尤其是那些亏损企业，或被出租，或被并购、出售，甚至被勒令破产（吴敬琏等，1998；张维迎，1999）。"抓大放小"战略的实施对我国企业 90 年代中后期的多元化浪潮更是起到了推波助澜的作用。

因此，从 20 世纪 90 年代初开始，我国掀起了一波又一波的企业集团化改制浪潮。虽然每个企业集团化的具体动因不尽相同，但都受到了政府的强烈推动。很多企业集团甚至是直接由国家建立的，政府强制往往是企业多元化背后的关键因素。在某些情况下，企业兼并、重组、集团化改制都是在相关政府主管部门一手操控下完成的，而这些监管、操控改制过程的

---

① 参见 1997 年党的十五大通过的《中共中央关于国有企业改革和发展若干重大问题的决定》。

政府机构在集团化改制完成后便成为新企业集团的总部，这些机构的政府官员则成了改制后企业集团的董事长或总经理。有些企业则通过非相关多元化（unrelated diversification）来履行社会责任，因为当时国家政策规定不能随意解雇冗余的工人。在 20 世纪 90 年代，我国还缺乏完善的社会保障体制和劳动力市场，就业对政府和社会稳定尤其重要，政府不允许企业随意解雇员工加重本已十分严重的就业形势，因此企业随便裁员是行不通的（李培林、张翼，2007）。但根据相关政策，企业可以把车间及其他服务设施转化为"附属三产公司"，从事母公司核心业务以外的商业活动，例如房地产管理、酒店及维修服务等（Guthrie，1997）。面对计划和市场的双重压力，非相关多元化为那些继承了沉重历史包袱的大型国企提供了既能提高核心竞争力，又能转移过剩人力资源的有效方法。总之，我国企业的多元化在很大程度上是由政府的多元化集团改制政策推动的，在 20 世纪 90 年代全国性的、运动式的多元化浪潮中，政府起着关键作用。

（二）多元化战略的衰落："后 1997"时期

1997 年是中国企业多元化进程的一个分水岭，因为"多元化热"自此逐渐冷却下来。这一年，亚洲金融危机及几个著名多元化集团的突然倒闭（如巨人、三株和太阳神集团），引发了商界和学术界关于中国企业究竟应该采取多元化还是专业化战略的大讨论。尤其重要的是，多元化集团公司模式被认为是导致韩国经济危机的重要原因，不少人开始担心中国效仿韩国大力推动多元化企业集团的政策也许是不明智的。而中国政府和企业集团之间的密切关系也让人更加担心，危机一旦发生，其后果可能更加严重。反思日、韩多元化集团模式的负面效应，加上观察到美国专业化公司模式在全世界的风行，中国高层领导人和决策者开始将目光转向看似更优的美国模式。相应地，很多中国企业开始实施去多元化以提高核心竞争力（core competency）。例如，1997 年实施兼并重组的 95 家上市公司中，有 14 家剥离了非核心资产；在 200 家进行重组的企业中，有 50 家出售了非核心业务。

自 1997 年亚洲金融危机以来，在新的国家政策和美国专业化公司模式的强大影响下，中国企业出现了去多元化的新趋势。如图 4 - 2 所示，尽管中国企业的多元化程度在总体上仍然很高，但从 2001 年到 2007 年出现了明显下降[①]：2001 年 85% 以上的企业从事多个行业，而这一比例在 2007 年下降到 70%；衡量企业多元化程度的指标熵指数（the entropy index）也从高峰年 2001 年的 0.56，大大降低到 2007 年的 0.42。此外，数据显示 2001 年中国上市公司从事的平均行业个数超过 3 个，而到 2007 年则下降到 2.6 个。

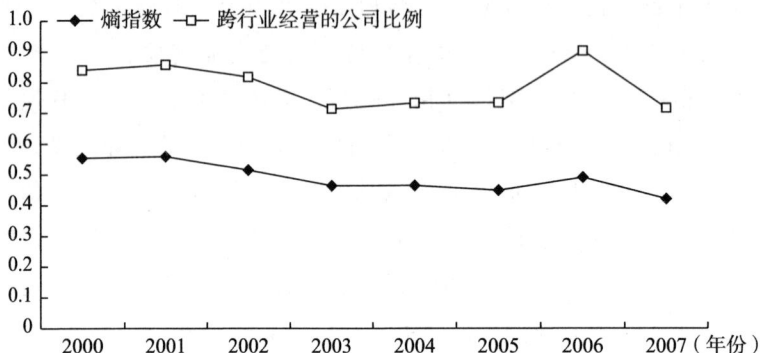

图 4 - 2　中国上市公司多元化战略的衰落，2000～2007

①　相反，图 4 - 1 显示中国企业多元化在 2001 年到 2005 年呈微幅增长趋势。图 4 - 1 和图 4 - 2 的差异主要是由于取样方法和样本企业的不同而引起的。图 4 - 1 引自范博宏等学者（Fan et al. , 2007）的研究，他们把 2001 年到 2005 年中国所有上市公司作为样本，这意味着他们的样本数量是逐年变化的，每年都有新公司加入。而图 4 - 2 是基于笔者自己的样本：1997 年到 2007 年的 676 家上市公司。因为跟踪了同一批公司过去十年来多元化情况的变化，所以本研究的数据在衡量中国企业多元化的趋势上会更准确。图 4 - 1 的数据能够很好地展现中国上市公司的整体多元化程度，但由于每年公司样本不同，无法获得同一批公司多元化程度的变化情况。更重要的是，本研究的数据与采用的理论框架更相关，因为本书的核心论点是国家和资本市场在塑造公司战略（例如去多元化战略）方面起到了很大作用。非上市公司和刚上市的公司在去多元化中并没有受到太多来自国家政策和资本市场的压力，所以如果我们想要确切知道国家政策和资本市场对中国企业去多元化的影响的话，应该排除这些公司。本研究的数据能够很好地呈现国家和资本市场的作用，因为样本中的 676 家公司，受国家政策和资本市场的影响长达十年，它们在这样的双重压力下更可能去多元化。这就是为什么本研究数据显示中国企业多元化呈下降趋势，而 Fan 等学者的数据呈上升趋势（但新上市的企业上市时间越长越容易去多元化，这会降低中国企业的整体多元化程度）的原因。整体上来看，尽管中国企业多元化程度仍然很高，但 1997 年后有显著的去多元化趋势。总之，去多元化/重归专业化是一个长期的历史进程，不会一夕之间发生。美国企业花了至少二十年时间重归专业化，因而中国企业的去多元化也很可能是一个长期过程（但估计中国会比美国快，因为除了资本市场的力量，中国政府也在积极推动中国企业的去多元化和专业化进程）。此外需要说明的是，图 4 - 2 中 2006 年多元化程度的突然加深是由股票市场的繁荣引起的：我国股票市场在 2006 年成倍增长，很多上市公司都开始从事投资业务（在上市公司年报中会被当作一个新的业务部门），这是导致 2006 年上市公司业务部门平均数激增及多元化程度暂时飙升的主要原因。

从图 4 - 2 可以清楚地看到，2001 年到 2007 年企业多元化的两个重要指标都呈下降趋势，由此我们不难得出结论：中国企业的多元化战略正在逐渐衰落。除了数字量化指标外，人们谈论企业战略的话语和论调也发生了显著变化。在实地调研期间，笔者强烈感受到专业化这一中国商界的新时尚和大家对此的谈论热情。公司高管、学者和商业媒体经常讨论中国企业为什么要专业化而不是多元化，还常常举例说因为全球财富 500 强几乎都是专业化企业，所以中国企业若想进入 500 强就应该采取专业化战略。专业化论调如此强大，以至于连锁酒店出售了其餐厅业务，只因为商业顾问和媒体认为，酒店管理而非餐厅运营才是其核心业务。中国农业和食品工业最大的一家公司总经理 N 先生抱怨说："专业化战略在中国已经走得太过了……我也曾被 M 咨询公司所误导，去多元化非常厉害，以至于把几乎所有有利可图的资产和业务（例如房地产）都出售了，只留下了 M 咨询公司所认定的核心业务（但都是一些非盈利的业务），例如农产品业务，这最终导致我们的业绩变得很差……后来我们为了恢复到之前的盈利水平，只好又买回一些赚钱的业务。"（公司高管面访 E01）

总之，1997 年之后中国企业采取去多元化和专业化战略，很大程度上也是由制度因素驱动的，例如国家和资本市场的压力，咨询公司的建议，商学院和财经媒体宣扬的"核心竞争力"理论，以及对美国著名专业化公司的模仿等。

二　新制度主义的公司战略分析框架

（一）效率、理性与多元化战略

企业为什么要进行多元化的问题受到经济学家和管理学家的广泛关注和研究，并由此产生了几种解释该问题的理论框架。首先，有学者用规模经济效应（economies of scale and scope）来解释多元化战略的动因，并由此认为多元化对企业绩效有积极作用（Chandler，1962；Rumult，1974）。该理论认为企业通过在更大规模上运用其固定资产投资（如市场营销和研发）能够获得更大收益，也能够通过把一些商业活动中的战略资源和独特能力运用到其他商业活动中来提高盈利。企业资源基础观（Barney，1991）和动态能力论（Teece et al.，1997）为该理论提供了进一步的支持。其次，与动态能力论密切相关的是组织学习理论和企业经营范围再定义理论。明茨伯格（Mintzberg，1988）把公司战略重新定义为几类"一般战略"。根据这种分类，多元化战略属于"扩展核心业务"类别的一部分。企业通过扩展核心业务加深对市场的理解，并有可能重新定义核心业务或产品市场领域。因此，多元化战略会影响企业未来的战略变化和长远公司绩效。多元化尤其是非相关多元化还有一个重要作用就是能降低风险（Chandler，1962）。公司高管可以通过非相关多元化提高公司绩效，尤其是当企业处于不确定或恶劣环境中的时候。最后，多元化战略的一个负面作用可以用代理理论（agency theory）来解释。公司高管会倾向于控制更大的企业，即使这种由多元化驱动的规模增长会降低股东价值（Denis et al.，1997）。特别是如果公司高管薪酬与公司规模密切相关的话，公司高管就会更倾向于多元化（Jensen & Murphy，1990）。此外，蒙哥马利（Montgomery，1994）认为公司管理者会通过实施多元化战略以降低他们自身的雇佣风险。

（二）公司多元化：一个新制度主义的解释框架

如前文所述，1997 年以前多元化战略在中国企业中风行一时，然而1997 年后却突然出现了衰落的趋势，如果真如经济学家和管理学家所言，多元化是企业效率提升和业绩提高的最佳战略，那么，此战略应该长期为企业所用并更为普遍地扩散开来，而不是短短几年间就突然转向衰落。在很多经济学家和管理学家眼里，"理性"和"效率"是客观的，存在于社会和制度真空中，并不随外在制度、文化和社会环境的改变而改变。因此，如果多元化是最理性、最利于效率最大化的战略的话，为什么企业会放弃该战略而进行去多元化，回归专业化呢？难道企业作为理性行动者，突然变得不理性了吗？

显然，上述种种基于"效率"和"理性"的理论并不能为我们提供一个关于中国企业多元化战略的合理、满意解释。而社会学家对美国等西方企业多元化和去多元化历程的研究为我们理解中国企业的多元化和去多元化问题提供了颇为有用的经验参照和理论启示。与基于效率的视角不同，社会学家着重从制度、社会和政治视角解释多元化模式的兴起和衰落。他们认为多元化集团模式在长达三十年的时间内通过一系列制度过程建构并扩散开来，这些制度过程包括国家行为、组织模仿、商业咨询顾问的建议，以及组织理论家的效率逻辑论等（Fligstein，1991；Davis et al.，1994）。弗雷格斯坦（Fligstein，1985，1987，1991）认为公司在某段时期的经营决策和商业实践，反映了该时期的宏观制度和结构状况。通过将组织战略与其制度环境联系起来，他发现企业内部的个体行动者、企业的经济和结构状况，以及企业所处的制度环境对企业决策和实践都很重要，对那些处于快速社会转型和大变革时期的企业尤其如此。根据弗氏的分析，在美国多元化战略的产生主要受两个制度因素的强烈影响：其一，被政治定义的制度环境通过《反垄断法》和相关政策塑造了企业的多元化实践；其二，随着一些企业率先实施多元化战略，这一组织实践通过迪马吉奥和鲍威尔（DiMaggio & Powell，1983）所提出的"制度同构"机制在组织场域内进行快速传播，尤其是通过强制和模仿机制。此外，弗氏还强调了组织内部政治因素在多元化中的重要作用。他认为有销售、市场营销和财务运营背景的首席执行官（CEO）会更偏爱多元化战略。总体来看，弗雷格斯坦等社会学家关于多元化战略的社会学解释比那些以效率为基础的多元化理论要更为深入、细致，视野也更为宏大（比如 Coase，1937；Chandler，1962；Williamson，1975）。

需要指出的是，由于民族国家（nation-states）在现代世界中日益占据主导地位，迫使企业遵从国家相关制度和法规的压力也与日俱增（Meyer & Rowan，1977）。迪马吉奥和鲍威尔（Dimaggio & Powell，1983）着重强调了国家和专业人士在一项组织实践产生及扩散中的重要作用，认为在现代世界，理性化和科层化的动力已由竞争性市场转向国家和专业人士。即使在美国这样的自由资本主义社会，国家在推动一些组织实践的产生和扩散中也发挥了重要作用，比如美国大公司中一些劳动和人力资源管理创新均与国家相关法规政策的影响有关（Baron，Dobbin & Jennings，1986）。另外，国家在一些组织实践的跨国传播中也发挥了关键作用（Guillen，1994），例如科尔（Cole，1989）就描述了日本政府如何在日本企业的质量管理运动中发挥了突出作用。国家一般通过提供激励（或实施惩罚）来推动组织的转型和变革。专业人士也在新型组织实践的产生和传播中发挥了很大作用，比如，基金经理和证券分析师等专业人士在推动美国公司实施专业化战略方面发挥了关键作用（Zuckerman，1999，2000）。

在我国，由于国家在整个社会中的主导作用，特别是由于计划经济传统，企业并非完全独立于政府的自主市场行动主体，企业的很多决策，特别是像多元化这样的重大决策往往受国家政策和相关政府主管部门的强烈影响，因此，国家的强制（coercion）在塑造我国企业行为方面尤为重要。另外，在我国上市公司中，由于机构投资者和证券分析师等对公司市值及声誉的影响力，资本市场在形塑公司战略方面正在发挥越来越重要的作用，尽管这种影响由于我国资本市场本身发展的不完善仍有待加强。基于中国现实和上述新制度主义组织分析的有关理论，本章试图提出一种不同于传统经济学和管理学解释的新制度主义公司战略分析框架来理解多元化战略在中国的兴起和衰落。

这种新制度主义公司战略观强调权力及合法性（legitimacy）在形塑公司战略方面的重要作用（Fligstein，1991；Roy，1997；Perrow，2002）。毋庸置疑，中国公司的多元化有诸多影响因素，包括经济及非经济的、企业内部及外部的，但新制度主义公司战略观更着重外部制度因素——特别是国家和资本市场作为两种强大外在制度力量——在形塑公司内部发展战略中的作用，并强调权力和合法性在组织变迁中所扮演的重要角色。这种新制度主义公司战略观可以让我们从一个既包括经济因素又包括制度因素的更全面而周密的理论视角来审视多元化，从而可以加深我们对公司战略的理解。

三　理解中国企业的多元化：几项假设

国家无论是对理解宏观中国经济还是微观中国企业行为都是一个必不可少的关键因素。作为一个增长导向的发展型国家，中国政府在推动社会发展方面可谓不遗余力，积极借鉴世界各国先进经验，引进了很多国外经济和组织形式，以促成中国企业的现代化、加速经济成长。在公司战略方面，前文已经提及，无论是多元化还是之后的去多元化，中国政府都起了重要作用。本部分涉及国家作用的假设主要是国有股权和公司行政级别，这两个变量都与公司受国家力量影响的强弱有关：国有股比例较高及行政级别较高的公司与国家联系更紧密、受国家的影响也更大。另外，尽管我国资本市场还处于初级发展阶段，但已显示出在塑造上市公司发展战略方面不可小觑的力量，本部分用机构投资者持股比例来测量资本市场对上市公司的影响力。

（一）国有股权与公司多元化

要想了解中国企业为什么实施多元化战略，就必须考虑中国企业的所有制结构。基于美国经验的研究显示所有权与很多战略都密切相关，其中就包括多元化战略（Hoskisson & Turk，1990）。作为一个涉及企业经营领域的战略变量，产权类型往往与整个公司层面的重大决策有关（Gedajlovic，1993）。这从产权与交易成本理论的联系中可以清楚地看出（Williamson，1985）。但是，产权类型对于转型期中国企业的多元化战略来说具有超越降低交易成本的更关键意义。

　　一般说来，国有制使企业更倾向于多元化。尤其在中国，政府推动和国企高管偏好同时起作用，从而使国企更偏爱多元化。前文也提到，政府会推动其属下的企业多元化、建立大型企业集团，以期提高企业竞争力、推动经济发展。政府还会为了维持社会稳定和增加就业而推进多元化（Li et al.，1998）。因此，在中国，多元化不仅仅是企业自主的战略选择，更多的是国家权力和行政强力干预的产物。此外，国企领导人面临的"制度激励"及"利益刺激"也是推动国企多元化的重要原因。由于国企经理面对的是软预算约束，因此他们往往很随意地实施多元化。国企经理也很乐意用多元化这种更易于为外界观察（特别是他们的上级主管部门）的战略来作为企业的战略发展方向。因为规模扩张是企业增长的一个非常明显的表现，也是政府官员和职工都希望看到的，所以国企经理往往通过多元化来扩大公司规模、提高自身的职位和权力。此外，寻租行为也是多元化的推动因素之一。国企老总可以从多元化投资中获得不少收益，不管是直接贪污投资资金，还是从承包商处获取回扣和贿赂。

　　基于以上理论和事实，我们不难预测国有企业会比非国有企业更可能实施多元化战略。1997 年以前这也许是正确的。但是，1997 年后我国的企业多元化政策发生了急剧转变。上文曾提及，1997 年亚洲金融危机后，中国政府放弃了日、韩的多元化企业集团模式，转而推动中国公司实施美式专业化战略。因此，中国政府近些年来在企业的去多元化过程中也起到了重要作用。总的来说，中国政府的角色正逐渐从国有企业的微观管理者向大型企业或金融机构的战略投资者转变。特别是 2003 年成立国资委和 2007 年成立"中国投资公司"①（简称"中投公司"）后，中国政府越来越像投

---

① 中投公司成立于 2007 年 9 月 29 日，是依照《中华人民共和国公司法》设立的国有独资公司，组建宗旨是实现国家外汇资金多元化投资，在可接受风险范围内实现股东（转下页注）

资者和掌管投资组合的超级基金经理，而不是具体负责公司运营的管理者。目前，国资委是中国最大工业企业的控股股东：截至 2010 年 7 月，它控制了 125 家大型工业企业，包括中石油、国家电网、中国电信等，这些都是名列财富全球 500 强的企业。中投公司则是中国最大几家金融机构的控股股东（通过中央汇金公司）：它控制了四大商业银行——中国工商银行、中国银行、中国农业银行和中国建设银行。此外，中投公司还拥有一个类似私募股权投资的部门（所谓的主权财富基金），对世界范围内尤其是美国的工业企业和金融机构进行投资，它拥有美国一些最知名公司的股权，包括摩根士丹利、花旗、苹果、可口可乐、强生、摩托罗拉和维萨等公司。

自成立以来，国资委出台了关于国有企业去多元化（或至少要限制其过度扩张）的一系列规定。2002 年原国家经贸委等八部委联合下发了《关于印发〈国有大中型企业主辅分离辅业改制分流安置富余人员的实施办法〉的通知》，对主辅分离、辅业改制提出具体操作办法。该文件的下发，改变了国企计划经济时代形成的"大而全，小而全"的主导模式，开始引导央企向"主业为王"的道路发展。2003 年 7 月，在国资委成立后的第一次央企负责人会议上，国资委主任李荣融定下了央企整合、突出央企主业的调子。其思路是，央企"先做强，再做大"。做"强"就是把主业做上去，主业不要超过三个，不要把摊子铺得过大，过大的要逐步收缩。李荣融着重指出，央企主业不突出、核心竞争力不强的问题比较突出。一是相当一批企业主业过多。据统计，央企存在 4 个及以上主业的有 53 家，占中央企业

（接上页注①）权益最大化。公司总部设在北京，注册资本金为 2000 亿美元。中投公司下设三个子公司，分别是中投国际有限责任公司（以下简称"中投国际"）、中投海外直接投资有限责任公司（以下简称"中投海外"）和中央汇金投资有限责任公司（以下简称"中央汇金"）。中投公司的境外投资和管理业务分别由中投国际和中投海外承担。中投国际和中投海外均坚持市场化、商业化、专业化和国际化的运作模式。中投国际于 2011 年 9 月设立，承接了中投公司当时所有的境外投资和管理业务。中投国际开展公开市场股票和债券投资，对冲基金、多资产和房地产投资，泛行业私募（含私募信用）基金委托投资、跟投和少数股权财务投资。中投海外于 2015 年 1 月成立，是中投公司对外直接投资业务平台，开展直接投资和多双边基金管理。中央汇金根据国务院授权，对国有重点金融企业进行股权投资，以出资额为限代表国家依法对国有重点金融企业行使出资人权利和履行出资人义务，实现国有金融资产保值增值。中央汇金不开展其他任何商业性经营活动，不干预其控股的国有重点金融企业的日常经营活动。中投国际和中投海外开展的境外业务之间，以及与中央汇金开展的境内业务之间实行严格的"防火墙"措施。（中技公司网站，www.china-inv.cn）

的 28%，最多的达 8 个。二是部分企业尚未明确主业方向，仅有约 50 家企业主业比较明确。三是央企之间存在结构趋同、相互竞争现象（朱江雄，2005）。李荣融为央企投资划定"三条红线"，其中一条即是"不符合主业投资方向的坚决不准搞"。2004 年，国资委下发了一系列通知，包括《关于加强中央企业重大投资项目管理有关问题的通知》、《关于加强中央企业收购活动监管有关事项的通知》以及《中央企业发展战略和规划管理办法（试行）》等，要求各央企做好主业，剥离非主业业务。2005 年进一步下发了《关于推进国有资本调整和国有企业重组的指导意见》。2006 年 7 月，《中央企业投资监督管理暂行办法》正式实施，其中一项重要原则是"突出主业，有利于提高企业核心竞争能力"。国资委指出该办法出台的背景是"少部分企业非主业投资比重偏大，存在盲目多元化投资问题，投资管理上漏洞和隐患较多，亟待加强监管"。自 2004 年国资委开始对央企的主业进行进一步明确以来，先后 8 次公布央企主业名单（武孝武，2007）。

　　而中投公司的投资风格与美国典型的机构投资者相比并没有什么不同（中投公司的不少高管都是之前在华尔街投资银行或律师事务所工作的专业人士）。来宝集团董事长埃尔曼（Elman）就认为，中投公司高管的投资方式很有效率，说"他们非常商业化，只注重结果，并不干预所投公司的日常运营"①。除了国资委和中投公司，中国证监会在推动上市公司专业化战略上也起了很大作用。例如，它明确规定通过股市筹集到的资金只能用于发展核心业务，否则筹资申请将被驳回。

　　中国政府官员从"经理人思维"（managerial mentality）到"投资者思维"（investor mentality）的转变有诸多因素。很多政府官员都是学经济和法律出身的，有些在商业和金融领域还有丰富的实践经验。这种教育背景和专业经验极大地影响了他们对公司战略的理解，使其理所当然地认为专业化要优于多元化（比如经济学理论和商学院教科书就明确声称专业化要优于多元化）。美国公司重回专业化的风潮也影响了他们的想法。总体来说，中国政府官员从"经理人思维"到"投资者思维"的转变，深刻影响了中国政府对公司战略的认识。与华尔街的机构投资者一样，如今中国政府也更倾向于专业化公司，并要求国有控股企业逐步去多元化。与此同时，中

---

① 《纽约时报》2010 年 2 月 8 日。

国很多私营企业却由于没有政府约束和行政指导，仍在非常积极地向多元化发展。初步数据分析显示，在 2000 年到 2007 年，非国有控股上市公司的多元化程度明显高于国有控股上市公司。由于我国公司的去多元化和重归专业化主要是由国家驱动和引导的，而较少由企业自身自觉、自愿而达成，因此，那些国有股比例更高的上市公司由于和国家的联系更紧密、受国家政策的影响更大而更有可能实施去多元化战略，其多元化程度由此可能更低。所以，我们提出如下假设：

假设 1：在 2000 年到 2007 年，我国上市公司中国有股的比例越高，该公司的多元化程度越低。

（二）企业行政级别和多元化

在我国计划经济时期，企业围绕着"层层嵌套"的庞大政府机构而组织起来，每一级政府都有一些自己控制的企业。相应地，这些企业也有不同的行政级别，比如由省级政府管理的就是省属企业，由市里管理的就是市属企业。倪志伟（Nee，1989）认为当市场机制作用加强时，这种计划经济的等级制就会消失，但其他学者（比如 Guthrie，1997）断定这种范式转移在短期内不大可能实现。尽管经济责任和行政责任已经下放，但这一官僚等级制本身并不会消失。魏昂德（Walder，1995）的研究显示，不同行政级别的政府治理环境对公司实践有显著影响。行政级别越高的公司，其市场或政治权力也越大，越容易获得政府提供的资金和各种资源，因此也就比行政级别低的公司更有能力，也更有可能进行多元化。但顾道格（Guthrie，1997）发现行政级别较高的企业更可能实施多元化，不是因为它们拥有更多的资源及更大的市场和政治权力，而是因为它们在经济改革中面临的不确定性更大，为了分散风险并在市场中生存下来，它们更可能进行多元化。总之，无论是基于何种原因和机制，已有不少证据表明行政级别越高的企业在 20 世纪 90 年代越有可能进行多元化。

然而，自 20 世纪 90 年代后期以来，中央关于公司战略的新政策重塑了那些行政级别较高的大公司的发展战略。比如，随着上述国资委一系列"突出主业，提高企业核心竞争力"政策的出台，各个央企纷纷有所行动：2007 年 12 月，中石化集团向外界传递出拟转让旗下金融资产的信息；2008

年6月，中石油对外宣布，本着突出发展主营业务、核心业务的原则，清理现有投资项目和规划中的项目，将对49个项目做停缓建或调减投资处理（家路美，2008）。各央企逐步剥离金融等资产，可以看出其放弃"非主业"，而专攻"主业"的决心。

尽管中央力推企业专业化，但范博宏等人（Fan et al., 2007）发现不少省市等地方政府仍在强力推动其所属企业朝特定行业进行多元化扩张，尤其是向那些所谓的"支柱产业"扩张。例如，我国除两个省外都进入了汽车装配行业，结果是大多数企业规模都很小，而且很难盈利。显然，有很多经济因素（例如不同的利益激励机制）造成中央和地方政府对多元化持不同观点，但中央和地方政府官员对公司战略的不同理解也起了重要作用。中央政府官员和省（直辖市、自治区）市县等地方官员相比，受过更好的教育和专业训练，并更多地受到国外专业化公司模式的影响。因此，中央政府官员会认为专业化是当今企业的标准规范和值得中国企业学习的全球最佳实践，而地方政府官员可能会真的认为多元化才是更好的战略（比如他们会觉得企业越大越好，从事的行业越多越有实力）。此外，由于行政级别高的企业在其所在行业更大、更强，它们更可能有自己的核心竞争力（例如品牌和专利技术），从而更有能力实施专业化。核心竞争力事实上是个奢侈品——并不是每个企业都拥有能够支撑其实施专业化的核心竞争力。很多企业由于没有核心竞争力，为了生存只能四处多元化发展，尤其是私营企业和行政级别较低的国有企业。总之，行政级别更高的企业更可能实施去多元化战略，不仅仅因为它们受中央政府专业化政策的影响更大，也因为它们更具有实施专业化战略的能力。由此，我们提出第二个假设：

假设2：2000年到2007年，企业的行政级别越高其多元化程度越低。

（三）资本市场与公司多元化

研究表明，证券分析师和机构投资者在美国大公司的去多元化过程中发挥了重要作用（Zuckerman，1999，2000）。据朱克曼（Zuckerman，1999，2000）分析，一个公司的股票在"报道错位"（coverage mismatch）的情况下会出现折价贬值交易（value discount）。"报道错位"是指该公司的股票没有被其所在行业的分析师所关注、分析和报道。这种"报道错位"对多元化公司来说问题尤为严重，在很大程度上导致多元化公司的股票在20世纪80年代到90年代一直处于折价交易的状态。因此，多元化公司的高管迫于压力而进行去多元化，以使其股票更易于被分析师理解，从而提高公司价值。关于机构投资者在多元化中的作用，研究发现所有权的集中度与多元化程度有负向关系（Hoskisson & Turk，1990），这意味着所有权集中于机构投资者（如共同基金、养老基金等）手中能有效抑制公司管理层的过度多元化冲动。博伊德等人（Boyd et al.，2005）也证实机构投资者在限制公司管理层出于自身利益而追求非相关多元化方面能够发挥很重要的监督制衡作用。

经过二十多年的发展，我国资本市场取得了很大进步。尽管还存在种种不足，但资本市场在改善公司治理、形塑公司战略方面已发挥了积极作用，特别是自2005年股权分置改革以来，资本市场中机构投资者的角色越来越重要。我国的机构投资者和证券分析师与其全球同行一样，都希望公司有明确的主营业务及核心竞争力，对那些主营业务不清、过分多元化的公司要么调低其估值，要么用脚投票、敬而远之。许多证券分析师在为公司股票评级时，往往将主业是否突出当作其未来盈利能力的一个标志，如三九药业在剥离了非主业资产后，证券分析师提高了其评级。在实地调研中，当笔者问一些证券分析师是否喜欢多元化公司以及如何评估这些公司的价值时，一位分析师回答说，"我们在制定投资组合时几乎不考虑多元化公司，无论它们的业绩有多好"（分析师访谈S01）。因此，面对资本市场的压力，上市公司不能过分多元化，而要将主要精力集中于一个或若干个核心业务上。然而，尽管所有上市公司都会受到资本市场的影响，但由于各个公司的机构投资者持股比例非常不同（多的可能占到公司总股份的50%以上，少的可能连1%都不到），因此各个上市公司所受的资本市场压力是不一样的，那些机构投资者持股比例越高的公司，所受到的专业化压力也就越大。因此，我们的第三个假设是：

假设3：机构投资者持股比例越高的公司，其多元化程度越低。

总之，虽然同是上市公司，然而由于各公司在国有股比例、行政级别及机构投资者持股比例等方面存在较大差异，各公司所受到的来自国家和资本市场的压力其实是不一样的，而这些不同强度的外在制度压力也会导致企业在实施去多元化战略方面程度和速度的差异。

（四）多元化和公司绩效

多元化如何影响公司绩效一直是战略管理和产业组织的研究重点（Chandler，1962；Rumelt，1974）。产业组织经济学家首先考虑多元化和非多元化企业的相对绩效，接着，战略管理和金融领域的学者提出了更明确具体的研究范式，重点研究相关多元化和非相关多元化的绩效差异（Rumelt，1982；Galai & Masulis，1976）。虽然有很多实证研究，但并没有得出统一的结论。既有研究发现多元化和公司绩效有显著的正向关系（Campa & Kedia，2002）；也有研究发现两者没有显著关系（Villalonga，2004）；还有研究发现两者存在负向关系（Lang & Stulz，1994）；甚至一些学者发现多元化水平和公司绩效之间存在倒 U 形关系（Palich et al.，2000）。

关于多元化和公司绩效的研究大多基于发达国家的经验，这些国家的各种市场制度很完善，企业能够对市场状况做出有效反应。基于对新兴经济体的战略研究，发现了多元化和公司绩效之间的新关系（Chang & Hong，2002；Khanna & Palepu，1997）。肯纳和派勒普（Khanna & Palepu，1997）将新兴经济制度环境的五个关键特征作为研究多元化和公司绩效关系的重要影响因素。具体说来，新兴经济体缺乏完善的产品市场、资本市场、劳动力市场，还缺乏必要的法律法规和强有力的合同约束，因而其中的企业很难积累资源、实施专业化。在这种不完善的制度环境中，企业应该实施非相关多元化，作为一种获取自发（self-generated）制度支持的有效手段（Khanna & Rivkin，2001）。因此，在新兴经济中，多元化集团比单个公司在这五个方面都更有优势，因而更能提升企业价值（Lins & Servaes，2002）。

作为计划经济转型和新兴市场的混合体，中国具有新兴经济体的大部分制度特点。在中国很难建立和维护品牌，费力创建的品牌和形象可以被仿冒品牌很轻易地毁坏。消费者没有可靠的信息来源来判断产品质量。资本市场还处于发展的初期阶段。市场纪律尚未完全建立和执行。劳动力市场仍然分散且不透明。尽管商业教育取得了很大进步，但优秀管理人才的数量还远远不够。法律法规还在发展完善中，合同执行力也不容乐观。这样一个典型的新兴市场制度特征使我国成为验证多元化对企业绩效影响的理想环境，因此笔者提出以下假设：

> 假设 4：在中国多元化程度和企业利润率呈正向关系。
> 假设 5：在中国多元化程度和股票回报率呈正向关系。
> 假设 6：在中国多元化程度越高的企业增长越快。

四　数据和研究方法

（一）样本

上市公司多元化数据以及会计和财务数据主要从上市公司年报、中国股票市场和会计研究数据库（CSMAR）和万得（Wind）数据库中搜集整理而来。所有制结构和公司治理数据主要来自色诺芬（Sinofin）信息服务数据库。中国证监会要求上市公司披露其所从事的所有主要行业部门的详细信息，只要这些行业部门超过该企业总体销售额、资产或利润的一定比例。披露信息包括行业名称、产品和服务描述，及行业部门的销售、成本和利润情况。笔者从上市公司年报和 Wind 数据库中收集 2000[①] 年以来的数据，并进行编码，最终得到 2000～2007 年 676 家上市公司的多元化数据。此外，还对基金经理、证券分析师、上市公司高管等进行了深入访谈，并对《财经》《中国企业家》等商业杂志进行了综述，作为对定量数据的补充。

（二）测量指标

1．因变量

多元化程度：本研究用基于销售的熵指数来衡量多元化程度[②]。熵指数既是自变量又是因变量。作为因变量，用来验证假设 1、2 和 3；作为自变量验证假设 4、5 和 6。本研究选择了 3 项绩效指标：用利润率（profit margin）来衡量盈利能力；用年股票回报率（stock return）来衡量股市表现；用年销售额增长率来衡量企业增长。

[①] 也有 2000 年之前的一些零散数据，但数据质量很差。

[②] 熵指数是将每个业务部门的销售额占公司总体销售额的比例（Pi）乘以 1/Pi 的对数，然后加总求和，即 $E = \sum_i Pi \times \ln(1/Pi)$。当企业完全专业化时 E 取最小值 0，但是 E 没有上限。E 值越大说明多元化程度越高。

2．自变量

国有股比例：国有股占总股份的比例。公司行政级别：虚拟变量，1＝非国有控股企业，2＝县及乡镇政府控股，3＝市政府控股，4＝省政府控股，5＝中央政府控股。机构投资者[1]持股比例：所有机构投资者持股量占总股本的比例，用来衡量资本市场对上市公司的影响程度。

3．控制变量

基于相关文献和中国企业的特点，本研究选择以下变量作为控制变量：外资股比例（外资股占公司总股本的比例）、大股东控股比例（控股大股东所持股份占总股本的比例）、沿海地区[2]（虚拟变量，1＝公司属沿海地区，0＝非沿海地区）、总资产收益率（净利润/总资产）、公司规模（公司总资产取对数）、资产负债率（负债总额/资产总额）、行业和年度（虚拟）变量。具体来说，绩效越好的公司越可能多元化，因为它们多元化的能力更强，也有充足的资本和管理经验成功实施多元化（Lang & Stulz，1994）。但顾道格（Guthrie，1997）发现在中国财务绩效越差的公司越可能进行多元化，因为这些公司在快速经济转型中为生存而努力挣扎，而在低风险、快回报的服务业进行多元化发展是获得稳定和生存的理想途径。另外，规模越大的企业产生的利润也越多，从而更有能力应对风险，所以大企业更倾向于多元化（Denis et al.，1997）。另一个重要的控制变量是资本结构，多元化需要大量资金投入，因此资产负债率较高的企业是不太可能采取多元化战略的，因为它们既不能从资本市场融资又缺乏自有资金来实施这项战略（Stearns & Mizruchi，1993）。此外，行业结构特征可能也会促使企业实施多元化。最后，本研究把年份也作为一个控制变量，以验证中国企业多元化程度是否随时间推移而递减。

表 4 – 1　主要变量的描述性统计和相关系数矩阵

变量	1	2	3	4	5	6
观察值	3816	6198	2379	6138	6132	6120

[1]　主要指证券公司、保险公司、养老基金及共同基金等专门进行有价证券投资活动的法人机构。

[2]　包括以下东南沿海省份：上海、江苏、浙江、福建、广东、海南。

	变量	1	2	3	4	5	6
	均值	0.479	0.407	0.038	0.149	0.0127	0.516
	标准差	0.435	0.257	0.067	0.217	0.193	0.981
1	熵指数	1					
2	国有股比例	− 0.12 ***	1				
3	机构投资者持股比例	− 0.11 ***	− 0.034 *	1			
4	外资股比例	0.053 ***	− 0.59 ***	− 0.017	1		
5	总资产收益率	0.018	0.099 ***	0.146 ***	− 0.03 **	1	
6	资产负债率	− 0.05 ***	− 0.031 **	− 0.033	0.015	− 0.3 ***	1

注：$*$，$p < 0.1$，$**$，$p < 0.05$，$***$，$p < 0.01$。

表 4 – 1 列出了回归分析中主要变量的均值、标准差和相关系数。我们可以看到变量之间所有显著的相关系数都低于 0.5，说明自变量之间不存在多重共线性。

（三）模型

控制变量会出现在所有模型中，因为它们既影响多元化程度又影响企业绩效。所有自变量和控制变量都是因变量前一年的数据（即滞后型数据，lagged data），以更好地厘清自变量和因变量两者的因果关系。因为是纵贯面板数据（panel data），违反了非关联误差的假设，本研究采用随机效应模型，以应对面板数据中常见的误差项的未被观测到的异质性（unobserved heterogeneity）。

五　模型分析结果

（一）多元化程度作为因变量

表 4 – 2 显示了验证假设 1、2 和 3 的结果情况。国有股比例的回归系数为负值且显著，意味着国有股比例越高，多元化程度越低。因此，假设 1 得到验证。所有行政级别变量的回归系数都是负值，但只有县乡镇和中央政府的回归系数是显著的，这说明两点：第一，总体上来说各个级别的国有控股公司多元化程度低于非国有控股公司；第二，行政级别和多元化程度的关系并不是简单的线性关系，而是一种倒 U 形曲线关系，即级别最低的（县乡镇控股企业）和最高的（中央控股企业）多元化程度较低，而中间的

省企和市企多元化程度较高。但县乡镇企业和央企多元化程较低的成因可能有所不同，县乡镇企业是由于能力和资源有限而无法提高多元化程度，而央企是因为国家政策限制和专业化意识较强而不能或不愿去提升多元化水平。总之，假设2只部分得到了验证。假设3认为机构投资者会迫使企业去多元化，而统计结果显示机构投资者持股比例的回归系数为负值且显著，这验证了假设3是正确的。至于各个控制变量，外资比例的回归系数为负值且显著，说明外资持股比例越高，多元化程度越低。结果还显示，沿海企业比内陆企业多元化程度更高。总资产收益率和多元化程度没有显著关系，意味着在中国环境下，绩效好和绩效差的企业进行多元化的可能性是基本相同的。公司规模与多元化程度也没有显著关系，说明无论大型还是小型企业都很可能进行多元化。2002～2006年的年度变量回归系数大都呈显著的负值，意味着在过去几年中，随着时间的推移，中国上市公司有去多元化的趋势。

表4-2 中国上市公司多元化程度的随机效应估计模型，2000～2007

	多元化程度（熵指数）					
	模型1		模型2		模型3	
国有股比例	-0.1774***	(0.04)			-0.196***	(0.05)
上市公司行政级别（非国有控股企业为参照组）						
县乡镇控股企业			-0.1038**	(0.04)		
市政府控股企业			-0.0213	(0.02)		
省政府控股企业			-0.0227	(0.02)		
中央政府控股企业			-0.0549*	(0.03)		
机构投资者持股比例					-0.7304***	(0.15)
外资股比例	-0.0657*	(0.04)	0.0322	(0.03)	-0.1188**	(0.05)
沿海地区（沿海=1）	0.0538***	(0.02)	0.0608***	(0.02)	0.07***	(0.02)
总资产收益率	-0.0296	(0.04)	-0.0282	(0.04)	-0.0014	(0.07)
公司规模	0.0037	(0.01)	-4.60E-04	(0.01)	0.0054	(0.01)
资产负债率	-0.0559***	(0.02)	-0.0551***	(0.02)	-0.0501*	(0.03)
行业（制造业为参照组）						
商业	0.0547**	(0.03)	0.0626**	(0.03)	0.1069***	(0.04)
综合	0.3269***	(0.02)	0.3373***	(0.02)	0.262***	(0.03)

续表

	多元化程度（熵指数）					
	模型 1		模型 2		模型 3	
公用事业	0.1283 ***	(0.02)	0.1154 ***	(0.02)	0.1355 ***	(0.03)
地产业	0.1967 ***	(0.03)	0.2 ***	(0.03)	0.1656 ***	(0.04)
金融业	−0.1699 *	(0.09)	−0.1439	(0.09)	−0.2065 *	(0.12)
年份（1999 年为参照组）						
2000	0.0016	(0.04)	0.0047	(0.04)		
2001	−0.0299	(0.03)	−0.0271	(0.03)		
2002	−0.0674 **	(0.03)	−0.066 **	(0.03)		
2003	−0.0662 **	(0.03)	−0.0635 **	(0.03)		
2004	−0.0798 **	(0.03)	−0.0766 **	(0.03)	−0.0049	(0.03)
2005	−0.0395	(0.03)	−0.034	(0.03)	0.05 *	(0.03)
2006	−0.1131 ***	(0.03)	−0.1013 ***	(0.03)	−0.0137	(0.03)
常数项	0.4766 ***	(0.15)	0.4997 ***	(0.15)	0.462 **	(0.21)
N	3759		3759		2039	
R²	0.0976		0.0927		0.0856	

注：括号内是标准误差。在模型 3 中，机构投资者持股比例只有 2003 年以后的数据。
*，$p<0.1$，**，$p<0.05$，***，$p<0.01$。

（二）公司绩效作为因变量

验证多元化对公司绩效的作用时往往存在一个"共时性"（simultaneity）问题（Martin & Sayrak，2003）。多元化能影响公司绩效，而公司绩效也能影响多元化。本研究通过滞后的熵指数的方法来纠正这种相互依赖性。表4-3呈现了三个绩效指标的回归结果。结果显示多元化程度和利润率没有显著关系，说明即使在中国这样的新兴经济体中，多元化对公司绩效也没有积极的影响。但是，和代理理论的预测相反，多元化也没有降低企业的利润率。关于多元化程度对股票回报率的影响，熵指数的回归系数在显著性为1%的水平上为负值且显著，意味着提高多元化程度会损害公司绩效、降低股东价值。也就是说即使在中国这样的新兴经济体，多元化的收益也不足以弥补由于资本分配不合理和代理问题所导致的多元化的高昂成本。和假设6的预测相反，回归结果显示多元化会减缓企业成长。这一结果颇令人吃惊，因为它和所有传统理论预测都不一致，无论是代理理论还是其他战略管理理论。但我们可以从新制度主义的角度提供一种解释：多元化能否促进企业成长取决于企业的制度环境。在统一、大规模的全国性市场（如美国），销售经理能够把本行业的销售和市场经验很便利地运用到其他行业，即他们的销售经验不是行业专有的（industry-specific），而能在不同行业间进行移植。但我国是一个地区和行业分割非常严重的市场（很大程度上是地方保护主义和行业进入壁垒造成的），再加上中国社会重视关系，销售往往也是关系型和长期导向的，因此企业的销售经验在很大程度上往往局限于某些行业和地区，而不具有全国性及跨地区、跨行业的通用性。我国市场的这些特点使得企业在进入新的行业和地区时，需要花费很多时间、精力和资源与新客户从头建立值得信任的长期关系。这种特殊的市场结构和制度环境也许能够解释为什么在中国多元化反而会抑制企业成长。

表 4 - 3 多元化和中国上市公司绩效，2000 ~ 2007（随机效应多元回归模型）

	绩效指标					
	模型 1（利润率）		模型 2（股票回报率）		模型 3（销售增长率）	
熵指数	0.1033	(0.11)	− 0.0799***	(0.02)	− 0.5195***	(0.13)
控股股东控股比例	0.2056	(0.29)	0.0165	(0.05)	− 0.1501	(0.34)
外资股比例	0.2316	(0.22)	0.0257	(0.04)	0.778***	(0.26)
沿海地区（沿海 = 1）	− 0.1677*	(0.10)	− 0.045**	(0.02)	− 0.0846	(0.12)
公司规模	0.1841***	(0.05)	0.0633***	(0.01)	− 0.1408***	(0.05)
资产负债率	− 0.5986***	(0.05)	− 5.40E − 03	(0.01)	0.0035	(0.03)
行业（制造业为参照组）						
商业	0.1301	(0.16)	− 4.00E − 04	(0.03)	0.0806	(0.19)
综合	− 0.1101	(0.15)	3.15E − 02	(0.03)	0.2001	(0.18)
公用事业	− 0.0264	(0.15)	8.30E − 05	(0.03)	− 0.0196	(0.18)
地产业	− 0.0627	(0.19)	0.0293	(0.04)	1.379***	(0.22)
金融业	− 0.1889	(0.70)	− 0.1012	(0.10)	0.276	(1.00)
年份（2000 年为参照组）						
2001			− 0.8983***	(0.04)		
2002	− 0.2216	(0.21)	− 0.8719***	(0.03)	0.3448	(0.25)
2003	0.0252	(0.20)	− 0.7976***	(0.03)	0.2371	(0.23)
2004	− 0.1187	(0.19)	− 0.8637***	(0.03)	0.0755	(0.23)
2005	− 0.0012	(0.19)	− 0.8527***	(0.03)	− 0.0337	(0.23)

	绩效指标				
	模型 1（利润率）		模型 2（股票回报率）		模型 3（销售增长率）	
2006	0.0075	(0.20)	0.2455 ***	(0.03)	0.1346	(0.23)
2007	0.2727	(0.20)			0.3708	(0.24)
常数项	− 3.795 ***	(0.94)	− 0.6119 ***	(0.18)	3.334 ***	(1.11)
N	3775		2904		3741	
R^2	0.0473		0.5445		0.0205	

注：括号内为标准差。在模型 1 和模型 3 中，2001 年数据由于数据多重共线性而删除。

*，$p < 0.1$，**，$p < 0.05$，***，$p < 0.01$。

六 制度环境与公司战略

在传统的多元化研究中，公司战略几乎完全是以企业为中心的，而很少考虑外部制度因素的影响。本章从社会学新制度主义组织分析视角出发探索制度环境如何影响多元化战略，特别是国家和资本市场在形塑公司战略中发挥的作用。研究发现，无论是中国公司的多元化还是之后的去多元化，很大程度上都是由国家政策驱动的；中国新生的资本市场对公司战略也起到了很大的影响作用。此外，本研究发现在中国多元化和绩效之间的关系远比既有理论预测的要复杂。中国公司多元化对股票回报率的显著负向作用，反驳了肯纳和派勒普（Khanna & Palepu，2000）关于多元化创造股东价值的理论，表明即使在新兴经济体中多元化的收益也不足以抵消其巨大成本和负面效应。与代理理论和各种管理理论的预测相反，本研究发现多元化在中国环境下对企业成长具有明显的抑制作用。这一独特现象用既有理论很难做出解释，但如果我们采用社会学制度视角来做分析，考虑中国高度分割的市场结构、地方保护、行业壁垒、基于关系的销售模式等，问题就迎刃而解了。在这种独特的制度环境中，企业如果要进入新的行业，就必须投入大量的人力、财力和时间成本，在新行业中从头开始艰难建立客户关系，这必然导致销售效率大大下降。因此，中国独特的制度环境可能是解释为什么多元化会延缓企业成长速度的关键因素。总之，中国案例打破了多元化总是企业规模扩张的一项有效战略的神话。

尽管事实证明多元化并不利于公司绩效，我国企业还是争先恐后地实施多元化战略并使我国成为世界主要经济体中企业多元化程度最高的国家，这意味着中国企业的多元化发展更多的是取决于制度过程，而非经济过程。本章以新制度主义公司战略理论来阐明这种制度过程，并试图展示这种新制度主义视角为我们理解中国公司的多元化和去多元化提供了一种更丰厚的理论解释。本书的核心论点是国家和资本市场这两大外部制度力量利用其政治和市场权力推行一种"最佳"（the best）或"理想"（ideal）公司战略，迫使企业去采纳新的组织形式以符合"最佳"公司战略的特征。"最佳"公司战略是由国家、资本市场、大公司、财经学术界和商业媒体等重要行动者共同建构的结果，在不同时期，其表现形式不一样。比如在 20 世纪 60～70 年代，多元化是"最佳"公司战略并被制度化，而到了 20 世纪 80～90 年代，专业化成为主导战略，于是专业化成为"最佳"公司战略并被广为效仿。这些"最佳"公司战略首先在美国等西方发达国家产生，随后通过全球化及三种"制度同构"机制——强制性同构（coercive isomorphism）、模仿性同构（mimetic isomorphism）和规范性同构（normative isomorphism）——在世界各国广为传播并被制度化。以我国为例，我国政府官员、学者、企业领导人、财经记者等先后受当时世界上盛行的多元化和专业化战略的影响（组织实践的跨国传播阶段，主要通过模仿性和规范性同构机制），然后利用其政治、经济及话语权力，通过政策制定、学术论证和媒体宣传等促成企业战略行为的改变（组织实践的国内传播阶段，强制性、规范性和模仿性同构同时发挥作用，但由于政府在我国的主导作用，强制性同构在促成我国企业战略改变方面发挥了更大、更有力的作用）。总的来讲，新型国际管理和组织实践在我国的传播一般要经过两个阶段、通过三种制度机制完成。本章主要揭示了由国家和资本市场推动的强制性制度同构机制在我国企业多元化和去多元化过程中的作用。

　　由于我们把企业外部制度压力看作推动中国企业战略变化的主要力量，我们期望看到那些受国家和资本市场影响更大的企业也更可能实施多元化或去多元化战略。本章的定量及定性数据都证明了这种新制度主义公司战略观的正确性和解释力：作为对国家和资本市场所推崇的专业化"最佳"公司模式的回应，中国上市公司近年来普遍出现了去多元化、回归专业化的趋势，但那些受国家和资本市场影响更大的公司，比如国有股比例更高、行政级别更高以及机构投资者持股比例更高的公司去多元化的程度更深、回归专业化的步伐更快。

在更高的理论层面上，本书试图以社会学视角与经济学、管理学等学科在组织研究领域进行对话。对比经济学理性主义视角和社会学新制度主义解释，不难看出，此两种多元化理论观在以下四个方面均存在显著差异：（1）多元化的原因：前者强调效率和理性，而后者着重权力和合法性的作用。（2）多元化的传播主体（diffusion agents）：前者认为是公司本身，多元化是公司自身理性决策的结果，而后者认为国家和专业人士在形塑公司战略方面发挥了重大作用。（3）传播机制（diffusion mechanisms）：前者认为是市场竞争机制迫使公司采用多元化这种最利于效率最大化的战略以求在激烈的市场竞争中生存并获胜，而后者认为多元化的盛行主要是通过迪马吉奥和鲍威尔（1983）提出的三种"制度同构"机制进行大规模扩散，即强制性同构、模仿性同构和规范性同构。（4）多元化的后果：前者认为多元化将导致公司效率的提升，而后者认为多元化并不一定会提高公司绩效，在某些情况下甚至会损害公司价值，但由于多元化战略的广泛实施及由此带来的合法性和理所当然性（taken-for-grantedness），奉行该战略会使公司获得合法性收益，满足国家、资本市场等重要外部利益相关者的期望和要求，推行该战略的公司管理层等掌权者也会获取权力、经济利益等多项收益。本章的经验分析证明了在上述所有四个方面，中国企业的多元化和去多元化历程都更契合新制度主义的解释框架，而那些效率导向的经济学和管理学理论的解释力则略逊一筹。

需要特别指出的是，这种新制度主义公司战略观并非完全否定"理性"和"效率"在企业多元化决策中的作用，而只是试图修正、拓展经济学家所假设的"绝对"理性观和效率观。经济学所定义的理性和效率是一种内生的"绝对"理性和效率，不随外在时空、制度条件的变化而变化；与此相反，社会学认为理性和效率也是一种社会建构（socially constructed rationality and efficiency），会随不同时空、外在制度条件的变化而被重新定义（redefinition of rationality and efficiency）。因此，看似最客观的"理性"和"效率"也是一种社会过程的产物，是一种在复杂制度互动过程中形成的社会建构。比如，关于多元化和公司业绩的关系，虽然有很多实证研究但并没有得出统一的结论。基于西方国家的研究显示有四种可能：多元化和企业绩效有显著的正向关系、没有显著关系、负向关系、倒 U 形关系（参见本章"多元化和公司绩效"部分）。也就是说，至少从纯粹"理性"上来看，多元化与公司绩效的关系并不明确，并没有一致的研究结论表明多元化一定不利于公司业绩，但多元化战略自 20 世纪 80 年代以来在美国等西方国家还是被污名化和去制度化了（deinstitutionalization），失去了合法性和正当性，各大公司纷纷去多元化，而不管到底去多元化和回归专业化是否真的对公司业绩有利（从组织决策上来说，在实际结果出来之前，也无法提前知道业绩结果）。因此，企业进行去多元化更多的是由于外在制度压力（比如国家和资本市场）以及对行业领导者或公司同伴的模仿，尤其是在不确定性比较大和快速变化的社会环境下。在多元化失去正当性，而专业化日益盛行并被众多公司采用后，那些多元化公司实施去多元化就成为一种"理性"的选择，因为就算这些多元化公司业绩很好，但迫于资本市场、国家等强大的外部制度压力（比如证券分析师会调低其估值，即使其财务指标很好），如果继续坚持多元化反而显得"不理性"。显然，在这一过程中，公司理性被外部制度环境重新定义，公司行为也随之改变，一切都显得很"理性"，但这是一种被社会建构了的"建构理性"而非天然的"绝对理性"。"理性"之外，"效率"也是一种社会建构。譬如，本研究发现，多元化并没有显著降低企业利润率，但却对股票回报率造成了显著负面影响（见表 4－3）。虽然一般而言，企业利润率越高，其股市表现越好，但这两种"效率"指标的生成机制有所不同。利润率更多地体现出一种"客观性"，而股票回报率却具有相当程度上的"主体间性"（inter-subjective）或社会建构性：股票价格受投资者和证券分析师等影响较大，当某只股票受部分投资者追捧时，会刺激更多投资者跟进，从而推动价格进一步上涨；反之，当该股票受部分投资者抛售时，会刺激更多投资者恐慌性抛售，从而加剧价格下跌。此外，证券分析师的看法对股票价格影响很大，由于多元化在资本市场失去正当性，证券分析师会调低多元化公司的估值，从而导致多元化公司的股市表现远远不如专业化公司，即使其利润率与专业化公司相比并无显著差异（Zuckerman，1999）。需要指出的是，尽管很多组织行为实质上是"建构理性"甚至是"非理性"的产物，但企业界、经济学和管理学界往往会对其进行"绝对"理性化包装，使这些"建构理性"、"非理性"的组织行为披上一层"绝对理性"的外衣以求得正当性和"科学性"。而在社会学家看来，有太多的组织行为以"科学"、"理性"或"效率最大化"为名，实际上却被用来增强组织的稳定性、合法性，及巩固相关行动者的权力（Fligstein，1991；Roy，1997；Perrow，2002）。

总的来看，中国案例证明公司战略与公司制度环境密切相关，并主要通过诸如强制和模仿这样的制度机制扩散和传播。本研究深化了我们对外部制度环境如何塑造公司内部结构的理解，特别是阐明了国家和资本市场作为现代世界最重要的两个外部制度压力来源，在组织趋同和变革中的关键角色。从更高的理论层面上来讲，本章试图与经济学、管理学等以"理性"、"效率"为导向的组织研究范式进行对话，揭示"权力"及"合法性"在组织变迁中的重要作用。公司战略看似是最理性的市场行为，实则是社会建构的产物，受其外在制度环境的强烈影响。因此，公司战略的社会学分析对理解公司行为和现代市场经济非常必要，也是值得社会学家探索的一个新的重要研究领域。

第五章

在市场与政治之间：企业领导人
更替机制改革

无论在西方成熟市场经济国家还是在新兴市场经济体，企业最高管理者的更替都是企业要面临的重大战略决策之一，在中国尤其如此。由于市场经济制度的不完善和"关系导向"的管理模式，"能人经济"特征在中国表现得十分明显。不管在国有企业还是民营企业，企业最高管理者的强弱往往与企业的业绩密切相关，甚至关系企业的生死兴亡。一个"能人"常常能救活一个企业，一个"败家"领导也可以搞垮一个企业。因此，研究中国企业管理者的更替机制具有重要的理论和现实意义。对上市公司而言，其 CEO[①] 的更替情况——比如在公司业绩不佳时，公司 CEO 能否被及时撤换——也是透视和衡量公司治理有效性的一个重要指标（周建等，2009；Coffee，1999）。

在经济学的代理理论（agency theory）看来，CEO 必须对公司运营负责，当公司绩效不佳时他们应该被解职。CEO 变更[②]是最小化代理成本和最大化股东利益的一种有效方式，遵循一种"效率逻辑"（Weisbach，1988）。

---

① 即首席执行官（Chief Executive Officer），在中国上市公司中通常被称为总经理，为方便起见，本书用 CEO 作为统称。
② 英文中对应的词是 CEO turnover，与此相关的英文词语有 CEO departure（离职）、CEO dismissal（强制性离职/解职）和 CEO succession（CEO 继任/更替）。总体而言，CEO 变更可以分为强制性变更/离职（forced turnover/departure）和非强制性变更/离职（non-forced turnover/departure），本章主要关注 CEO 离职和绩效之间的关系，及权力因素在 CEO 离职中的作用，因此本章的研究对象是强制性离职（比如辞职、被董事会解雇等），因为非强制性离职（比如退休、健康原因导致的离职）与企业绩效及权力因素没有直接关系。

但对秉持新制度主义理论信念的学者来说，公司绩效和 CEO 变更之间并没有直接的线性因果关系[①]，因为 CEO 的变更在事实上更多是一个社会政治过程，社会和政治因素往往在公司绩效和 CEO 变更之间起干扰和调节作用（Fredrickson，et al.，1988；Cannella & Lubatkin，1993），遵循"权力逻辑"。尤其考虑到，CEO 往往是公司中拥有最高权力的人，因而 CEO 能否成功地被解职，在很大程度上取决于其拥有的权力大小。即使在公司绩效很差时，现任 CEO，尤其是那些同时身兼董事长的强势 CEO，也往往会竭尽所能试图控制 CEO 变更过程，并最大限度地避免被解职的命运。

新制度主义进路的经验研究表明，公司治理是一个政治过程，这在自由资本主义的美国或在效率导向的跨国公司巨头中也不例外（Davis & Thompson，1994；Fligstein，2001）。在中国企业治理中，这一点体现得就更为明显——无论在改革前还是改革后，国有企业和各类单位组织中的"派系结构"和"依附与庇护"关系无处不在，权力斗争司空见惯（华尔德，1996；张维迎，2000；张翼，2002；李猛等，2003）。即使在确定最基层的生产车间的工人下岗名单时和工人业绩相对容易测量的情况下，也充斥着"车间政治"（李钊金，2003），就更遑论企业最高管理者"下岗"这样的企业重大事件了，其无疑是一个深受"权力逻辑"支配的"公司政治"过程。

基于 1998~2007 年 676 家中国上市公司的面板数据，以及对上市公司 CEO、董事长、独立董事、基金经理和相关政府官员的访谈资料，本章试图深入探讨中国上市公司 CEO 的解职机制及其影响因素。在理论框架上，本研究主要采用新制度主义公司治理理论的视角和方法，把 CEO 解职事件更多地看作一个社会政治过程，深入剖析"公司政治"中的董事会（董事长、独立董事）、控股股东、资本市场、国家（作为股东或主管部门）等各方在 CEO 解职中的角色和作用。具体来说，本章主要试图厘清以下几个问题：中国上市公司 CEO 的被强制离职是基于公司绩效吗？当公司绩效不佳时，董事会能有效监督和约束 CEO 的行为而及时将其罢免吗？在罢免 CEO 这样

---

① 比如，如果一个 CEO 权力很大并在公司地位很稳固，即使公司业绩表现不好，也很难被解职；相反，如果一个 CEO 权力较小且地位不稳，并对董事长权力造成威胁时，业绩表现越好越有可能被解职。

的重大公司决策方面，到底谁拥有最终的决定权？在回顾相关文献的基础上，本章将对这些问题做出分析和回答，并试图在理论上探讨组织运行中的"权力逻辑"对新制度落实及组织变革和制度变迁的影响。

一　企业领导人更替的两种理论

（一）代理理论：CEO 更替是一种最小化代理成本的方式

人们通常认为董事会应该在公司治理方面，尤其在监督和约束公司高管方面发挥重要作用，比如应该监督高管的所作所为、提供指导意见和否决差的决策等。所以，董事会应该是股东防止无能公司高管的第一道防线，甚至可以在极个别情况下解雇犯错的 CEO。然而在现实中，董事会常常备受责难，因为它们常常不是这样做的。批评者认为，公司高管的每一次滥用职权，无论是出于有意还是疏忽，都得到了董事会的支持或默许（Weisbach，1988）。有些批评者甚至声称，公司经营每一次出现困难，都是由于董事会不愿或不能履行职责造成的。按照这种观点推断，如果要提高公司绩效，就必须首先增强董事会作用的有效性。董事会之所以无法有效履行监督和激励公司高管的职能，在很大程度上与其缺乏独立性密切相关（Mintzberg，1983）。

根据代理理论，有两种公司治理因素是导致董事会"半瘫痪"的重要原因，即董事会构成和领导结构（CEO 兼任董事长）。董事会成员通常分为"内部"成员和"外部"成员。内部董事是公司内部的全职人员，通常由公司的 CEO、总裁或副总裁组成。外部董事①来自公司之外，不参与公司的日常经营管理。"董事会构成"通常被定义为外部董事数量占董事会董事总数的比例（Weisbach，1988），该比例是衡量董事会独立性的重要指标。内部董事比例相对较高的董事会往往很难对像解职 CEO 这样的重要公司事务进行独立判断和决策。

如果说董事会构成会影响公司事务决策，那么董事会的领导结构则可能会使得问题更加严重。代理理论认为，CEO 和董事长两职合一的双重角色往往意味着利益冲突，会对董事会的独立判断造成很大威胁。因此，代理理论认为董事会构成及 CEO 兼任董事长都会对董事会的独立性造成危害。

_____

① 在中国一般称为"独立董事"或"外部独立董事"。

而董事会独立性遭到破坏也相应地会导致公司高管的职能滥用（例如滥用对股东的信托责任），进而增加代理成本，损害股东利益。

代理理论给出的解决之道是提高外部董事的比例，并将 CEO 和董事长两职分设。在这种理论看来，与内部董事相比，外部董事在监督公司高管方面能起到更大作用。外部董事越多的公司，越有可能基于公司绩效解除 CEO 的职务（Weisbach，1988）。同样地，没有同时兼任董事长的 CEO 也更有可能在绩效差时被免职。

（二）新制度主义理论：CEO 更替是一个社会政治过程

在代理理论看来，CEO 变更是最小化代理成本和最大化股东利益的一种有效方式。分设 CEO 和董事长以及委任更多外部董事能够增强 CEO 的责任感，强化公司绩效和 CEO 变更之间的关联度。但在秉持新制度主义理论的学者看来，这种因果关系并非如此直接明了，CEO 更替本质上是一个社会政治过程，社会和政治因素往往在公司绩效与 CEO 更替之间的关系中起干扰和调节作用（Cannella & Lubatkin，1993）。特别是对那些在职的强势 CEO 来说，即使是在公司绩效很差的情况下，他们也往往竭尽所能试图控制 CEO 更替的过程，并最大限度地避免被解职。

从更大视野上来看，新制度主义组织研究显示，公司治理是一个政治过程（Davis & Thompson，1994；Fligstein，2001）。由于组织是一个瓜分利益的政治竞技场（Davis & Thompson，1994），某项公司重大决策或新制度的实施不可避免地会对组织权力和资源的分配带来重大影响。因此，组织中的强势力量会不惜一切代价维护自身利益，并极力阻碍可能损害其利益的公司决策或新制度的"真正"实施。拿外部独立董事制度的实施来说，现有国内外相关研究均表明，公司 CEO 为维护和巩固其权力，避免来自独立董事对其权力的可能挑战和制约，会千方百计对独立董事的提名和任命过程进行控制，挑选自己的朋友或最可能支持自己的人作为独立董事人选，从而导致独立董事在监督和制约 CEO 方面并没有多少真正"独立性"可言。因此，旨在削弱 CEO 权力和强化董事会独立性的独立董事制度并不一定能真正削弱 CEO 权力，增强 CEO 离职对公司绩效的敏感度。这样的理论逻辑已被诸多经验研究证实：不少新制度主义实证研究发现，很多新的和股东导向型的公司治理制度要么仅仅是象征性地实施，要么是被现有制度、文化规范和利益群体改变或扭曲（Vitols，2003；Ahmadjian & Robinson，

2005；Cioffi & Hopner，2006）。

二　中国上市公司总经理的强制离职

（一）公司绩效和 CEO 强制离职

公司绩效是 CEO 离职最常见的解释变量。在对美国和其他西方国家公司的研究中，绩效和离职的负相关关系已经得到一致验证（Salancik & Pfeffer，1980；Kaplan，1994；Kang & Shivdasani，1995）。Groves 等人（1995）对中国 1980～1989 年国有企业管理层离职和企业绩效的研究也发现，二者之间存在负向关系。企业绩效之所以对 CEO 离职有重要影响，是因为人们认为组织绩效应该由领导负责（Pfeffer & Salancik，1977），或有时企业领导充当了"替罪羊"（scapegoating）而离职（Brown，1982）。这也符合常识，当公司绩效比较差时，股东当然希望有其他人可以改变局面。公司绩效不佳也会让董事会倍感压力，而企业管理层的变更会有助于投资者重拾信心，并避免潜在的股东诉讼。

以往研究大多以当期或滞后（lagged）的利润率、股票收益率和公司增长率等衡量公司绩效（Kaplan，1994）。在本书的样本公司中，由于很多 CEO 离职事件发生在前半年，因此当年的公司绩效可能既反映了离任 CEO 的业绩，同时也反映了继任 CEO 的业绩。鉴于此，本章选择前一年的公司绩效来衡量 CEO 的业绩表现。实际上用滞后绩效指标更符合中国上市公司 CEO 变更的实际情况，因为上市公司主要领导人员的变动往往需要当地政府和公司党委的正式审批（Chang & Wong，2004）。这些额外的科层和行政程序都会进一步延长 CEO 变更决策所需的时间。随着股权多元化和资本市场约束的不断增强，上市公司绩效越差，其 CEO 离职的可能性越大，也就是说，企业绩效与 CEO 离职之间会是一种负向关系。

值得注意的是，公司绩效的不同测量指标可能对 CEO 离职和绩效之间的关系产生不同的影响。具体来说，上文提到的三个公司绩效测量指标（利润率、股票收益率和增长率）对不同的公司利益相关者有不同的意义。股东最关心的是股东利益的最大化，因此相比于公司增长率，他们更看重公司的股票收益率。相比而言，公司高管和政府官员更看重公司的快速规模扩张能力，希望能提供更多的就业岗位，促进当地经济的增长。因此相比于股票收益率，他们更看重企业的增长率。基于此种偏好，以至于长期以来，中国政府部门和企业界都把"将企业做大做强"作为重要口号，"GDP 增长崇拜"也成为中国政治最有力的指引方针之一。因此，企业增长率无论是衡量企业还是 CEO 的绩效都是一个重要指标。

另一个重要指标是利润率。如果一个企业的利润率不够高，就无法在激烈的市场竞争中存活下去，因此利润率的高低会直接或间接地给 CEO 施加很多压力。相比而言，股票收益率对上市公司 CEO 更替的影响就没那么重要，至少有两个原因：其一，和控股股东①相比，机构投资者股东势单力薄。同时，2005 年股权分置改革之前，中国资本市场上的流通股只占总市值的三分之一左右，这意味着上市公司 CEO 并不会感受到太多来自机构投资者和资本市场进行股东价值最大化的压力；其二，2005 年之前在中国上市公司高管中基本不存在股权或期权激励制度，这意味着当时的上市公司 CEO 并没有努力提高公司股价和股票收益率的充足动力。因此，我们提出第一个假设：

假设 1：在中国上市公司中，CEO 强制离职与公司增长率和利润率相关性较强（负相关），但和股票价格相关性较弱。

（二）CEO 和董事长两职分任对 CEO 离职和绩效关系的影响

相关研究表明，CEO 权力越大，其被解职的可能性越低（Ocasio，1994）。CEO 的权力大小是多方面因素共同作用的结果，包括个人在职时间、个性、公司股权结构和董事会构成（外部董事的比例）等。然而，CEO 和董事长两职是否分任常常是衡量 CEO 相对于董事会权力大小的最常用测量指标（Ocasio，1994；Zajac & Westphal，1996）。研究公司治理的学者一直反对 CEO 兼任董事长，认为这样会破坏董事会的独立性，容易发生"管理层自利"（management entrenchment）行为（Cannella & Lubatkin，1993）。一般 CEO 如果兼任董事长，就会比董事会中的其他董事拥有更多正式或非正式权力（Harrison et al.，1988），也意味着其行为不易受到董事会

---

① 控股股东可以是一个自然人（上市公司的董事长或创办企业家）、一个公司或企业集团或一个国企或政府机构（比如国资委）。这些控股股东属于"耐心的"战略投资者，他们更关心对公司的控制权和公司的长期增长和盈利，而不像股市上的机构投资者那样更关心短期投资回报。

的监督和约束。Boeker（1992）、Zajac 和 Westphal（1996）通过经验研究发现，没有同时兼任董事长的 CEO 离职率更高一些。因此，增强董事会权力和独立性的一个重要方法就是将 CEO 和董事长两职分设。

由于《中华人民共和国公司法》的有关规定和中国证监会发起的公司治理改革，1997~2007 年平均有 87% 的上市公司都分设了 CEO 和董事长。分设 CEO 和董事长本来旨在削弱 CEO 的权力，同时增强董事会的权力和独立性，但由于两职分任是由政府强制实施的，身兼 CEO 和董事长两职的企业管理者必须在两个职位中选择其一。在中国语境下，由于董事长职位比 CEO 职位更具分量和影响力，因此，如果只能保留一个职位，大多数人往往会选择保留董事长的位置，企业因此就需要另行委任 CEO。然而，在这样的强制性职位分离之后，现任董事长（即原 CEO 兼董事长）出于惯性和维护自身权力的需要，自然还是希望和以前一样由自己一人掌控公司（"一言堂"），而新的 CEO 当然也期望能够尽快接手公司进行管理并树立起自己的个人权威。由此，中国不少上市公司 CEO 和董事长职位的强制性分离导致了两者间激烈的权力斗争。特别是在中国的特殊情境下，很多董事长并不满足于履行公司董事会的"监督权"和"决策权"，而是对公司管理层的"执行权"兴趣十足，常常参与公司的日常运营决策，从而引发了董事长和 CEO 之间持续不断的冲突，使二者的关系进一步恶化。由于在大多数情况下董事长的权力都要比 CEO 更大，权力基础也更稳固，两者权力斗争的结果往往是 CEO 出局，被迫辞职或被调到其他公司。这意味着，在中国上市公司中，很多 CEO 离职并非因为绩效不佳（相反，因为董事长更容易感受到威胁，有时绩效很好的 CEO 更容易被解职），而是受社会和政治因素的影响，比如董事长和 CEO 之间的权力斗争、个性不合或管理理念的差异等。因此，我们提出第二个假设：

假设 2：CEO 和董事长两职分任并没有显著增强 CEO 离职对企业绩效的敏感性。

（三）独立董事对 CEO 离职和绩效关系的影响

从理论上来说，董事会应该代表所有股东的利益，但在公司治理改革前，中国上市公司中的董事会成员往往直接或间接地受控于控股股东，使中小股东的利益无法得到有效代表和保护。在这种情况下，保障中小股东利益的一个重要方法就是在董事会中保证一定比例的外部董事，这些外部董事要既不隶属于控股股东，也不隶属于上市公司，而仅仅作为中小股东的代表。中国上市公司中独立董事制度的实施遵循的就是这一逻辑。

研究发现，外部独立董事的比例和 CEO 离职率呈正比（Huson, et al., 2001；Zajac & Westphal，1996）。外部董事的比例越高，他们对高管的影响力也越大。Weisbach（1988）也认为外部董事更能代表股东的利益。他在控制了所有权、公司规模和行业变量之后发现，外部董事比例越高的公司，CEO 越有可能因为绩效不佳而被解职。鉴于中国上市公司中"内部人控制"（insider control）现象的盛行，真正独立于控股股东的外部独立董事的任命有很大潜力改善中国的公司治理状况。笔者在实地调研中了解到，近年来中国上市公司中一些独立董事已开始聘请独立的审计师对公司财务报表进行独立审核，还有一些独立董事则拒绝顺从公司高管和控股股东的不合理决定①。

总体上看，中国上市公司中的大部分独立董事都是"花瓶"董事，他们在约束和监管 CEO 行为方面的作用相当有限。首先，80% 以上的独立董事都是由控股股东或公司高管提名或任命的（见图 5 - 1），缺乏足够的独立性和动机去监督和约束 CEO。其次，中国大部分独立董事都有全职工作（见图 5 - 2），而且工作都很繁忙（例如学者、其他公司的高管等），每年参加董事会会议的次数仅在 8～10 次。因此，他们也没有足够的时间和信息来有效监督 CEO 的行为。最后，目前中国上市公司董事会中独立董事的数量还比较少，平均只占董事会成员的三分之一左右，因此，即使他们有时间和精力，也没有足够的权力在公司业绩不佳时将 CEO 解职。中国媒体戏称独立董事为"既不独立也不懂事"的公司"装饰品"，虽然比较偏激，但也从一个侧面反映了独立董事在监督、约束 CEO 行为和公司重大决策方面所处的尴尬境地。

据了解，中国上市公司董事会的平均规模一般是 10 人左右，在国家强制性要求设立独立董事之前，都是由公司内部各个部门的人员组成的。这些内部董事会成员通常分属公司内部各个不同派系，因此，这些不同派系的董事会成员在公司重大决策方面事实上发挥了隐性的相互制约与平衡的

---

① 参见独立董事访谈 D02。

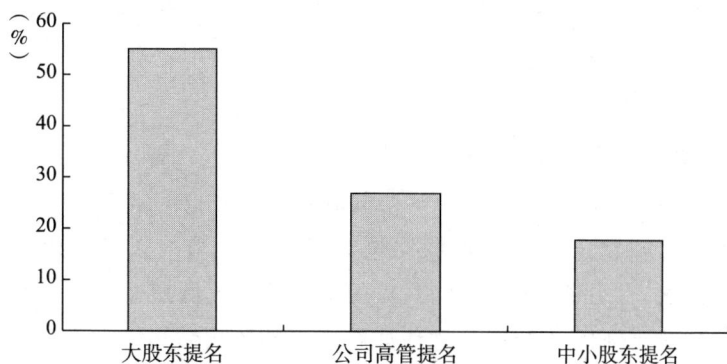

图 5-1　独立董事的提名和任命机制

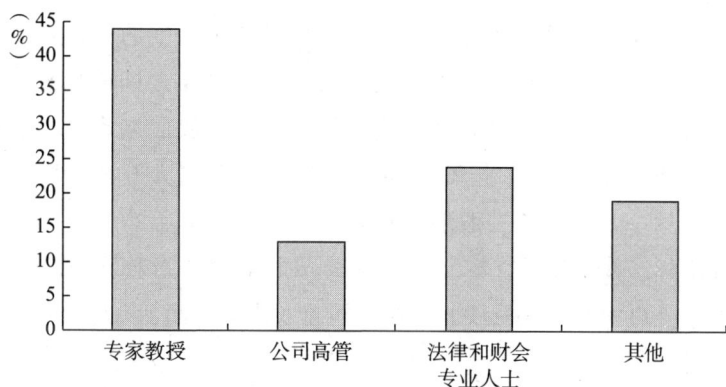

图 5-2　独立董事的构成

作用（李猛等，2003）。但是，强制性要求设立独立董事的政策打破了这一公司内部的权力结构平衡，给 CEO 和控股股东等公司最高决策者提供了一个清除内部对手的机会和借口，在笔者的实地访谈中很多被访者都提到过这种现象。因此，独立董事制度的实施常常不但没有削弱 CEO 的权力和增强董事会的权力和独立性，反而强化了 CEO 或控股股东的权力，并破坏了企业内部原先存在的隐性权力制衡机制。根据以上分析，不难想象，在中国上市公司中委任更多独立董事并不一定能够增强 CEO 离职对绩效的敏感性，甚至会削弱 CEO 离职对绩效的敏感性，因为独立董事的任命实际上削弱了董事会的权力，同时强化了 CEO 的权力，使其即使在公司绩效较差时也不易被解职。基于以上理论推理和初步经验，笔者提出的第三个假设是：

假设3：在中国上市公司中，委任更多独立董事削弱了CEO离职对公司业绩的敏感性。

（四）控股股东在CEO强制离职中的主导作用

中国上市公司的一个典型特征是股权高度集中化，正如图5-3所示，35%的上市公司第一大股东持股比例超过50%；第一大股东或控股股东（为表述方便，此后称为"大股东"）的平均持股比例超过43%；前五大股东的平均持股比例超过55%。这种高度集中的股权结构一方面反映了政府不愿放弃对国有企业的控制权，另一方面也反映了在中国，由于缺乏对外部投资者利益的有效保护，政府和家族等所有者不得不通过高度集中的所有权来保护其投资利益。值得指出的是，虽然一定程度的股权集中能够在股权高度分散的国家（比如美国）减少股东和管理层之间的代理成本，但中国上市公司这种过分集中的股权结构却加剧了控股股东和中小股东之间的代理问题和利益冲突。Z指数（第一大股东和第二大股东持股比例的比值）是衡量第一大股东或控股股东相对于非控股股东而言，对公司控制能力的重要指标。数据显示，本研究样本公司的平均Z指数高达57，这意味着中国上市公司大股东或控股股东在公司重大决策方面拥有绝对的控制权。

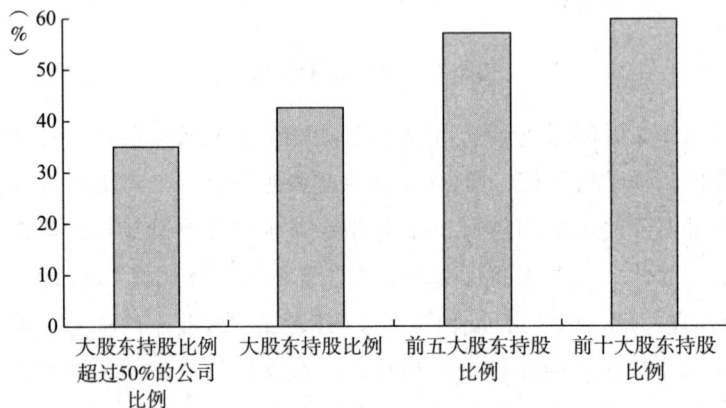

图5-3　中国上市公司高度集中的股权结构

中国媒体将这种大股东的主导权力形容为"一股独霸"。笔者在田野调查期间，很多被访者也认为，要想改善中国上市公司的公司治理状况，亟待解决的两个问题就是"一股独霸"和"内部人控制"。在2001年中国证监会强制要求设立独立董事之前，董事长、CEO 和几乎所有董事都是由大股东任命或控制的。同时，尽管中小股东作为一个群体平均持有 30% 左右的公司股权，但在董事会中几乎没有董事代表其利益。总的来说，大股东往往通过任命和控制 CEO、董事长和董事会成员来行使自己的"霸权"。因此，中国引入独立董事制度的主要目标就是限制大股东的过大权力。然而在实践中，55% 左右的独立董事都是由大股东任命或控制的，同时 25% 以上的独立董事是由 CEO 任命或指派的（见图 5-1）。鉴于绝大多数 CEO 也是由大股东任命或指派的，不难推断，中国上市公司中绝大多数独立董事实际上是受大股东控制的。再加上几乎所有内部董事（大约占董事会成员的三分之二）也是由大股东控制和任命的，所以大股东即使在实施独立董事制度之后，仍然对 CEO 任免这样的公司重要事务拥有无可争辩的主导权。

　　具体说来，与美国等西方国家那些相对独立的 CEO 不同，中国上市公司 CEO 要么直接被大股东控制，要么被大股东通过董事会（外部独立董事和内部董事基本上都是由大股东控制的）间接控制。对民营控股上市公司来说，大股东往往是公司创始人或其家族。对国有控股上市公司来说，大股东的身份更复杂一些：可能是一家国有企业，也可能是一家国有控股企业集团或国有资产管理机构（比如各级国资委）。一般来说，国有控股上市公司 CEO 的任命和罢免，通常是由像国资委这样的控股股东决定的。但对一些特别重要的重点骨干国有企业，组织部门才是真正的"幕后老板"。据一位在组织部门工作的受访官员透露①，在中国 100 多家中央企业中，53 家的一把手由中央组织部任命，副职则由国资委管辖；另外，中国 11 家国有金融机构的整个领导班子配备都由中央组织部负责选拔和任命。同样地，那些最重要的地方骨干国有企业，其 CEO 也是由当地组织部门直接任命的。总的来说，在中国，那些 CEO 和董事长由组织部门任命的国有控股企业往往是最重要的企业。同时，由组织部门任命的 CEO 往往行政级别比较高，也代表一种很高的荣誉和地位。在调查访谈中笔者发现，很多 CEO 都以能够被组织部任命而自豪，成为一名被组织部门管辖的干部是一个强大的社会地位的象征②。

---

① 参见政府官员访谈 G02。
② 参见公司高管访谈 E03 和政府官员访谈 G01。

值得注意的是，对极其重要的个别中央或地方国有企业，其 CEO 的任免甚至连组织部门也无法决定，而是由相应级别的最高党政领导层决定。比如，尽管青岛啤酒的控股股东是青岛市国资委，但其前任 CEO 金志国作为公司最高领导却是由青岛市委书记直接任命的（金志国，2008）。

总的来看，在中国，无论是民营控股上市公司还是国有控股上市公司，其 CEO 的任命和罢免都是由大股东决定的[①]，但也需要履行一些正式程序，比如需要经董事会审批并以董事会名义进行公告（尽管幕后的真正决策者是大股东或政府领导人）。因此，董事会和独立董事更多地充当了"橡皮图章"，被用来帮助公司从内部员工和外部利益相关者（例如证券监管机构和机构投资者）中获得合法性。但由于各家上市公司大股东的持股比例不尽相同，并不是所有大股东都能对 CEO 的行为进行有效监督和约束。因此，我们提出第四个假设：

假设4：控股股东权力越大（即持股比例越高），CEO 强制离职对绩效的敏感度越高。

（五）资本市场对 CEO 强制离职的影响

中国资本市场的显著特征之一是流通股和非流通股的股权分置，这严重阻碍了资本市场在激励和约束上市公司高管方面有效发挥作用。政府和证券监管部门意识到非流通股的存在会带来很多问题。第一，流通股持有者通常都是小股东，基本无法影响公司管理层的决策；第二，因为无法出售手中的非流通股，大股东对股票价格的涨跌漠不关心；第三，流通股数量有限使得中国股票市场流动性有限，股价起伏变化不定，很容易导致市场操纵和内部交易行为的发生；第四，非流通股问题的悬而未决一直阻碍着股票市场改革的推进和发展，每一次将非流通股转化为流通股的政策建议总会导致股价的暴跌和投资者的恐慌；第五，由股权分置问题造成的国内股票市场的低效和其他一系列问题，使得很多优秀中国企业被迫到海外进行上市，特别是去香港上市。这对国内投资者造成了很大的负面影响，

---

① 该观点也被一位被访者所证实，他是一名公司律师，同时担任好几家上市公司的独立董事。据他观察，无论国有控股企业还是民营控股企业，独立董事在 CEO 任免方面基本没有话语权，最主要的决策都是由大股东决定的（参见公司律师访谈 L02）。

由于没有优秀公司可以投资，只能转而投资那些绩效较差的公司，最终被套牢。随着市场体制的不断改革和发展，国家有关部门针对非流通股问题出台了很多政策，困扰中国股市发展多年的股权分置问题逐渐得到了解决。2005 年 4 月 29 日，中国证监会宣布一项新的试点项目，首批四家公司将其非流通股转化为流通股，并通过送股、送现金或送权证等方式对原有股东进行对价补偿。2006 年年底，几乎所有上市公司都完成了股权分置改革，中国资本市场真正实现了"全流通"。由于每家上市公司的流通股比例不尽相同，而流通股所占比例越高，意味着资本市场对 CEO 的约束力就越大，因此，我们提出如下假设：

假设 5：流通股比例越高，CEO 离职对公司业绩的敏感性越强。

三　数据和研究方法

（一）样本和数据描述

CEO 相关信息和财务数据主要来自上市公司年报、中国股票市场和会计研究数据库（CSMAR）。公司治理方面的数据主要从色诺芬（Sinofin）信息服务数据库和万得（Wind，中国商业金融专业人士最常用的数据库）数据库中搜集整理而来。除这些定量数据之外，还有一些定性访谈资料作为补充，主要涉及对上市公司 CEO、董事长、独立董事、相关政府机构官员、证券交易所监管人员以及基金经理和证券分析师等人的深度访谈。

回归分析中使用的观察单位是"公司—年份"，总共收集了 1997 ~ 2007 年[①]676 家公司的 7436 条观察值。在这些上市公司中，有 403 家在深圳证券交易所上市，其余 273 家在上海证券交易所上市。本研究排除了任期不满一年 CEO 的离职事件，因为本研究以年度公司业绩作为 CEO 离职的解释变量，任期不满一年的 CEO 的离职和公司绩效没有太大关系。遵循前人的研究惯例（Ocasio，1994），笔者将公司内某一财年有多次 CEO 离职的情况进行合并，即如果一家公司在同一个财年有两位或更多的 CEO 离职，只记录其中一位。

---

① 由于在随后的回归分析中使用了滞后的财务数据，因此在回归分析中样本涵盖的时间段是 1998 ~ 2007 年，而不是 1997 ~ 2007 年。

从 1997~2007 年，676 家样本公司中共发生过 1579 例 CEO 离职事件。根据笔者的数据统计，中国上市公司 CEO 的年均离职率是 21%，远高于美国和日本的 CEO 年离职率[①]。中国股票市场和会计研究数据库（CSMAR）显示上市公司 CEO 离职主要有 12 种理由：（1）工作变动；（2）合同到期或任期届满；（3）控股股东变更；（4）退休；（5）健康原因；（6）辞职；（7）被免职；（8）公司治理改革；（9）个人原因；（10）法律诉讼或被拘捕；（11）其他原因；（12）未知原因。图 5-5 列举了各种离职原因的分布情况。其中工作变动是最常见的离职原因，占离职总数的 38%；其次是合同到期/任期届满，占离职总数的 19%；第三大原因是辞职，占离职总数的 18%；第四大原因是公司治理改革[②]，占离职总数的 7.5%；公开宣布的 CEO 强制离职（被免职）案例只占离职总数的 4%。

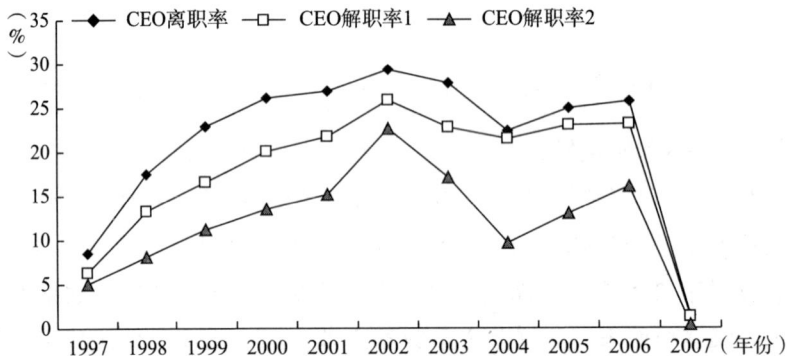

图 5-4　CEO 离职和强制离职（解职）的频率，1997~2007 年

要检验董事会行使控制权和监督权的有效性，必须区分强制离职和非强制离职两类 CEO 离职情况，因为只有强制离职（即 CEO 被免职）才能充分反映股东和董事会对经理人的监督和惩处。但正如很多学者的观点，仅仅依靠市场公开信息很难区分强制离职和非强制离职，因为媒体报道很少清楚地指出 CEO 离职是否与业绩不佳有关（Weisbach，1988；Denis & Denis，1995；Kang & Shivdasani，1995）。在本研究中笔者也遇到这一问题。虽然可以清楚

---

① Weisbach（1988）、Denis 和 Denis（1995）在其文章中提到美国 CEO 的年均离职率分别为 7.8% 和 9.3%，而 Kang 和 Shivdasani（1995）提到日本 CEO 的年均离职率是 12.88%。

② 此处的公司治理改革是指分设董事长和 CEO 两职，原董事长兼 CEO 通常选择辞去 CEO 职位，而保留董事长职位。

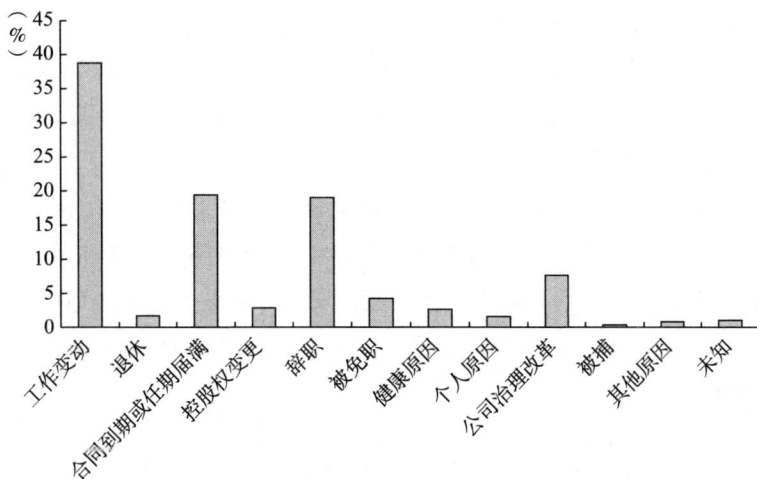

图 5 – 5　中国上市公司 CEO 离职原因分布情况

地界定一些离职案例的性质，比如"被免职"、"辞职"和"合同到期"应归类于强制离职，"健康原因"应归类于非强制离职，但对那些"工作变动"的情况则很难判别其为强制性离职还是非强制性离职。不过，离职是强制的还是非强制的，可以根据离职 CEO 下一份工作的好坏来推断。如果下一份工作比前一份工作更好，那很有可能是非强制离职，否则就是强制离职。Warner 等学者（1988）在研究中将"寻求其他机会"、"到其他公司任职"以及"政策分歧"等离职原因归为强制离职。Denis 和 Denis（1995）也试图以这样的方式归类并进行研究，但最后却发现强制离职和企业绩效之间根本没有显著关系。

　　在本研究中，笔者把因"工作变动"而离职的情况归为强制性离职，因为在中国，上市公司是极少数能在严格管制的资本市场上进行融资的企业，上市公司 CEO 不仅有良好的社会声望，还拥有丰富的各类资源，比这更好的工作机会比较少见①。因此，本研究除了将退休、健康问题和公司治

---

①　但也有一些例外情况：在中国，很多国有控股企业上市公司 CEO 的最终职业生涯目标并非在企业任职，而是把 CEO 职位作为任职高级政府官员的跳板，因此一些上市公司 CEO 主动或被动地进入相关政府部门任职，这种情况的 CEO "工作变动"不属于强制离职，但考虑到升至政府官员的上市公司 CEO 数量还是比较少的，相对比例也是比较低的，因此，本研究把因"工作变动"导致的 CEO 离职事件归类为强制性离职大体上是符合实际情况的。更重要的是，这种归类并不会影响统计结果和统计推论，因为就算把一些"工作变动"类的非强制性离职当作了强制性离职，但只要在统计分析中得出的统计结果显著，反而说明研究是能够经受住敏感性测试（sensitivity tests）的。因为这意味着，即使有噪声和干扰因素（把一些非强制性离职算作了强制性离职），仍然得到了统计意义上的显著结论。

理改革等原因归类为非强制离职（这些离职与企业绩效无关），其他原因都归类为强制离职[①]。根据以上分类标准，在 1997～2007 年的 1579 次 CEO 离职事件中，有 1398 次属强制离职、181 次属非强制离职（即图 5-4 中的 CEO 解职率曲线 1）[②]。

表 5-1 是对主要变量的描述性统计分析，从中可以看出中国上市公司 CEO 的平均年龄是 47.4 岁，与中国一般企业 CEO 的平均年龄相似[③]。但上市公司 CEO 的平均任期只有 2.3 年，远远低于中国一般企业 CEO 的平均任期[④]。与美国和日本的上市公司相比，中国上市公司 CEO 要年轻得多，平均任期也短得多[⑤]。

表 5-1　主要变量的描述性统计和相关系数矩阵

	变量	1	2	3	4	5	6	7	8	9	10
	观察值	7 436	6 786	6 310	6 393	5 742	6 874	6 784	6 774	1 535	1 512
	均值	0.178	0.016	0.09	0.838	0.195	0.427	0.412	0.549	47.4	2.32
	标准差	0.383	0.197	1.34	0.369	0.164	0.179	0.136	1.57	7.63	1.61
1	CEO 强制离职	1									
2	资产收益率	-0.094***	1								
3	净资产增长率	-0.044***	0.305***	1							
4	两职分任	0.082***	-2E-0	-0.012	1						

---

① 现有文献通常将与企业绩效无关的离职原因，例如死亡、疾病和公司控股权的改变，作为缺省值处理。本书也遵循了这一研究惯例。

② 此外，笔者又用更严格的方法重新划分了 CEO 强制离职和非强制离职：把"工作变动"类算作非强制性离职，仅将"合同到期"、"辞职"、"被免职"和"被拘捕"导致的离职归类为强制离职（即图 5-4 中的 CEO 解职率曲线 2）。在数据分析中，笔者对这两种分类方法都进行了验证，发现统计结果基本一致。

③ 根据由中国企业家调查系统编著的 2004 年《中国企业家成长与发展报告》，中国企业 CEO 的平均年龄是 48 岁。

④ 中国企业家调查系统的调查发现，1998 年中国企业 CEO 任期在 1～5 年、6～10 年、11～15 年、16～20 年和 20 年以上的比例分别是：36.0%、28.3%、26.7%、6.4% 和 2.6%。2000 年同样的调查显示，1990～2000 年每家企业平均只有 1.6 名高管离职。

⑤ 美国和日本上市公司 CEO 的平均年龄均超过 60 岁，平均任期分别是 9.3 年和 7.3 年（Hamilton，2004）。

	变量	1	2	3	4	5	6	7	8	9	10
5	独立董事比例	0.045***	-0.12***	-0.04***	0.073***	1					
6	大股东持股比例	-0.055***	0.096***	0.019	0.087***	-0.14***	1				
7	流通股比例	-0.036***	-0.04***	-0.005	-0.021*	0.256***	-0.5***	1			
8	资产负债率	0.026**	-0.22***	-0.04***	0.008	0.103***	-0.03***	0.015	1		
9	CEO 年龄	-0.174***	0.068***	0.013	0.027	-0.14***	0.09***	-0.006	-0.06**	1	
10	CEO 任期	-0.011	0.047*	0.043*	0.080***	0.135***	0.037	0.091***	0.09***	0.26***	1

注：*，$p < 0.1$；**，$p < 0.05$；***，$p < 0.01$。

（二）测量指标

1. 因变量

CEO 强制离职。如果上市公司过去一年内发生了 CEO 强制离职事件，则取值为 1，反之取值为 0。

2. 自变量

本研究的主要目的是检验中国上市公司 CEO 的离职和惩处是否基于公司业绩，董事会（独立董事）能否提高 CEO 强制离职对公司业绩的敏感性，以及大股东和资本市场在惩处和约束 CEO 行为方面的作用。因此，本书有如下 5 个自变量。

公司业绩：本书用三个测量指标来衡量公司业绩，分别是：盈利性（profitability），用资产收益率（ROA）衡量；股票市场表现，用年股票收益率（annual stock return）衡量；增长性，用净资产增长率（annual growth rate of equity）衡量。

两职分任：虚拟变量，代表分设 CEO 和董事长两职，如果两职分任取值为 1，反之取值为 0。

独立董事比例：董事会中外部独立董事的比例。

大股东持股比例：第一大股东或控股股东的持股比例。

流通股比例：流通股占公司总股份的比例。

为检验两职分任、独立董事、大股东和资本市场能否提高 CEO 强制离职对公司业绩的敏感性，需要设立公司业绩变量和这四个公司治理变量之间的交互作用变量。从交互变量的系数可以看出在分设 CEO 和董事长、任命更多独立董事、大股东持股比例更大以及流通股比例更高的情况下，CEO 强制离职是否对公司业绩更敏感。

3. 控制变量

包括一系列可能影响 CEO 离职的公司特征变量，比如公司行政级别、公司规模、杠杆率（资产负债率）和所处行业等。此外，笔者还用年份和"是否为沿海企业"变量来发现影响 CEO 离职的时间和地区效应。

公司行政级别：虚拟变量，1 = 非国有控股企业，2 = 县及乡镇政府控股，3 = 市政府控股，4 = 省政府控股，5 = 中央政府控股。

公司规模：用公司资产的对数来衡量。公司规模与公司高管离职密切相关，但公司规模和高管离职率的具体关系并不明确。有研究发现，公司规模和高管离职率之间存在正相关关系（Grusky，1961），也有研究发现，公司规模和 CEO 任期之间没有关系（Pfeffer & Leblebici，1973）。Jensen（1986）则认为大公司的 CEO 地位更稳固、更不容易离职。笔者认为，Jensen 的观点更符合中国企业的实际情况，因为中国大公司的 CEO 更有权力，和政府的关系也更密切，其在公司中的地位也更稳固。因此，公司规模和上市公司 CEO 离职的关系应该是负向的。

资产负债率（debt-to-asset ratio）：用来衡量公司风险。相关研究发现，资产负债率与 CEO 任期呈反比（Pfeffer & Leblebici，1973）。资产负债率反映了公司的财务风险。在财务风险很高和借贷很多的公司中，CEO 面临的压力很大，地位也不稳固，所以离职率偏高。除衡量财务风险外，本书也用资产负债率衡量银行对上市公司的压力，因为中国上市公司 70% 以上的融资都来自银行。如表 5 - 1 所示，中国上市公司的平均资产负债率是 0.549，说明上市公司的贷款负担很重，其 CEO 可能会面临来自银行的很大压力。

沿海地区①：虚拟变量，1 = 公司属沿海地区，0 = 公司属非沿海地区。中国沿海和内陆地区在市场化和国际化程度方面差异很大，因此本研究引入"沿海地区"变量来检验地区差异对 CEO 离职的影响。

行业变量：为控制行业因素对 CEO 离职情况的影响，笔者在模型中引入

---

① 如果公司注册地在以下东南沿海省市，则被认为是沿海公司，包括：上海、江苏、浙江、福建、广东和海南。

行业变量，并按照中国证监会的分类，将中国上市公司分为六大行业：制造业、商业（批发和零售）、综合多元化企业、公用事业、房地产业和金融业。

此外，本书还引入年份变量来测量时间效应。在所有模型中，自变量和控制变量都是滞后一年的数据。

（三）模型构建和估算

和现有文献研究（Weisbach，1988；Kang & Shivdasani，1995；Ocasio，1994）类似，本文采用二项 Logit 模型来估计 CEO 离职的可能性，并首先建立以下基准模型：

$$ln\,[\,Pr(Turnover)/1 - Pr(Turnover)\,] = \alpha + \beta Performance + \gamma Z + u$$

其中，Turnover 是因变量"CEO 强制离职"，公司当年发生 CEO 强制离职取值为 1，否则取值为 0；Z 是控制变量矢量；α 是要估算的常数项；β 是要估算的系数；γ 是控制变量矢量的系数；u 是干扰项。

为检验公司治理变量能否增强 CEO 强制离职对公司绩效的敏感性，笔者将四个公司治理变量和绩效变量相乘，构建交互作用变量（即绩效×两职分任、绩效×独立董事、绩效×大股东持股、绩效×流通股），并和这四个公司治理变量一起加入方程，形成如下方程：

$$ln\,[\,Pr(强制离职)/1 - Pr(强制离职)\,] = \alpha + \beta1(绩效) + \beta2(两职分任) +$$
$$\beta3(独立董事) + \beta4(大股东持股) + \beta5(流通股) + \beta21(绩效×两职分任) +$$
$$\beta31(绩效×独立董事) + \beta41(绩效×大股东持股) +$$
$$\beta51(绩效×流通股) + \gamma Z + u$$

通过观察四个交互变量的系数，即绩效×两职分任、绩效×独立董事、绩效×大股东持股、绩效×流通股的系数，可以分别检验假设 2、假设 3、假设 4 和假设 5。

在估算模型中，有三个问题值得注意。第一，本研究用随机效应模型[1]

---

[1] 本书之所以使用随机变量模型而不是固定效应模型主要有两个原因：一方面，模型中的因变量"CEO 离职"是一个反复出现的事件（repeated events），而不是像通常的事件史分析（event history analysis）模型一样，因变量是单独事件（single event），而随机变量模型更有助于解决同一公司多次 CEO 离职之间的相互依赖和相关问题对估计系数的扭曲和影响；另一方面，本研究中一些独立变量，如政府隶属情况、两职分任、独立董事比例等都是相对稳定的随时间变化非常有限的变量，如果使用固定效应模型，就很可能使得许多解释性变量都出现值等于"零"的情况，因此，在这种情况下，更适合使用随机效应模型。

来消除潜在的异方差。第二，正如表5-1所示，笔者对模型中所用变量进行了皮尔逊相关分析，发现所有变量之间的相关系数均小于0.7，表明本书模型不存在多重共线性问题。第三，由于董事会改革（分设CEO和董事长、任命独立董事）和股权分置改革（非流通股转化为流通股）都是由政府发起的外生事件，因此本研究中这些公司治理变量对CEO离职影响的内生性偏差会比较小。

四　模型分析结果

（一）公司业绩与CEO强制离职

表5-2是方程1的最大似然估计结果，可以看到资产收益率、年股票收益率和净资产增长率的系数都为负值，并分别在0.05、0.1和0.01的显著性水平上显著，这表明中国上市公司CEO的强制离职基本上是基于公司业绩的。资产收益率和净资产增长率在预测CEO强制离职方面更有解释力，这意味着，比起股票收益和股市表现，中国上市公司在过去十几年中更注重公司规模的快速扩张。

从表5-2可以看出，大多数控制变量的系数都至少在0.1的显著性水平上显著，尤其是公司行政级别的系数大多为显著负值，说明和民营控股公司相比，无论是隶属于哪个政府层级的国有控股公司，其CEO的地位都更稳固和更不容易离职。公司规模的系数为负且显著，表明规模越大的公司，其CEO越不容易离职。资产负债率的系数与预测方向一致但在统计意义上不显著，意味着在1998～2007年，中国银行在约束上市公司CEO行为方面没有发挥重要作用。这可能是因为银行本身也是国有企业，公司治理较差，软预算约束情况比较严重，因此这些银行既没有动力也没有能力监督和约束上市公司CEO的行为①。沿海地区变量的系数在0.01的显著性水平上显著且为负值，说明中国沿海地区上市公司CEO的离职率更低，也更不容易被解职。这有点出乎意料，因为沿海地区的企业经理面临来自市场和董事会的更大压力和约束，理应离职率更高，更容易被解职。行业变量中公用事业和房地产业的系数显著且为正值，说明与制造业相比，这两个

---

① 随着中国银行部门大规模改革的实施，例如银行股票上市和引入国外战略投资者等，2005年后中国银行的公司治理和绩效情况大大改善。

行业里的 CEO 更容易被免职。年份变量中，2006 年（滞后的）的系数在 0.01 的显著性水平上显著且为负值，意味着在 2007 年中国股市大牛市期间，上市公司 CEO 被免职的可能性明显降低。

表 5 - 2　公司业绩与 CEO 强制离职（1998～2007 年）随机效应 Logit 模型（滞后数据）

	CEO 强制离职					
	模型 1		模型 2		模型 3	
绩效变量						
资产收益率	- 0.3606**	(0.171)				
年股票收益率			- 0.1884*	(0.11)		
净资产增长率					0.6397***	(0.14)
控制变量						
公司行政级别（非国有控股企业为照组）						
县乡镇控股企业	- 0.4979**	(0.23)	- 0.4801**	(0.24)	- 0.5537**	(0.24)
市政府控股企业	- 0.1779*	(0.11)	- 0.2304**	(0.11)	- 0.2477**	(0.11)
省政府控股企业	- 0.2284**	(0.10)	- 0.2632**	(0.11)	- 0.2968***	(0.10)
中央政府控股企业	- 0.1435	(0.16)	- 0.2025	(0.17)	- 0.2365	(0.16)
公司规模	- 0.2183***	(0.04)	- 0.2324***	(0.04)	- 0.185***	(0.04)
资产负债率	0.0409	(0.04)	0.0591*	(0.03)	0.047	(0.04)
沿海地区（沿海 = 1）	- 0.2027***	(0.08)	- 0.2441***	(0.08)	- 0.2684***	(0.08)
行业（制造业为参照组）						
商业	0.0471	(0.14)	0.0943	(0.15)	0.0424	(0.14)
综合	- 0.1025	(0.13)	- 0.1197	(0.13)	- 0.1289	(0.13)
公用事业	0.2426**	(0.12)	0.2202*	(0.13)	0.2497**	(0.12)
房地产业	0.446***	(0.15)	0.4128***	(0.15)	0.4537***	(0.15)
金融业	0.4577	(0.46)	0.4107	(0.48)	0.4367	(0.46)
年份（1997 年为参照组）						
1998	0.1041	(0.17)	0.0414	(0.21)	0.0733	(0.21)
1999	0.2493	(0.16)	0.0574	(0.20)	0.0181	(0.20)
2000	0.1885	(0.16)	0.1871	(0.20)	0.0925	(0.20)
2001	0.3842**	(0.16)	0.1286	(0.20)	0.1755	(0.19)
2002	0.217	(0.16)	0.0117	(0.20)	- 7.10E - 04	(0.20)

续表

	CEO 强制离职					
	模型 1		模型 2		模型 3	
2003	0.1315	(0.16)	-0.0744	(0.20)	-0.0784	(0.20)
2004	0.2464	(0.16)	0.04	(0.20)	0.0103	(0.20)
2005	0.265	(0.16)	0.0506	(0.21)	0.0045	(0.20)
2006	-2.946***	(0.37)	-3.21***	(0.50)	-3.183***	(0.38)
常数项	3.29***	(0.86)	3.808***	(0.90)	2.956***	(0.88)
N	6 116		5 273		5 652	

注：1. 括号内是标准误差。2. *，$p < 0.1$；**，$p < 0.05$；***，$p < 0.01$。

（二）两职分任对 CEO 离职和公司绩效关系的影响

由表 5-3 可以看出，无论是以资产收益率还是净资产增长率衡量公司绩效，绩效和两职分任的交互变量系数都不显著，表明分设 CEO 和董事长两职并没有显著增强 CEO 离职对公司绩效的敏感性。假设 2 得到了验证。

（三）独立董事对 CEO 离职和公司绩效关系的影响

在表 5-3 中，无论以资产收益率还是净资产增长率衡量公司绩效，绩效和独立董事的交互变量系数都在 0.01 的显著性水平上显著，但为正值（与预测方向相反），说明中国上市公司中独立董事的任命不仅没有提高 CEO 离职对公司绩效的敏感性，反而削弱了 CEO 离职对公司绩效的敏感性。因此，假设 3 得到了验证。这是一个颇为发人深思的发现——在中国，独立董事制度的实施不但没有达到监督和约束 CEO 的预期目的，反而出现了适得其反的效果，使得董事会中独立董事越多，越有利于 CEO 逃避监督和惩处。皮莉莉（2011）的研究也印证了这一点，她发现上市公司中独立董事比例越高，CEO 被强制性变更的可能性越低，说明与西方国家普遍认为的独立董事扮演着监督和制约 CEO 的角色不同，中国上市公司的独立董事实际上很可能扮演了 CEO"帮手"的角色，使得 CEO 更容易逃避监管和责任。Kato 和 Long（2006）对中国上市公司的实证分析也得到相似的结论，他们发现当独立董事的比例从 0 提高到 33.33% 时，CEO 被强制性变更的可能性则由 19% 下降到 8%。

（四）大股东在监督和约束上市公司 CEO 中的作用

表 5-3 数据显示，以净资产增长率衡量公司绩效时，绩效和大股东持

股比例的交互变量的系数在 0.1 的显著性水平上显著且为负值，说明大股东持股比例越高，CEO 离职对公司绩效的敏感性越强。这也意味着，大股东的权力越大，越能有效监管和约束 CEO 的行为。

表 5 - 3　CEO 强制离职的随机效应估计模型（1998 ～ 2007 年）（滞后数据）

	CEO 强制离职			
	模型 1		模型 2	
绩效变量				
资产收益率	- 0.3944	(1.66)		
净资产增长率			0.1577	(0.26)
董事会特征				
两职分任	0.042	(0.11)	0.0496	(0.11)
独立董事比例（%）	- 0.8902	(0.55)	- 0.7145	(0.56)
控股股东				
大股东持股比例（%）	- 0.7856 ***	(0.27)	- 0.8166 ***	(0.28)
资本市场				
流通股比例（%）	- 0.7742 **	(0.39)	- 0.7437 *	(0.39)
公司治理和绩效的交互作用				
资产收益率 × 两职分任	- 0.7416	(0.66)		
资产收益率 × 独立董事比例	6.652 ***	(2.21)		
资产收益率 × 大股东持股比例	- 0.9225	(1.56)		
资产收益率 × 流通股比例	- 2.127	(2.32)		
净资产增长率 × 两职分任			0.0593	(0.08)
净资产增长率 × 独立董事比例			2.004 ***	(0.45)
净资产增长率 × 大股东持股比例			- 0.4683 *	(0.26)
净资产增长率 × 流通股比例			- 1.685 ***	(0.52)
控制变量				
公司行政级别（非国有控股企业为参照组）				
县乡镇控股企业	- 0.3143	(0.24)	- 0.3537	(0.24)
市政府控股企业	- 0.1674	(0.11)	- 0.1883 *	(0.11)
省政府控股企业	- 0.1652	(0.11)	- 0.2183 *	(0.11)
中央政府控股企业	0.0509	(0.17)	- 0.0114	(0.17)

续表

	CEO 强制离职			
	模型 1		模型 2	
公司规模	− 0.2046 ***	(0.05)	− 0.2034 ***	(0.05)
资产负债率	0.0485	(0.03)	0.0481	(0.03)
沿海地区（沿海 = 1）	− 0.2525 ***	(0.08)	− 0.2817 ***	(0.08)
行业（制造业为参照组）				
商业	− 0.0242	(0.15)	− 0.0088	(0.15)
综合	− 0.1526	(0.13)	− 0.1657	(0.14)
公用事业	0.2709 **	(0.13)	0.2832 **	(0.13)
房地产业	0.3121 **	(0.16)	0.3167 **	(0.16)
金融业	0.4606	(0.46)	0.5392	(0.46)
年份[a]（1997 年为参照组）				
常数项	0.9645	(1.00)	3.877 ***	(0.90)
N	5 172		4 999	

注：1. 括号内是标准误差。2. *，$p < 0.1$；**，$p < 0.05$；***，$p < 0.01$。3. [a] 为节省篇幅，"年份"的回归结果在此略去。

（五）资本市场对 CEO 强制离职的影响

由表 5 - 3 可知，以净资产增长率衡量公司绩效时，绩效和流通股比例的交互变量系数在 0.01 的显著性水平上显著且为负值，说明资本市场能够显著增强 CEO 离职对公司绩效的敏感性，支持了假设 5 的预测。

五　企业领导人更替的效率逻辑和权力逻辑

运用 1998 ~ 2007 年 676 家中国上市公司的面板数据，以及对上市公司 CEO、董事长、独立董事、基金经理和相关政府官员的深入访谈数据，本章深入分析了中国上市公司 CEO 强制离职的影响因素及其作用机制，并揭示出一种与代理理论预测和西方经验颇为不同的 CEO 解职规律：不但分设 CEO 和董事长对增强 CEO 离职对公司业绩的敏感度没有显著影响，而且独立董事的任命产生了适得其反的意外效果——不但没有增强，反而削弱了董事会在监督和约束 CEO 行为方面的作用。尽管独立董事（及董事会）在惩戒 CEO 方面还没有发挥其应有的积极作用，但进一步的研究发现，在中国，大股东在监督和约束 CEO 方面的角色却颇为有效，资本市场也显著提高了 CEO 离职对公司绩效的敏感性，使得不称职的 CEO 在公司业绩不佳时更容易被解职。此外，本章经验证据表明，中国上市公司 CEO 的强制离职大多是基于公司业绩的，但净资产增长率和资产收益率对 CEO 强制离职的解释力比年股票收益率更强，说明中国上市公司更注重盈利性和公司规模的快速扩张，而不是股票市场的短期回报和表现。

总的来看，中国上市公司大体上是以公司业绩为基础对 CEO 进行惩戒和解职的，但对 CEO 的解职通常并非由董事会（尤其是独立董事）决定，而是由大股东决定。这种大股东"一股独霸"和董事会力量薄弱的状况，主要是和中国上市公司高度集中的股权结构有关。在股权高度集中于某个大股东时，董事会就很难摆脱大股东的操纵而独立运作。同时，由于董事会是一个西方舶来品，中国很多企业家和管理者，尤其是国有企业和家族企业的管理者，甚至不知道董事会到底是什么、该如何运作①。对中国大多数上市公司而言，无论是国有控股企业还是民营控股企业，董事会只是为了满足证券监管机构的上市要求和合规需要而不得已设立的，仅仅是一个大股东用来获取合法性的"橡皮图章"。在涉及 CEO 任免这样的重大公司决策时，还是大股东说了算。

本章的实证研究结果很好地支持了社会学新制度主义的观点，即 CEO 离职不仅仅是一个经济过程，受效率逻辑的支配，更是一个社会政治过程，受权力逻辑的强烈影响②。需要指出的是，中国上市公司控股股东对 CEO 大体上基于公司业绩进行解职判断，并不意味着"效率逻辑"在 CEO 解职决策中居于主导地位。这仅仅说明，上市公司作为承受较大绩效压力的经济组织，其"公司政治"的运作是基于一定"业绩底线"的，而"权力逻辑"的施展空间和运行边界也受到了"效率逻辑"的制约。然而，有"业

---

① 在实地调研中，笔者也对几位非上市公司 CEO 进行了访谈。结果发现，大多数 CEO 名片上的职位都是董事长兼 CEO，但他们的公司压根没有董事会（因为大多数公司都是由创始人全资所有的）。他们之所以称自己为董事长，只是因为在中国，董事长的头衔听起来似乎更好听和更"现代"，比 CEO 的权力也更大。

② 此处的"权力逻辑"并不仅仅指中国语境下的宏观"行政权力逻辑"（比如党管干部体制对国有控股上市公司 CEO 更替的影响），还包括中观层面的资本市场权力和微观公司层面的大股东权力、董事会权力以及董事长、独立董事等个人权力对 CEO 离职的影响，这些不同层面的权力透过公司这一平台，以公司政治的形式展现出来，共同影响了 CEO 的（强制）离职过程。

绩底线"的公司政治仍然是政治，受"效率逻辑"制约的"权力逻辑"在很多情况下依然显现出强大的支配作用。这种在CEO"解职政治"中体现的"业绩"和"能力"因素，是符合中国企业中诸多组织现象的一般规律的，比如国有企业"有原则的任人唯亲"制度（华尔德，1996）及车间政治中在确定工人下岗名单时的"刚性与弹性"（李钅夔金，2003）等。

总之，CEO强制离职事件不仅仅是一项重大公司决策，也折射出一个组织的潜在深层权力结构（Pfeffer，1981）。此外，本章的研究也表明，一项新的组织实践的实际效果往往最终取决于那些在组织中拥有决策权的当权者的利益（Fligstein，2001；张翼，2002）。独立董事在约束中国CEO行为方面的无力和意外负面后果，以及大股东在CEO任免决策中的延续主导地位，一方面表明任何激励机制或组织结构的有效性都是有前提条件的（周雪光，2005），另一方面也生动体现了组织中既有权力结构的顽固性（李钅夔金，2003）和组织实践中根深蒂固的权力逻辑（张兆曙，2012）。尽管中国政府推动实施独立董事制度的初衷是削弱大股东的权力以改善公司治理，但像大股东这样的"公司统治者"却把新公司治理制度的实施作为一个进一步增强其权力和地位的机会（例如借任命独立董事的机会清除内部异己和竞争对手）。在有效维护和巩固其权力与实现组织权力再生产的同时，也阻碍了新制度实施中从"形式绩效"到"实质绩效"的达成（刘玉照、田青，2009）。从更大视野看，组织中这种普遍存在的"权力逻辑"压倒"效率逻辑"的现象，可能是阻碍中国公司治理改革和其他各类组织与制度变迁，使改革流于形式、新制度止于表象的深层原因，需要进一步研究其规律和厘清其机制，以更好地完善组织变革理论，推动改革发展实践。

第六章

"好治理"与"好业绩"：事实还是神话

公司治理同企业绩效之间的关系长久以来一直是研究人员、企业高管和政府监管者颇为关注的问题，尤其在 1997 年亚洲金融危机、2001 年频频曝光的美国公司丑闻以及 2008 年全球金融危机之后，这一问题更是成为多方关注的焦点①。虽然大家对"好的公司治理对企业绩效的提升乃至整个社会的发展都有促进作用"这样的观点基本达成共识，但究竟何为"好的公司治理"依然存在争议②。在经济学家特别是秉持代理理论观点的经济学家看来，所谓"好"的公司治理做法应该是那些能够最大限度地减少代理成本并有助于实现股东价值最大化的治理做法，即美式股东导向型的公司治理制度。这些经济学家还具体列出了包括委任更多的外部独立董事、分设 CEO 和董事长职位、增加机构投资者持股份额等一系列所谓"最佳"公司治理做法，这些"最佳"做法在强化董事会权力与独立性、增强 CEO 责任感、降低代理成本继而实现企业绩效的提升等方面，都是放之四海而皆准

---

① 比如，政府监管机构及公司治理倡导者都认为亚洲金融危机的爆发以及跨国公司巨头，如美国安然公司（Enron）、世通公司（WorldCom）和美国国际集团（AIG）的公司丑闻甚至倒闭破产在很大程度上都与腐败、落后的公司治理模式密切相关。

② 例如，全球知名的机构投资者、美国最大退休基金——加州公务员退休基金（California Public Employee Retirement System，Cal PERS）深信"好的公司治理就是好生意"（good governance is good business），会理所当然地提高公司业绩、为股东创造更高价值。此外，著名咨询公司麦肯锡（McKinsey）也曾进行了一系列对以新兴市场为投资重点的机构投资者（institutional investors）和私募股权投资机构（private equities）的研究和调查，发现 80% 的投资者都会对施行了"良好公司治理"的企业更偏爱并给予更高估值。与此同时，也有一些企业管理者对所谓的"好"的公司治理能否真的促进企业绩效的提升持怀疑态度。

的普世准则①。与此相反，社会学新制度主义理论则认为根本没有放之四海而皆"好"的公司治理做法，所谓"最佳"公司治理做法是一种社会建构，其能否真的发挥作用在很大程度上取决于其是否契合所在的制度环境。特别是那些跨文化移植自西方的所谓"最佳"公司治理做法（比如外部独立董事制度）往往存在脱离所在国实际的问题，因此在采用之后不但对企业绩效的提高可能起不到什么积极作用，而且还常常导致一些意外负面后果，在某些情况下甚至对公司利益造成损害。同时从另一方面来看，许多被代理理论判定为"坏"的公司治理做法，例如国家持股，反而可能有助于企业绩效的提升，因为在争夺稀缺资源和市场地位的激烈竞争中，国家能够为企业提供强大的支持和帮助，这对生存于瞬息万变、处于赶超阶段的后发经济体国家中的企业来说可谓尤其重要。

前几章已经谈到，我国的企业改制和公司治理改革（尤其是上市公司的公司治理改革）在很大程度上受到了代理理论和美式股东导向型公司治理制度的影响。然而，中国上市公司在采用了这些"最佳"公司治理做法之后是否真的实现了企业绩效的提升至今仍争议重重而亟待厘清。具体来说，中国的新兴机构投资者②在提高上市公司绩效方面究竟发挥了怎样的作用？股东导向型的董事会结构（例如委任更多的外部董事、分设 CEO 与董事长职位等）是否真的对企业绩效尤其是企业的股市表现起到了促进作用？此外，鉴于目前我国全部上市公司中 70% 左右都是国有控股公司并且国有股份依然占到股票市场总发行股份的 30% 以上，我们不禁要问：国有控股上市公司的绩效是否真的要比非国有控股公司的绩效更差？从更大视野来看，随着过去几十年来国有企业产权多元化以及董事会改革的大力推进，国有控股上市公司在上市多年后同传统国有企业相比是否真的有了实质性转变？我国的国有企业改革在多大程度上获得了成功？

本章采用在上海证券交易所和深圳证券交易所上市的 676 家上市公司

---

① 从更大范围上来说，代理理论认为共有两种能够有效解决"所有者与管理者之间"以及"控股股东与少数股东之间"这两套矛盾的治理机制：第一种是内部机制，例如股权结构、高管薪酬激励体系、董事会结构设置和财务公开等；第二种是外部机制，包括外部并购市场（external takeover market）、法律基础架构（legal infrastructure）、中小及少数股东保护措施等。

② 主要指证券公司、保险公司、养老基金及共同基金等专门进行有价证券投资活动的法人机构。

1997～2007 年的面板数据，并结合实际调查中对上市公司高管、外部独立董事、公司律师、基金经理和证券分析师等进行深度访谈而得来的定性数据资料，在同时借鉴经济学代理理论和社会学新制度主义理论两种理论的基础上，提出并验证了一系列假设，对国家、资本市场以及董事会在上市公司绩效提升方面所起的作用进行了深入分析。本章多元回归分析的结果显示一种在中国制度背景下相当独特的公司治理与企业绩效的关系模式。

第一，国家控股不但没有对我国上市公司的业绩表现造成损害，相反还起到了明显的推动作用。第二，国家持股程度（国有股比例）同企业绩效之间的关系并非线性关系，尽管适度的国家持股能够在一定程度上提高公司盈利能力，但国有股比例一旦过高则会对企业绩效造成伤害（倒 U 形关系）。第三，不论是盈利能力还是股市价值，受到更高层级政府（如省级政府和中央政府）控制的上市公司比起由非国有股东和较低层级政府控制的公司都要更胜一筹。这一发现同顾道格于 20 世纪 90 年代中期对上海 81 家企业进行调查研究的所得结果截然相反——他发现由较低层级政府控制的企业业绩表现更优（Guthrie，1997）。第四，与代理理论和新制度主义理论的预测结果一致，本研究发现，尽管机构投资者在 2007 年前平均只拥有我国股市总市值不到 10% 的份额，但它们对上市公司盈利能力的提升及股东价值的最大化起到了相当大的作用。这表明，对我国机构投资者来说，未来应该还有更大的发展空间来发挥其对上市公司应有的积极影响力和控制力。第五，与代理理论的预测情况相反，所谓的"最佳"公司治理做法例如委任更多的外部独立董事、分设 CEO 与董事长职位非但没能对企业绩效的提升起到任何正向作用，还对企业的盈利能力产生了一定负面影响，尽管这种负面影响在统计学意义上并不是非常显著。

总的来看，对中国企业的实证研究印证了新制度主义理论的观点，即所谓"好"的公司治理做法乃是社会建构（socially constructed）的结果，其实际效果在很大程度上依赖于其是否契合所在的制度环境。那些被认定为"好"的治理做法，例如分设 CEO 和董事长职位在实践中可能起到适得其反的效果（例如损害公司业绩），而那些所谓"坏"的治理安排例如国家持股、CEO 兼任董事长（CEO duality）却能在特定的制度背景下和社会文化环境中有效推动企业绩效的提升。

接下来笔者将就公司治理同企业绩效之间的关系问题对现有理论和研

究进行回顾与总结，并在此基础上针对我国上市公司提出一系列可检验的假设。接着，将对本研究的相关数据及研究方法进行介绍。最后，在多元回归分析得出的实证结果的基础上，笔者将进一步对本书所得实证研究结果的理论意义及其政策内涵进行探讨进而得出结论。

一 公司治理和企业绩效：理论与假设

大多数研究公司治理和企业绩效之间关系的实证文献往往都只集中于讨论公司治理的某一方面与企业绩效的关系，比如董事会设置、股东积极行动主义（shareholders' activism）、高管薪酬、反收购制度（anti-takeover provisions）和投资者保护（investor protection）等。具体的例子有：Bhagat和Black针对董事会结构与企业绩效的相互关系进行了研究（Bhagat & Black, 1999），Carleton、Nelson和Weisbach（1998）将股东积极行动主义同企业绩效进行了关联，Bhagat、Carey和Elson（1999）对外部董事的薪酬与企业绩效的关系进行了分析，Sundaramurthy、Mahoney和Mahoney（1997）针对反收购制度对企业绩效的影响，La Porta、Lopez-de-Silanes、Shleifer和Vishny（2002）针对投资者保护对企业绩效的影响分别做了深入探讨与研究，等等。

类似地，本章无意探讨公司治理的所有方面对企业绩效的影响，而是集中研究公司治理的某些重要维度，比如产权结构（国家持股）、机构投资者持股和股东导向型的董事会结构等对我国上市公司绩效可能产生的影响。代理理论和新制度主义理论作为两套不同的公司治理理论体系，分别就人类行为做出了截然不同的假设，也相应提出了不同的治理机制。因此可以想见，它们对国家持股、机构投资者持股和董事会结构对上市公司绩效的影响情况自然也会做出不同的假设及预测，正像下文所揭示的那样。

（一）国家的作用："掠夺之手"、"扶持之手"及代理成本

1. 国家控股与企业绩效

与发达经济体的公司治理相比，国家控股（state control）是我国企业一个非常显著的特点。因此为了更好地对现代中国上市公司进行深入研究，厘清国家持股对这些上市公司所起的作用自然就非常必要。正因如此，我们将以"国家"（the state）这一因素对上市公司绩效所起的作用为切入点来展开对相关理论和假设的探讨。

从目前来看，已经有不少学者对转型经济体中作为"委托人"的国家

对企业的治理和绩效所能起到的作用进行了讨论①。产权理论（the property rights theory）认为，国有企业（尤其是国家独资企业）的致命缺陷在于委托–代理问题（Kornai，1980）。由于存在信息不对称和激励不相容的问题，当企业所有者无法亲自经营企业而只能选择将企业委托给管理者的时候，代理问题便随之出现：国有企业的管理者在没有足够激励的情况下根本不会主动去最大限度地提升企业盈利能力。国有企业的另一严重问题则是源自国家的"掠夺之手"（grabbing hand）以及政治干预（Kornai，1992；Shleifer & Vishny，1998）。这一问题在国家部分持股的现代大型企业也同样存在。凭借通过持股而享有的表决权和控制权，国家得以对企业管理施加干预。通过国家持股而获得企业控制权的政治家和官僚会刻意将企业资源转移给自己的政治支持者（Shleifer & Vishny，1998）。而这些偏向性行为通常都会以牺牲企业的盈利能力为代价。因此新古典主义经济学家和代理理论经济学家认为国有制是市场经济顺利运转的绊脚石，因为它会不可避免地导致寻租（rent-seeking）、贪污及其他形式的腐败等破坏市场约束（market discipline）的行为，而市场约束是市场经济得以高效运作的最有力保证。这些经济学家的论断很好地契合了西方自由主义经济思潮下盛行的"私有制最终将比国有制更高效"的观点。

相比之下，新制度主义理论和发展型国家理论（developmental state theory）则认为转型市场经济下的企业大多是工业化的后进者，在毫无帮助的情况下，它们将无法赶上世界先进企业的发展脚步。发展型国家理论进而认为国家能够为本国企业提供"扶持之手"（helping hand），能够通过遏制恶性竞争、提供专业引导、资源调配及协助引入国外先进技术等方式来帮助这些企业赶超全球领先企业（Gerschenkron，1962；Amsden，1989；Wade，1990；Evans，1995）。在中国，国家的这只"扶持之手"是促成诸多国有控股企业巨头"国家队"（national champions）的背后力量，并且已经逐渐深入到了工业部门的各级政府层面（Nolan，2001）。由于中国经济发展的任务在

① 比如除中国以外，波兰也保留了为数不少的国有企业：在经历了12年的经济转型之后，波兰依然还有1000家左右的大型国有企业在继续运营。截至2002年，波兰政府继续在钢铁、能源、天然气化工、重化工、航空运输、铁路运输、造酒、制糖和军工等行业保持主导地位。2002年国有资产占波兰国内生产总值（GDP）的32%～34%，而这一数值在欧盟为10%～15%（King & Sznajder，2006）。

很大程度上已经下放到了各级地方政府，魏昂德和顾道格认为较低层级的政府例如市级和县乡镇政府已经极大地提高了自身的行政管理能力，能够对一些国有企业进行有效监控并为其发展提供丰富资源和有力指导（Walder, 1995；Guthrie, 2005）。

从理论上来讲，几乎所有规模较大且公众持股（publicly financed）的上市公司，不论政府是否为其股东之一，都具有所有权同管理权分离这样一个特点。斯蒂格利茨认为委托－代理问题的性质并不会因所有制（比如国有或私有）的不同而有所不同（Stiglitz, 1994）。在某些情况下，例如在国有股份集中而私有股份分散的情况下，国有控股上市公司的代理成本可能会比私人控股上市公司的代理成本更低，因为占主导地位的国有股东会比个人股东和少数股东在对公司高管（the top management）进行监督和约束上更有能力，也更有动力。因此，存在委托－代理问题并不意味着在上市公司中国家持股就一定是低效或无益的。

我国的国有控股上市公司为上述理论推理提供了有力经验证据。与传统国有企业不同，国有控股上市公司不再完全归国家所有，而具有一种混合所有制结构（hybrid ownership structure），在大多数情况下为国家、国内私人股东和外资股东三方共同所有。如图 6－1 所示，在作为本书研究样本的 676 家上市公司中（1997~2007 年），国有股占公司总股份的 43%，而可流通股份（大部分为个人和机构投资者这样的国内私人股东所持有）和外资股份分别占公司总股份的 41% 和 16%，可以说是一种国有和非国有持股比例相当均衡的所有制结构。国有股东寻求外资和国内私人投资者的投资，不仅是为了融资和公司成长的需要，同时也是出于公司治理方面的考虑，比如实现国有企业的产权多元化（或"公司化改制"）、引入非国有股东来对企业管理人员（大多为原国有企业的管理者）进行更加有效的监督和约束等。外资股东和国内私人股东也同样需要国有股东的投资，或者是因为想要更好地规避政治风险寻求政治庇护，或者是想要争取国家的优惠政策，以一种"拉拢"机制（co-optation mechanism）和结盟战略来同中国强大的国家力量相博弈，以更好地获取外部资源、管理外部制度环境。鉴于我国目前市场经济中最重要的资源，例如土地、信贷和市场准入审批等依然在国家的掌控之下，同国家建立起紧密关系并赢得国家的支持对外资和国内民营企业的生存和发展都是至关重要的。企业同国家之间建立经营合作关系的方式多种多样，在企业内部成立专门的政府关系部门（government-relationship department）便是其中一种，但更为直接和有效的方式是在企业中引入一定数量的政府投资，这并不单纯是为了企业效率的提高，也是出于企业合法性和权力方面的考虑，正如新制度主义理论所指出的那样。因此，不论是国有股东还是非国有股东，都有动机和意愿同对方进行合作而相互投资，一种多元化的混合所有制结构便在大多数中国上市公司中应运而生。

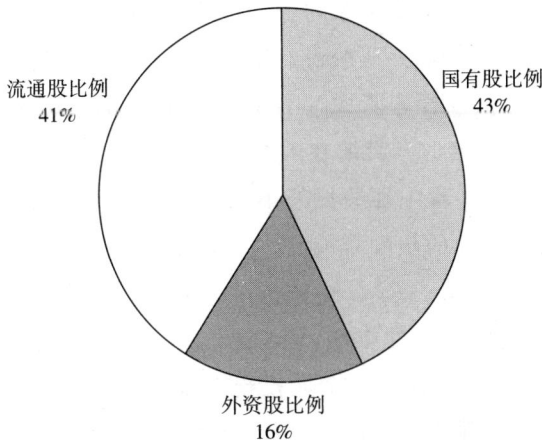

流通股比例
41%

国有股比例
43%

外资股比例
16%

图 6 – 1 中国上市公司的混合所有制结构

总的来说，几乎所有认为国家持股不利于企业发展的论证都是基于对单一所有人企业（例如国有独资企业和全资民营企业）的考察。百分之百的国有持股很可能确实不利于企业发展，但如果国家只是作为包括了国内私人股东和外资股东的众多股东中的一员时，这一问题又该有怎样的答案呢？继李培林和顾道格等学者的研究之后，本书认为我们应该把产权视为一种呈连续变化的连续统（a continuum），而不是鲜明对立的、非黑即白的两个类别（李培林，2004；Guthrie et al.，2007）。把产权看作呈连续变化的连续统有诸多的好处。首先，可以将差异程度更加细微的"产权"问题也纳入考察范围，而这在完全对立的"国有－私有"的传统视角中，是难以观测到的。特别重要的是，如果将我国企业只分为"国有"和"私有"两类，那就真的是太过简单化了。正如前文所述，大部分中国上市公司都由国家、国内私人投资者和外国投资者三方共同持有一定比例的股份。因此，简单地把中国企业划分为国有或私有可以说是相当武断、不合理的。其次，这种视产权为一个连续统的观点也有助于我们对企业各方投资者的相对力量进行评估和对比（Walder，1995；Guthrie et al.，2007）。

在当今产权多元化（或混合所有制结构）的新制度背景下，不同类型的企业股东（国家、私人和外资股东）共同影响着企业行为。也许在不少上市公司中，国家是占主导地位的最大股东，但其他私人和外资股东同样对企业有着相当的影响力，甚至力量最为微弱的个人股东也可能对占主导地位的国有股东或国有控股企业的公司高管施加一定程度的监督和制约。在笔者进行田野调查期间，SH股份有限公司——中国能源领域一家央企控股上市公司——的一位投资者关系经理曾告诉笔者，该公司在北京召开2008年度全体股东大会时，没敢在大会会场提供热咖啡或开水等热饮，因为公司非常担心会议过程中那些愤怒不满的个人投资者会因该公司当年糟糕的股市表现而将手中的热咖啡或开水泼向公司总经理和董事长（公司高管访谈E03）。客观来看，SH公司股价的大幅下跌，究其原因主要是受到2008年中国股市整体暴跌的影响，而非该公司高管人员的管理不力造成的[1]。但蒙受了巨大经济损失的个人投资者依然会迁怒于企业本身及其高管。该投资者关系经理进一步告诉笔者，整个2008年，众多个人投资者不仅抱怨与投诉电话不断，更有个人投资者对投资者关系经理和公司高管发出死亡威胁，要求SH公司赔偿其经济损失并为他们的保命血汗钱投资承担责任[2]。SH公司的例子很好地说明了产权多元化和公开上市在塑造国有控股企业公司治理和企业绩效方面可能起到的作用——即使对那些规模最大、最有权势，也最僵化保守的央企巨头来说，非国有股东（甚至是力量最为薄弱的个人股东）也能对其高层管理人员起到一定程度的约束和监督，并在企业的公司治理中发挥积极作用。因此，产权多元化和公开上市带来的不同股东之间的监督与制衡机制使得国有控股上市公司的代理成本大大降低了。

---

[1] 中国股市在2007年经历了一次令人难以置信的大牛市，然而一到2008年便开始了大幅调整，调整幅度在当年世界金融危机的影响之下又进一步加剧。

[2] 中国的个人投资者中有很多是退休人员、家庭主妇或失业下岗人员，他们的投资资金往往都是用以养老的退休金或省吃俭用才攒下的一点积蓄，因此一旦股市投资遭受巨额损失，对他们日后的生活确实是毁灭性的打击。

由此可见, 国有控股上市公司的代理成本已经在公开上市及产权多元化过程中得到了大幅降低, 那么前文提到的影响国有控股企业绩效表现的另外两个因素又分别是怎样的情况呢? 在原国有企业实现产权多元化和公开上市之后, 国家的"掠夺之手"是否有所减弱? 国家"扶持之手"的力量是否得以增强? 通过田野调查和深度访谈, 笔者感到国家的这两只"手"在企业上市之后依然在各个企业中普遍存在, 但总的作用模式却随着过去十几年来我国经济的快速增长及各级政府日益强大的财政力量发生了很大转变: 政府在国有企业发展中开始愈来愈多地发挥了其"扶持之手"的作用。尤其是自 1998 年以来, 我国房地产行业的蓬勃发展和土地经营开发热潮, 给各级政府 (尤其是地方政府) 提供了强大的收入来源 (周飞舟, 2006; 周飞舟, 2007), 从而大大减少了国家"掠夺"国有企业的意愿和动机。与此同时, 随着 20 世纪 90 年代末"抓大放小"政策的出台, 中央及各级地方政府需要监管和扶持的国有企业数量也开始大幅减少。因此, 在可利用的经济资源越来越多而需要扶持帮助的国有企业越来越少的条件下, 各级政府都有意愿也有能力去为国有控股上市公司提供帮助和指导, 并且通常都以协助打造全国性或地方龙头企业 (也称"国家队"或"地方队") 为目标, 进而推动全国或地方整体经济实力的提高。

与国有控股股东过去十几年来越来越多使用"扶持之手"形成鲜明对照的是, 私人控股股东的"掠夺之手"却因私营企业信贷市场的紧张以及我国上市公司特有的"母子公司"组织结构 (the parent-subsidiary organizational structure) 而愈演愈烈—— 我国大多数上市公司 (子公司) 都是由母公司 (企业集团或单个大型企业) 剥离、分拆而来并直接受控于母公司。在这种特殊制度环境下, 私人控股股东会比国有控股股东更有意愿去对上市公司进行"掠夺", 究其原因至少有这样两个方面: 第一, 私人控股股东通常更难以从国有银行获得贷款, 因此通过掠夺下属上市子公司来谋取企业发展资金就成为很具可行性的一条重要途径[①]; 第二, 由于私人控股上市公司的创办者/管理者在该上市公司的控股股东中 (大多数为非上市公司)

[①] 中国媒体常常将上市公司戏称为控股股东的"自动取款机"或"摇钱树", 这表明控股股东通过掠夺上市子公司来筹集资金的做法 [即学术界所说的利益输送或"隧道效应"——"tunneling effect" (参见 Shleifer and Vishny, 1986)] 在中国上市公司中是相当普遍的。

通常持有较高比例的股份，因此这些创办者/管理者通过掠夺下属上市公司获得的个人利益，要比国有控股企业的管理者通过掠夺能够得到的更多。由此看来，尽管国家和私人控股股东都会对上市子公司加以"掠夺"，但国有控股股东对这些上市公司的掠夺程度却要比私人控股股东的相对更低，同时给予上市公司的扶持和帮助却比私人控股股东更多，这就使得国有控股上市公司拥有比私人控股上市公司更好的业绩成为可能。

近年来对国有控股公司内部管理流程的实证研究也为国家持股的正面作用提供了有力支持。已有不少学者指出，当今的国有企业已经在很大程度上调整和激活了自身的组织文化，逐渐成为以市场为导向的"强力发动机"（Ralston et al.，2006）。在一系列的相关论文中，Tan 及其同事便详细描绘了国有控股上市公司中日益增强的经营智慧和信心满载的企业精神（Tan，2002；Tan & Tan，2005）。

佟青霞在其博士论文研究中发现，国有控股上市公司在 1994～2005 年的绩效表现要普遍优于非国有控股上市公司（Tong，2008）。与此相一致，笔者对本研究样本公司所做的初步数据分析（参见图 6-2 和图 6-3）也表明国有控股上市公司在 1997～2007 年不论是在企业盈利能力（按资产收益率 ROA 进行考量）还是在股票市场收益（按年股票收益率进行考量）方面，都比私人控股企业有更好的表现。

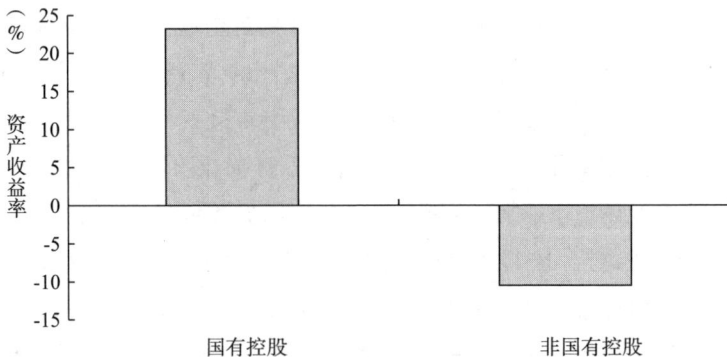

图 6-2　国有控股与非国有控股上市公司的资产收益率（ROA）比较

总的来说，国有控股上市公司代理成本的降低，再加上来自政府的掠夺的减少以及帮助和扶持的增加，表明在产权多元化、董事会改革及资本市场对上市公司约束作用日益增强的新的时代背景下，国家控股从整体上

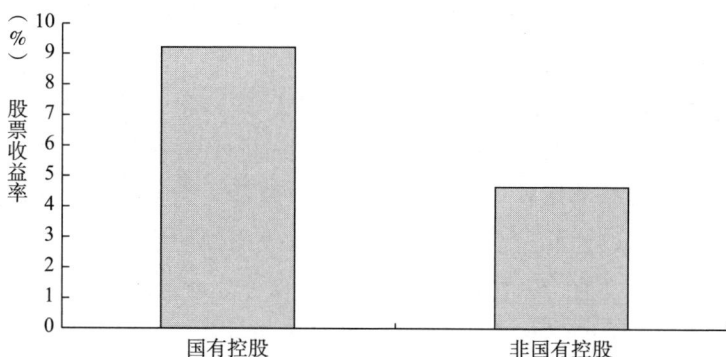

图 6-3 国有控股与非国有控股上市公司的年股票收益率比较

来看能够对上市公司绩效的提高起到积极的促进作用。因此，笔者首先提出如下假设：

假设1：国有控股上市公司的绩效整体上优于非国有控股上市公司。

2. 国有股比例与企业绩效之间的非线性关系

尽管国家控股对企业绩效来说是个有利因素，但一些研究表明国有股比例同企业绩效之间的关系却非简单的线性正相关关系（孙永祥、黄祖辉，1999；Tian，2001；Sun & Wilson，2003；Tian & Estrin，2005）。前文已简单提到，国家持股对企业绩效的净影响取决于三方面的因素，即政治干预（掠夺之手）的成本、政府优待与支持（扶持之手）带来的好处以及委托-代理成本。当政治干预成本和代理成本的总和超过政府扶持可以带来的好处时，国家持股的净影响为负值；反之，国家持股的净影响则为正值。政治掠夺、代理成本和政府扶持这三方面因素的相对利弊大小会随着国有股比例的不同而有所不同。接下来我们就具体看看政治掠夺、代理成本和政府扶持的总体利弊情况会随国有股比例的逐渐增加而呈现怎样的变化。

掠夺之手（政治干预）：在股份制公司（比如上市公司）中，国家政治干预力度的大小会随国家持股比例的增大而不断增强。但是，当国家持股比例达到一定程度时，政治干预的频率和幅度都不再随持股比例的增大而继续增加。我们可以预测，在其他条件相同的情况下，当国家持股比例达到85%的时候，国家对企业的政治干预强度可能同国家持股比例为51%时

157

没有区别，即当国家持股比例达到一定的临界点或阈值（threshold）之后，政治干预的概率和强度也会达到最大值而不再继续增加，如若不然，国家自身的经济利益就会受到损害。这就意味着，在达到一定的持股临界点之后，即使国有股东的现金流量权（cash flow rights）继续增强，政治干预的强度也不会再有任何增长。因此，就政治干预这一因素来说，在国有股比例达到一定临界点之前，企业绩效会随国有股比例的增大而不断降低，但在达到该临界点之后，国有股比例同企业绩效之间的关系则将保持恒定。

扶持之手（政府的优待和支持）：同私人股东相比，国有股东的特殊性在于其能够为企业提供一系列的优惠待遇，包括偏向性的政策条款（若政府是监管者）、丰厚优惠的贷款（若政府是债权人）、大笔的产品订单（若政府是消费者）以及折价出售的生产要素（若政府是生产者），等等。但如此的政府优待绝非没有代价，因为政府给企业提供了这些好处自然就会反过来伤及国家自身的经济利益和政治利益。因此，如果国家在某家企业的现金流量权太小，就没有理由主动去为该企业提供那些代价高昂的偏向性优惠政策。国家扶持的强度同国家在企业中现金流量权的大小紧密相关。也就是说，来自政府的偏袒优待会随国有股东所持企业股份的增加而增加。然而，政府的优待和支持也不是无限增长的。当国有股东的持股份额增加到一定临界点时，即使国有股东的持股比例继续增加，来自政府的优待与支持的概率和强度也不再继续增长。因此，单从政府优待的影响来说，企业绩效会在国有股比例达到一定临界点之前随国有股比例的增加而增加，但当国有股比例达到该临界点之后，便会停止增长而保持恒定。

代理成本：国有股东的参与，能够帮助企业实现不同类型的股东之间以及股东与企业管理者之间更好的各方力量与治理结构的平衡，这就有助于企业代理成本的降低。然而，如果国有股的比例大到超过了一定的限度，比如说达到了总股份的90%以上，那么就没有任何非国有股东能对国有股东可能出现的权力滥用行为进行监督，也无法对企业管理人员加以有效约束，企业的代理成本也就随之增加。最极端的例子便是国家独资企业，这类企业的代理成本在所有企业中可能是最高的，严重阻碍了企业绩效的提高，改革前的国有企业就是这类企业的典型代表。

国有股比例对企业绩效的净影响：当国家作为股东持股比例适当且不超过一定的临界点时，国有股东会不断为企业提供支持（优惠待遇）以帮助实现企业价值的提高，来自国家的政治掠夺也会在到达该持股临界点之后停止继续增加。与此同时，代理成本也因产权多元化带来的监督机制与权力制衡而得到降低。国家"扶持之手"力度的增强，"掠夺之手"力度的减弱[1]，再加上代理成本的降低，表明企业绩效会在持股临界点之下随国有股比例的增加而增加，但当国有股比例达到一个非常高的水平之后，国家提供优惠待遇的力度会停止继续增强，同时政治干预的强度也就此停止增加，然而代理成本却会因为对企业管理人员缺乏有效的监督和制约而大幅增长。最极端的例子便是以往的国有独资企业（国有企业），这些企业往往有着最大程度的政府干预，也享受最大限度的政府支持，但国家持股对企业绩效的净影响却因为极端高昂的代理成本而降到负值水平。这意味着，当国有股比例大到超过一定临界点时，企业绩效反而会有所降低。

基于以上对政治干预（掠夺之手）、政府优待（扶持之手）和代理成本这三个因素相互作用的讨论，我们可以看出：国有股比例会在一定临界点之内对企业绩效起到积极作用，而且这种积极作用会随国有股比例的增加而增强；但当国有股比例超过该临界点之后，国家持股对企业绩效的积极影响便会逐渐减弱甚至成为负值。换句话说，国有股比例同企业绩效之间呈现的应该是一种倒 U 形关系。基于此，笔者提出如下假设：

假设 2：国有股比例与上市公司绩效之间呈倒 U 形关系。

---

[1] 正如前文简要提到的，对我国上市公司来说，近年来由国家优惠政策带来的益处通常都能盖过政治干预的负面影响，这主要有以下三方面的原因：第一，随着中央和地方政府财政实力的与日俱增（收益的增加），政府部门对国有控股企业进行掠夺以榨取各类资源的动机已经大幅减弱。第二，与传统的国有企业不同，国有控股上市公司的社会负担和政治负担都已随过去十几年来社会保障和劳动力市场改革的深化而有了显著缓解，终身雇佣制（铁饭碗）被打破，相对灵活的雇佣与就业机制在国有部门逐渐盛行开来。因此，政府在就业人员福利（例如医疗卫生与住房等）方面的预算较之以往有了大幅缩减（支出的减少）。第三，随着"抓大放小"政策在 20 世纪 90 年代末的实施，中央和地方各级政府需要监控和扶持的国有企业数量现已大大减少。另外，由于我国证券市场目前仍然受到国家的严格控制，上市公司的数量及绩效常被视为地方政府经济力量和政治地位的重要标志，因此国有控股上市公司几乎都是各级政府最为青睐和器重的企业。由于需要扶持的企业数量的减少以及可利用的经济和政治资源的增多，各级政府向国有控股上市公司伸出扶持之手对其提供帮助和引导的可能性也就越来越大，并且这样的扶持通常都是以建立国家或地方龙头企业以拉动和强化国家与地方的整体经济实力为目标。

3. 公司行政级别与企业绩效

不少学者曾经论述和证明了计划经济下的产业行政级别（industrial hier-archy）在塑造中国经济改革道路中起到的关键作用（Bian，1994；Walder，1995；Guthrie，1997）。其中，顾道格曾指出，在改革时期，受某一政府部门控制的企业数量同企业绩效之间呈现负相关关系，因为企业面临的不确定性会随政府管辖范围的增加而有所增加，企业绩效也会随之走低（Guthrie，1997，1999，2005）。顾道格认为这一现象与政府的行政监管能力密切相关：由于较高层级政府（如中央、省级政府）所承担的行政压力更大、所要监管的企业更多，这些部门的政府官员缺乏足够的时间、精力和行政资源对其管辖下的在快速经济转型中苦苦挣扎的国有企业进行指导和帮助。因此在他看来，由较高层级政府控制的国有企业比由较低层级政府控制的企业绩效更差更多源于较高层级政府有限的行政指导能力而非所有制的类型。

相对于魏昂德和顾道格的解释，我们可以用三个因素更为清楚地解释为什么行政级别[①]较低的企业要比行政级别较高的企业拥有更好的绩效，它们分别是：行政级别较低的企业受到了较低级别政府的更有力的监督与帮助；行政级别较低的企业面临更为紧张的预算约束，有助于更好地调动企业管理者和员工的积极性，同时也使得生产与销售体系更加灵活；行政级别较低的企业社会负担和政治负担比较轻，特别是对那些员工福利开支及冗余员工都很少的乡镇企业来说更是如此（李培林等，1992；刘世定，2003；折晓叶、陈婴婴，2004，2005）。

魏昂德和顾道格的结论对 20 世纪 80 年代和 90 年代初的国有企业和地方政府来说也许是成立的，但中国的政府部门、国有企业、乡镇企业及总的市场状况从 20 世纪 90 年代末至今已发生了巨大变化（周雪光，2005；折晓叶、陈婴婴，2004；渠敬东等，2009；Gao，2011）。较低级别政府控制下的企业曾享有的那三个有利要素也从 20 世纪 90 年代末开始逐渐消失：随着 "抓大放小" 政策的实施，较高层级政府需要监管的企业数量已经大幅减少，再加上 2003 年后国务院及各级地方政府国有资产监督管理委员会

---

① 按照有关政策规定，上市公司是没有行政级别的，但由于国有控股上市公司均隶属于各级政府，被各级政府所持股和控制，为表述方便，也为与顾道格等学者的研究进行对话，本书仍采用 "公司行政级别" 一词指代不同层级政府控制下的国有控股上市公司。

（国资委）这一新的国有资产管理机构的相继成立，政府对国有企业的监管能力已较以往有了很大程度的提升。另外，随着产权多元化（公司化）、公开上市以及《公司法》（1994）和一系列有关企业破产的法律法规的颁布实施，以往在行政级别较高企业中普遍存在的严重软预算约束（soft budget constraints）问题也在很大程度上得到了缓解，使得这些行政级别较高的企业在生产与销售过程中也具有了与行政级别较低的企业大致相当的积极性和灵活性。此外，行政级别较高的企业曾经承受的过重社会和政治负担也随着过去十几年来一系列社会保障制度和劳动力市场的改革和完善而大幅减轻（李培林、张翼，2007）。

与此同时，自20世纪90年代末尤其是2001年我国加入WTO以来，在我国企业日臻成熟并不断向世界市场融合的过程中，我国企业面临的市场竞争也越发激烈起来。在市场竞争激烈和产业整合加剧的新时代，企业成功的秘密已不再仅仅是企业的积极性和灵活性（就像20世纪80年代和90年代早期的乡镇企业所做的那样），更重要的是企业的规模、技术、品牌、管理及资本实力等要素，而这些对行政级别较高的企业来说往往更有优势（杨典，2011）。此外，由于较高层级的政府拥有的政治和经济资源远比较低层级政府拥有的更为丰富（例如更强大的财政力量、信贷分配权以及对市场准入的掌控权等），因此这些政府控制下的行政级别较高的企业自然就比行政级别较低的企业更容易抢占到关键性的有利资源并赢得更多更优惠的政策待遇，这一点对于想要在我国目前极具竞争性的市场环境中求生存求发展的企业来说，可谓至关重要。

通过对样本公司1997～2007年企业财务数据的初步分析，我们可以看到，由更高级别政府（例如中央和省级政府）控制的企业的绩效水平比非国有控股公司以及由较低层级政府控制的企业明显要高出很多（参见图6-4和图6-5）。通过深度访谈和媒体报道，笔者也深深感到那些由较高层级政府控制的企业近年来（尤其是自2003年起）确实实现了企业绩效及市场地位的大幅提升。这些行政级别较高的国有大企业已逐渐成为中国经济的强力推进器和发动机，而非人们曾经认为的长期亏损、奄奄一息而无可救药的"恐龙"。基于前文理论分析及初步经验证据，笔者提出本研究的第三个假设：

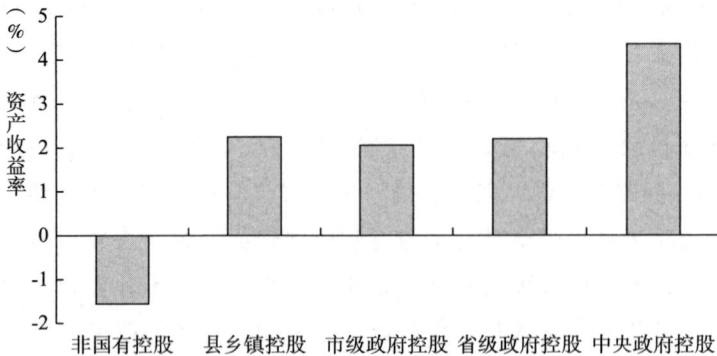

图 6 – 4   不同行政级别上市公司的资产收益率比较

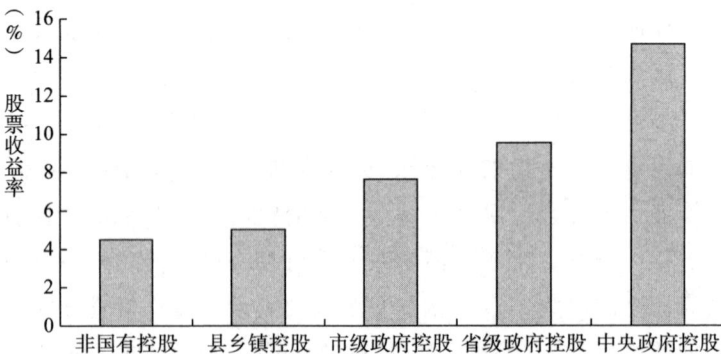

图 6 – 5   不同行政级别上市公司的年股票收益率比较

假设 3：企业行政级别越高，其业绩表现越好。

（二）机构投资者持股对企业绩效的影响

有关机构投资者能否在公司治理和提高企业绩效上发挥积极作用的问题，现有文献对此还存在争议。其中有为数不少的研究者认为机构投资者在公司治理上能够起到积极作用，所持理由是：由于高昂的监督成本，只有类似机构投资者这样的大股东才能从监督企业中得到足够的利益回报。比如，Del Guercio 和 Hawkins（1999）的研究结果表明，机构投资者对企业的监督能让企业管理者更加倾力于公司业绩的提高而非投机取巧只为谋求个人私利。另外一些研究者也认为机构投资者在公司治理和企业绩效上能起到一定积极作用。McConnell 和 Servaes（1990）发现机构投资者持股比例同企业的托宾 Q 值（Tobin's Q，即企业的市场价值与资产重置成本之比）

之间存在正相关关系。另有一些研究指出,美国机构投资者即使没有在所投资企业的董事会中占有席位,也依然会对公司进行监督,并且它们的监督对企业绩效的提高起到了非常显著的积极作用。

然而,也有不少学者认为机构投资者不但缺乏必要的专业技能,而且很容易受到"搭便车"问题("free-rider"problem)的困扰,因此根本无法对企业管理者进行有效的监督。一些分析家也认为,有效激励机制的缺乏以及时常发生的"搭便车"问题是阻碍机构投资者发挥积极能动作用的两个重要原因。另有一些学者指出,机构投资者的积极监管对企业绩效提高所起的作用几乎可以忽略不计,因为机构投资者考虑到自身担负的快速盈利的责任,只会选择那些财务状况本来就很好的公司进行投资,因此它们在公司治理和企业绩效的提高方面根本起不到太大的积极作用。

自1998年以来,我国机构投资者所持股份开始不断增多,这些投资者也因此逐渐成为我国资本市场上一支重要力量①。然而,机构投资者是否积极参与、改善了我国上市公司的公司治理依然是个未知数。与美国机构投资者在每家上市公司中的平均持股比例超过80%相比,我国机构投资者到了2007年在每家上市公司中的平均持股比例仍然只有10%左右,说明作为一个群体,我国机构投资者的力量依然还比较弱,特别是同那些平均持股比例常常超过总股份42%的控股股东相比就更是如此。另外,一些媒体报道称我国的机构投资者作为投资组合专家(investment portfolio experts),为了追求短期、快速利润,往往只对财务状况稳健良好的公司进行投资,并且一般不参与,也不重视所投资企业的公司治理状况。然而,也有一些媒体报道表明机构投资者在监督上市公司公司治理和企业行为方面发挥了一定的积极作用。

在笔者对上市公司和证券公司的投资者关系经理、董事会秘书、公司高管、基金经理和证券分析师的深入访谈过程中,也明显感受到有关机构

---

① 直到1998年我国资本市场上才出现真正西方意义上的"机构投资者"(institutional investors),因为在此之前我国还没有自己的投资基金行业。需要注意的是,大多数的中国上市公司研究者都把机构投资者持股等同于法人股(legal person shares)来对待,在研究机构投资者持股同企业绩效关系的时候,这样的分类方法往往有一定的误导性,因为与机构投资者持股不同,法人股指的是由企业、企业集团以及其他非营利性组织所持有的公司股份,而机构投资者持股指的是由养老基金、保险基金、共同基金等各种专业证券投资机构在上市公司中所持有的股份。尽管两者不同,法人股东如果在上市公司中持有足够多的股份,也能对公司的公司治理和企业绩效的提高起到与机构投资者类似的积极作用(Xu and Wang, 1999)。

投资者在提高企业绩效方面所起作用的两种相互冲突的观点。一方面，由于机构投资者相对于控股股东的小股东地位，再加上 2005 年之前大多数上市公司的股份都为非流通股，通常都是由控股股东任命且没有股权或期权的上市公司高管，一般不会对公司的股价涨跌或机构投资者的行为特别关注、特别上心。另外，就证券分析师同上市公司高管的关系来看，中国的证券分析师也并不像他们的美国同行那样拥有较高的影响力，相反，为了争取上市公司高管对自己的支持和优待，在异常激烈的证券分析师排名竞争中获胜，他们会不遗余力地去争取上市公司高管所掌握的公司内幕信息，因为这些内幕信息可以帮助其在每周、每月或每年的证券分析师排名中凭借更加准确的财务预测击败对手（公司高管访谈 E04；证券分析师访谈 S03）。但从另一方面来看，中国大大小小的各家上市公司，即便是那些规模最大的央企巨头，也都无法逃脱全球通行的投资者关系准则，必须承受来自机构投资者和资本市场的压力。例如，上述能源领域的央企上市公司投资关系经理在采访中告诉笔者，为了加强资本市场对公司的了解、提升股价和公司市场表现，他们会定期邀请证券分析师和基金经理到公司一起讨论同企业绩效和公司战略密切相关的一些问题。除了这些面对面的定期会议，基金经理或证券分析师一旦有任何疑问或问题也可以随时同投资关系经理和其他公司高管进行电话联系。此外，为了帮助证券分析师和基金经理更好地理解公司的业务运作和绩效情况，他们甚至将证券分析师同基金经理一起邀请到距离公司北京总部数千公里之外的生产基地进行实地考察，并按照国际通行的命名方式，将这样的做法称作"反向路演"（reverse road show）（公司高管访谈 E04）。此外，为了促进同行间的相互交流，共同探讨如何更好地同机构投资者打交道以及如何应对资本市场的各种风云变幻等问题，我国最大的一些央企控股上市公司的投资关系经理还会定期进行正式会谈及其他形式的非正式聚会，以便分享彼此在管理上市公司与机构投资者关系方面的经验和智慧。（公司高管访谈 E03）

　　同这些实力强大的央企巨头相比，其他中小型上市公司承受的来自机构投资者和资本市场的监督和约束力量更大。比如好几位证券分析师和基金经理都谈到，他们去中小型企业进行参观访问时能够直接同公司的 CEO 和董事长进行面谈并常常受到隆重款待，但如果参观的是央企上市公司那样的企业巨头，则很难见到对方的 CEO 或董事长——接待他们的往往仅限于投资关系经理或公司的 CFO（财务总监或首席财务官）（证券分析师访谈 S04，S05；基金经理访谈 M01，M02）。由于我国资本市场上大部分公司都为中小型公司（与国有大企业相比），笔者认为我国的机构投资者总的来说是能够对上市公司的绩效提升起到一定积极作用的。由此，我们提出本章的第四个假设：

假设4：机构投资者持股比例越高，上市公司的绩效越好。

（三）CEO 兼任董事长（CEO duality）对企业绩效的影响

作为一项重要的董事会特征，董事会的领导结构（或者说 CEO 是否兼任董事长）同企业绩效情况密切相关（Dalton et al.，1998）。然而，不同理论对 CEO 兼任董事长对企业绩效到底产生何种影响有不同的看法。代理理论认为 CEO 兼任董事长不仅会降低董事会在监督公司高管方面的执行能力（Lorsch & MacIver，1989），还会将董事会置于较之于 CEO 相对弱势的地位（Daily & Schwenk，1996），因此这些理论的支持者认为分设 CEO 和董事长职位有助于企业绩效的提高。然而，大量经验证据，尤其是来自发达经济体的证据，并未对这一观点提供足够的支持（Peng et al.，2007）。

将 CEO 和董事长这两个职位从"由一人担当"变为"由不同的两个人分别担任"，强调了董事会作为公司决策者和监督者对公司高管进行监督和制约的重要性。但 CEO 兼任董事长的支持者认为，指挥的统一性（unity of command）才是实现高效管理的关键（Finkelstein & D'Aveni，1994）。一些研究者进一步明确提出，CEO 兼任董事长对企业绩效的提高能起到积极促进而非消极阻碍的作用。类似这样的观点其实都可以归入到管家理论（stewardship theory）的框架之中（Boyd，1995）。在有关公司战略制定的研究文献中，研究者普遍认为公司需要强有力的领导者来制定战略目标并对下级部门发布明确无误的指示以保证各部门能高效准确地展开工作（Finkelstein & Hambrick，1996）。此外，身兼 CEO 和董事长职位的领导者对企业自身和企业所处环境都有较为全面和深刻的了解，并能及时应对企业周围环境的各种变化。作为"管家"的 CEO，应该受到充分的信任并被赋予明确的决策权。这样的统一指挥对领导企业实现更好的绩效表现非常重要（Donaldson & Davis，1991）。因此，一旦将"CEO 兼董事长"分离为两个独立职位就会造成公司高管层的内部矛盾和冲突，进而削弱公司对业务环境和市场变化的应变能力。

在我国这样的大环境下，也许确实是一个兼任董事长的 CEO 才更能致力于企业绩效的提高，因为他们更具备实现这一目标的能力（更有权力、更少掣肘），并且也更加明白其兼任职位是一种需要通过实际工作绩效才能加以捍卫的荣誉（比如维护自己作为企业领导的面子和威信）。尤其需要注意的是，由于经济快速增长和转型，目前我国企业面临的环境不确定性正日益加剧，公司最高领导人处理这些环境变化的主动性与实际能力对企业的成功和发展至关重要。对我国正经受风云变幻的市场环境考验的大大小小的企业来说，有这样一个 CEO 兼董事长的领导者也是能够稳定人心，并向外界表明"一切尽在掌握"的有效方式（Peng et al.，2007）。

此外，笔者在访谈中了解到，迫于我国《公司法》的有关规定和中国证监会的上市要求，很多上市公司不得不分设 CEO 和董事长，由此导致 CEO 和董事长之间常常有权力相争的事情发生。随着 CEO 和董事长两职分离政策的实施，原本身兼 CEO 和董事长二职的企业管理者必须在两个职位中选择其一并同时放弃另一职位。在中国语境下，由于董事长职位比总经理职位更具分量和影响力，大多数人往往会选择保留董事长的位置而放弃做 CEO，企业因此就需要另行委任一个新的 CEO。但在这样的强制性职位分离之后，现任董事长（即原 CEO 兼董事长）出于惯性和维护自身权力的需要，自然还是会希望同以前一样掌管公司的具体日常经营情况，而新立的 CEO 当然也期望能够尽快接手公司进行管理并树立起他/她的个人权威。由此，我国上市公司中 CEO 和董事长职位的强制性分离不可避免地导致了分离之后两者间的权力斗争，严重阻碍了企业绩效的提高。一位上市公司高管在访谈中如此说道：

> 董事长与 CEO 之间的"权力斗争"在中国上市公司中相当普遍，如果两人年龄、经验和资历相仿的话，他们之间的斗争就更加激烈。但若是其中一人较另一人年长很多，或者两者之间曾经是上级 - 下属关系，或者其中一人有特别硬的后台和关系，那么两者之间的斗争就会缓和很多……否则的话，权力斗争会愈演愈烈直到某一方最终胜出……而企业绩效往往就会在二者权力斗争的过程中受到严重影响。
>
> （公司高管访谈 E02）

综上来看，似乎管家理论和权力斗争说要比代理理论更加契合我国企业的实际情况，因此笔者提出如下假设：

假设 5：CEO 和董事长两职分离同上市公司绩效之间呈负相关关系。

（四）独立董事与企业绩效

代理理论认为，要实现对企业管理层的有效监督，董事会必须保持自身的独立与客观，而董事会独立性的程度同外部董事在董事会中所占的比例密切相关（John & Senbet，1998）。外部董事为了尽快在决策控制上树立自身威望，通常会对企业管理层展开积极主动的监督（Fama & Jensen，1983）。此外，设立更多外部董事的其他一些有益之处还包括：提高董事会对公司高管绩效评估的客观性，实现多角度的、更全面的公司战略制定，以及增强对股东利益的保护力度等（Pearce & Zahra，1991）。正是基于这些论据，代理理论强调提高外部董事比例能对企业绩效产生积极作用。然而Fosberg（1989）的研究则发现外部董事的比例同企业绩效的某些指标（例如销售收入和净资本回报率）之间并无关联；Hermalin 和 Weisbach（1991）发现外部董事比例高低同托宾 Q 值之间并无关联；Bhagat 和 Black（2002）也发现外部董事比例高低同托宾 Q 值、资产回报率、资产周转率和股票收益率之间没有任何关联。而与此相对，Baysinger、Butler（1985）以及Rosenstein、Wyatt（1990）的研究结果则表明设立了外部董事的企业普遍有更高的市场回报。由此看来，外部董事比例这一衡量董事会独立性的重要指标同企业绩效之间的关系并不明确（Tian & Lau，2001）。

总的来看，代理理论近年来开始受到越来越多的批评。这些批评主要集中在代理理论过度简单化了的"经济人"假设以及该理论在面对"委托人–代理人"相互作用的复杂社会和心理机制问题时表现出的非常有限的解释力（Davis & Thompson，1994；Davis et al.，1997）。就代表少数股东的外部董事来说，由于他们的"外人"身份，加上并不拥有企业的股权，他们自然也就没有足够的权力，也没有足够的动机对公司高管层的管理行为进行主动监督和约束。此外，文化因素也会在一定程度上影响外部董事对公司高管的监督工作。例如，由于中国文化中人们对"和谐"、"面子"等问题的看重，外部董事即使有足够的权力和动机，也很难对公司高管的管理行为直接公开地提出批评。再者，外部董事成员通常对公司的业务情况并不十分了解，因此也就难以对公司的管理和运作提出很好的指导意见。特别是在我国快速的经济发展和转型中，市场环境状况瞬息万变，使得外部董事的各项工作更是难上加难。如果外部董事还另有其他全职工作，就更加难以及时而准确地应对企业的最新动向以及市场环境的最新变化。这些都将对公司业绩造成不利影响。正如一位在多家上市公司中担任外部独立董事的公司律师在采访中所说：

> 太多的外部独立董事对企业绩效的提升并无益处，因为外部董事往往不太了解公司的具体业务和运作情况……而且大多数的独立董事通常还有另外的全职工作，自己的事情都忙不过来。每年我们也只会参加8到10次左右的董事会会议（中国证监会规定的上市公司董事会会议最低次数为每年4次）。因此，如果某个上市公司的外部独立董事比例过高，那么董事会中真正认真做事、认真监督企业高管的人便会所剩无几了……企业绩效自然就会因为缺乏深刻、敏锐的商业判断以及外部董事对公司高管层的监督不力而受到不利影响。（公司律师访谈 L01）

鉴于上述分析，再加上目前我国上市公司中外部独立董事平均只占董事会成员的三分之一这样一个实际情况，笔者认为外部董事可能还未能在提高企业绩效方面发挥实质性影响。因此，我们提出本章第六个假设：

> 假设6：外部董事在董事会中所占比例与上市公司绩效之间没有显著关系。

二 数据和研究方法

（一）样本公司

本研究的样本公司包括在上海和深圳证券交易所上市的 676 家公司，所用数据涵盖了 1997~2007 年这 676 家公司的公司治理和财务运营情况。具体来说，上市公司会计与财务表现方面的信息来自深圳 GTA 信息技术公司建立的中国股票市场和会计研究数据库(CSMAR),而有关公司治理(例如所有制结构和董事会组成情况)的信息则来自于色诺芬(Sinofin)信息服务数据库以及在中国商业和金融专业人士中非常盛行的万得(Wind)数据库。其他一些公司信息,比如上市公司行政级别和政府隶属情况等,则由笔者从上市公司年报、招股书以及公司网站等渠道进行收集、整理并进行编码而来。此外,笔者还在北京、深圳、上海等城市对基金经理、证券分析师、外部独立董事、上市公司高管、投资者关系经理、公司律师和商业顾问等进行了深度访谈,作为对上市公司定量数据的补充。这些访谈资料使得笔者对影响我国上市公司绩效的各种因素、国有企业的改制上市过程及我国资本市场过去十几年的发展情况等问题有了更加深入和直观的理解和认识。综合来看,本章试图融合定量和定性分析方法,采用大规模定量数据并运用严格统计分析方法建立因果联系,通过深度访谈等定性方法厘清因果机制。

(二)测量指标

1. 因变量

本研究主要使用资产回报率(ROA)和托宾Q值(Tobin's Q)这两个变量来衡量企业的盈利能力及其在股票市场中的表现。资产回报率是衡量企业资产利用效率的重要指标,其计算方法为净收入与总资产的比值。托宾Q值为公司的市场价值与公司资产重置成本之比,是股票市场常常用来衡量企业价值的重要指标。除这两个变量之外,笔者还采用了其他一些衡量企业盈利能力和市场表现的方法作为补充,例如考察净资产回报率(ROE)、利润率(净利润同销售额的比值)以及股票年收益率(企业股价年度增加值与年度股息之和同当年初始股价的比值)。需要指出的是,资产回报率、净资产回报率和利润率这三项指标主要考察的是企业盈利能力及企业效率情况,由于它们都只是单纯的财务账面数据资料,因此也很容易受到人为操控。相比之下,托宾Q值和股票年收益率考察的是股票市场上的企业价值,主要反映了投资者对企业的信心与估值,因而比较不容易受到人为操控,其可信度自然也更高一些。

2. 自变量

国家控股虚拟变量(state_dummy):当上市公司的控股股东是国家(包括国资委这样的政府机构以及国有企业或国有控股企业集团,等等)时,其值等于1,否则为0。

国有股比例（p_state）：国有股占企业总股份的比值。国有股包括由政府直接持有的（即国家股）以及由国有企业和其他国家下属法人实体持有的（即国有法人股）股份。

上市公司行政级别或政府隶属情况（government affiliation）：为虚拟变量，1 = 非国有控股企业；2 = 县级和乡镇级政府控股企业；3 = 市级政府控股企业；4 = 省级政府控股企业；5 = 中央政府控股企业。

机构投资者持股比例（p_institutional）：机构投资者持股数量占公司总股份的比例，是衡量资本市场影响力的主要指标。

CEO 与董事长两职是否分设（separation）：虚拟变量，指的是 CEO 同董事长的职位分离情况。若 CEO 与董事长并非同一人，那么其值为 1，反之则为 0。

独立董事比例（p_outside）：外部独立董事成员数量占董事会成员总数的比值。

3. 控制变量

考虑到可能会有多种因素共同对公司治理和企业绩效的相互关系产生影响而使得我们所做的两者关系的研究结果受到干扰，我们在多元回归分析中对一系列影响因素做了控制。沿袭企业财务研究的惯例并考虑到我国的特殊制度环境，本研究的控制变量包括了股权集中度、外资持股比例、是否为沿海企业、企业规模、净资产负债率（debt-equity ratio）、行业①和年度虚拟变量②。

表 6 - 1 列出了主要变量的平均值、标准差及相关系数。1997～2007 年

---

① 不论是公司治理还是企业绩效，都会随行业的不同而呈现不同的特点。公司治理同企业绩效的真正关系也可能会在特定行业的行业特点影响之下被掩盖。Wernerfelt 和 Montgomery（1988）发现，行业影响能够在很大程度上解释企业托宾 Q 值的差异情况。因此控制好行业变量，对厘清公司治理和企业绩效的真实关系是相当必要的。中国上市公司大体上有两种分类方式：一种是六大行业分类法，即制造业、商业（批发和零售）、多元化综合企业、公用事业、房地产和金融/银行业。这种分类方法为绝大多数现有的中国上市公司相关研究所采用（Xu & Wang, 1999；Peng et al., 2007）。另一种分类方式采用两位数的共计 21 类行业的行业分类代码（21-industry-code）。本研究过程中，这两种行业分类方法均有使用，但由于 21 类行业代码的虚拟变量相对复杂，若一并列入表格会使得数据资料看起来非常烦琐且不能对我们的实证研究起到任何影响或作用（采用两种行业分类方法得到的统计结果基本相同），因此在本书撰写过程中笔者没有在表格中列出 21 项行业分类的虚拟变量。
② 年度虚拟变量能够很好地将随着时间线快速变化的体制环境以及宏观经济的冲击影响也纳入到研究中，因此本研究也使用了这一虚拟变量。

这 11 年中，我国上市公司的资产回报率平均值为 0.02，平均托宾 Q 值为 1.83；约 79% 的上市公司由国家控股，这些企业的国有股比例平均约为 40%，机构投资者平均持股比例为 5%；84% 的企业分设了 CEO 与董事长两职；外部董事占董事会成员总数的平均比例约为 20%。

表 6-1 主要变量的描述性统计和相关系数矩阵

变量	1	2	3	4	5	6	7	8	9	10
观察值	6786	6745	6799	6864	2977	6393	5742	6748	6794	6773
均值	0.02	1.83	0.79	0.396	0.05	0.84	0.2	0.23	0.15	1.51
标准差	0.2	27.4	0.41	0.257	0.08	0.37	0.16	0.15	0.22	5.48
1 资产回报率	1									
2 托宾 Q 值	-0.12^{***}	1								
3 是否国有控股	0.069^{***}	-0.004	1							
4 国有股比例	0.08^{***}	-0.03^{**}	0.582^{***}	1						
5 机构投资者持股比例	0.138^{***}	0.023	0.021	-0.08^{***}	1					
6 CEO、董事长是否分设	-0.0002	-0.03^{**}	0.038^{***}	0.03^{**}	0.023	1				
7 独立董事比例	-0.12^{***}	0.011	-0.17^{***}	-0.17^{***}	0.022	0.073^{***}	1			
8 前十大股东赫芬达尔指数[a]	0.094^{***}	-0.03^{**}	0.29^{***}	0.614^{***}	-0.07^{***}	0.094^{***}	-0.14^{***}	1		
9 外资股比例	-0.03^{**}	-0.008	-0.38^{***}	-0.59^{***}	-0.013	-0.015	0.076^{***}	-0.2^{***}	1	
10 净资产负债率[b]	-0.013^{**}	-0.01^{**}	-0.029^{*}	-0.06^{***}	0.03	-0.024	0.049^{***}	-0.07^{***}	0.027	1

注：（1）*，$p<0.1$；**，$p<0.05$；***，$p<0.01$。（2）[a]Herfindahl 10 index，测量股权集中度的一项主要指标，计算方法为前十大股东各自持有股份占企业总股份比值的平方和。[b]测量财务杠杆的一项重要指标，计算方法为企业负债总额同净资产的比值。（3）由于"是否国有控股"同"国有股比例"高度相关，所以当"国有股比例"充当自变量的时候，我们需要把"是否国有控股"变量严格排除在外。同样地，由于"国有股比例"同"前十大股东赫芬达尔指数"的相关性也非常高（>0.6），为了防止多重共线性问题的出现，我们在做国有股比例回归分析的时候也需要把"前十大股东赫芬达尔指数"变量排除在外。

关于样本公司的行业分布，数据显示，超过 80% 的企业是制造业、商业（批发和零售）和综合多元化企业，而在金融、房地产和公用事业（如电力）等所谓垄断性、高利润行业的公司仅占17%，表明尽管样本公司中有近80%的公司属于国有控股公司，但这些国有控股公司大部分分布在制造业、商业等具有一定竞争性的行业，而并非都分布在金融、房地产等"垄断性暴利"行业。进一步的分析表明（见图6-6），国有股在制造业、公用事业所占比例较高（40%左右），而在房地产、金融等所谓的垄断性或暴利行业较低，分别占35%和25%左右（金融企业并非都是四大国有商业银行这样的金融机构，也有不少像深圳发展银行这样的中小银行及证券公司、基金公司、保险公司、金融租赁公司等中小型金融机构，在这些中小金融机构中，国有股比例并不是太高，深圳发展银行的控股权甚至一度被美国 TPG 投资公司获得）。此外，数据显示（见图6-7），即使在中央控股企业中，制造业企业也占到60%以上，制造业、商业和多元化企业共占近80%，而在"垄断、暴利行业"的公用事业、房地产、金融业中的中央控股企业仅占20%多一点，与其他控股类型的企业相比（比如非国有控股企业、省政府控股企业、市政府控股企业），中央控股企业的行业分布情况并无明显不同。

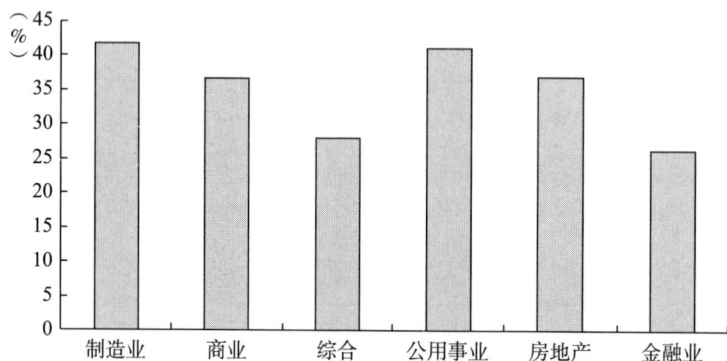

图6-6　我国上市公司中国有股的行业分布情况

（三）估算模型

本研究对公司治理和企业绩效关系的分析，采用的是企业绩效决定因素的随机效应（random effects）计算模型：

$$Y_{it} = \alpha + \gamma Z_{it} + \delta_i + \lambda_t + \varepsilon_{it}$$

在以上公式中，Y_{it} 表示的是 i 公司在 t 时的业绩情况，α 表示截距，Z_{it} 是 i 公司在 t 时由一组公司层面的可测量变量组成的向量，γ 是同向量 Z

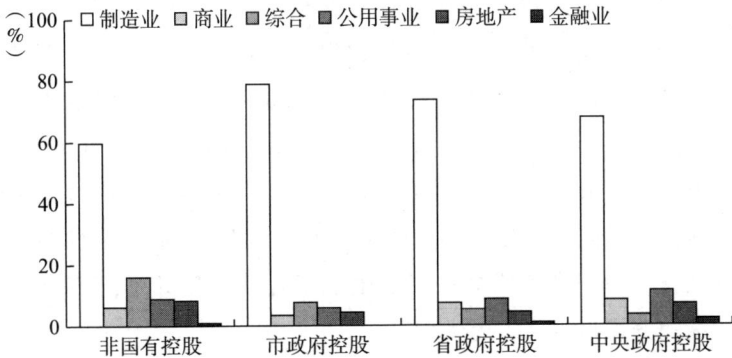

图 6-7 非国有控股及各层级政府控股企业的行业分布情况

相应的回归系数向量，δi 表示当年公司层面的异质性，λt 表示的是未被观测到的基于时间的异质性（年度效应），εit 表示的是随时间变化的误差项。

三 模型分析结果

表 6-2 呈现了分别以五种模型对公司治理和企业绩效进行分析的结果。综合来看，这些回归结果在很大程度上支持了我们基于新制度主义理论做出的假设。我们可以看到，就资产回报率和托宾 Q 值来说，国有控股企业的总体表现要比非国有控股企业好很多，而行政级别较高的企业又要比行政级别较低的企业表现出更高的利润率并在股票市场上拥有更高的市场价值。正如我们所预期的那样，国有股比例与企业绩效之间呈现的是一种非线性关系（倒 U 形）：公司业绩随国有股比例的增加而不断提高，但当国有股比例达到一定临界点之后，这样的积极影响便开始随国有股比例的继续增加而逐渐减弱，直至变为负值。而就机构投资者的作用来看，企业绩效表现同机构投资者持股比例呈正相关关系。另外，正如我们所预料的那样，两种所谓股东导向型的"最佳"董事会做法都未能对企业绩效的提升起到积极作用：分设 CEO 和董事长对资产回报率和托宾 Q 值都起到了一定负面作用，尽管这种负面作用在统计学意义上并不显著；外部董事对提升企业盈利能力及在股票市场上的表现也未能发挥应有的积极作用。

关于控制变量的情况，股权集中度（前十大股东赫芬达尔指数，Herfindahl 10）对提升企业的股票市场价值起到了积极作用，但对企业盈利能力则没有影响；外资股东对企业绩效的提升起到了一定作用，但作用并不显著；位于沿海地区的企业普遍具有更高的股市价值，但盈利能力较之内陆企业没有差别；规模较大的企业通常利润率也更高，但在股票市场上的价值却反而被低估，这可能是因为我国上市公司的股价和市场估值受市场投机和人为操控因素影响比较大，那些规模较大的企业尽管利润率更高一些，但由于市值规模太大而难于被人为操控和炒作（"庄家"和中小投资者资金量有限，他们更倾向于炒作、操控中小企业），因而在股市上的估值反而较低；财务杠杆（净资产负债率）同我国上市公司的绩效之间不存在显著关系。更详细的分析报告请见后文。

表 6 - 2　公司治理与企业绩效，2003 ~ 2007（随机效应多元回归分析）

	模型 1	模型 2	模型 3	模型 4	模型 5
	资产回报率	资产回报率	资产回报率	托宾 Q 值	托宾 Q 值
是否国有控股（是 = 1）	0. 0502 *** （0. 02）			0. 3266 ** （0. 15）	
上市公司行政级别 （非国有控股企业为参照组）					
县乡镇控股企业		0. 0608 （0. 04）			0. 3341 （0. 44）
市政府控股企业		0. 0539 *** （0. 02）			0. 412 ** （0. 18）
省政府控股企业		0. 0542 *** （0. 02）			0. 5811 *** （0. 17）
中央政府控股企业		0. 041 （0. 03）			0. 8857 *** （0. 26）
国有股比例			0. 1773 ** （0. 081）		
国有股比例（平方）			- 0. 1934 * （0. 11）		
机构投资者持股比例	0. 1155 * （0. 07）	0. 1157 * （0. 07）	0. 118 * （0. 07）	2. 916 *** （0. 64）	2. 906 *** （0. 64）
CEO、董事长是否分设 （分设 = 1）	- 0. 0131 （0. 01）	- 0. 0126 （0. 01）	- 0. 0133 （0. 01）	- 0. 0797 （0. 14）	- 0. 0939 （0. 14）
外部董事比例	- 0. 0729 （0. 08）	- 0. 0732 （0. 08）	- 0. 0814 （0. 08）	0. 3845 （0. 76）	0. 4642 （0. 76）
前十大股东赫芬达尔指数	1. 70E - 04 （0. 05）	0. 0019 （0. 05）		1. 229 *** （0. 46）	1. 055 ** （0. 46）

续表

	模型 1	模型 2	模型 3	模型 4	模型 5
	资产回报率	资产回报率	资产回报率	托宾 Q 值	托宾 Q 值
外资股比例	0.0276 (0.03)	0.026 (0.03)	0.0333 (0.03)	0.0854 (0.25)	0.1422 (0.25)
是否为沿海企业（是 =1）	− 0.0144 (0.02)	− 0.0158 (0.02)	− 0.0128 (0.02)	0.3181 ** (0.16)	0.324 ** (0.16)
公司规模	0.0638 *** (0.01)	0.0637 *** (0.01)	0.0657 *** (0.01)	− 1.027 *** (0.07)	− 1.061 *** (0.07)
净资产负债率	6.50E − 04 (0.00)	7.00E − 04 (0.00)	6.00E − 04 (0.00)	0.0021 (0.01)	0.0028 (0.01)
行业（制造业为参照组）					
商业	8.20E − 04 (0.03)	0.002 (0.03)	0.0012 (0.03)	− 0.3382 (0.29)	− 0.3792 (0.29)
综合	9.30E − 05 (0.03)	− 3.10E − 04 (0.03)	− 1.40E − 04 (0.03)	− 0.2261 (0.26)	− 0.2015 (0.26)
公用事业	− 0.0249 (0.03)	− 0.025 (0.03)	− 0.02 (0.03)	− 0.0173 (0.25)	− 0.0586 (0.25)
房地产	0.0063 (0.03)	0.008 (0.03)	0.0045 (0.03)	0.1253 (0.31)	0.1288 (0.32)
金融业	− 0.224 *** (0.09)	− 0.2211 ** (0.09)	− 0.227 *** (0.09)	− 0.2111 (2.16)	− 0.3216 (2.17)
年份[a]（2003 年为参照组）					
常数项	− 1.394 *** (0.142)	− 1.35 *** (0.142)	− 1.422 *** (0.142)	22.11 *** (1.42)	23.16 *** (1.45)
N	2343	2339	2346	2326	2322
R^2	0.077	0.0776	0.0717	0.0726	0.0727

注：（1） *，$p < 0.1$；**，$p < 0.05$；***，$p < 0.01$。括号内是标准误差。（2）[a]为节省篇幅，年份这一虚拟变量的回归结果在此略去。

本研究的完整数据包括 676 家上市公司 1997～2007 年的数据，但由于机构投资者持股比例数据从 2003 年开始才有，因此此处的回归分析只用了 2003～2007 年的数据。

（一）国家的作用

1. 国家控股与企业绩效

如表 6 – 2 中模型 1 和模型 4 所示，国有控股企业在盈利能力和股票市值两个方面都明显超过了非国有控股企业。因此，本章的第一个假设得到了验证。这一实证结果也表明，在中国国情条件下国家持股对企业绩效的影响与现有文献对国有股绩效影响的研究结论截然不同。也就是说，国家控股对企业价值的实际影响要比代理理论所预测的"国家控股会导致绩效低下"这一情况复杂得多，国家持股对企业绩效的影响在不同制度背景下会表现出不同的结果。

2. 国有股比例与企业绩效之间的倒 U 形关系

既然国有控股企业要比非国有控股企业拥有更好的绩效，那是否就意味着"国有股比例越高企业绩效也就越好"？为了弄清这一问题，检验企业绩效同国有股比例之间是否呈线性正相关关系，本研究做了企业绩效同国有股比例变量之间的回归分析，然而结果显示两者之间并没有显著关系。也就是说，企业绩效同国有股比例之间并不是简单的线性递增关系。

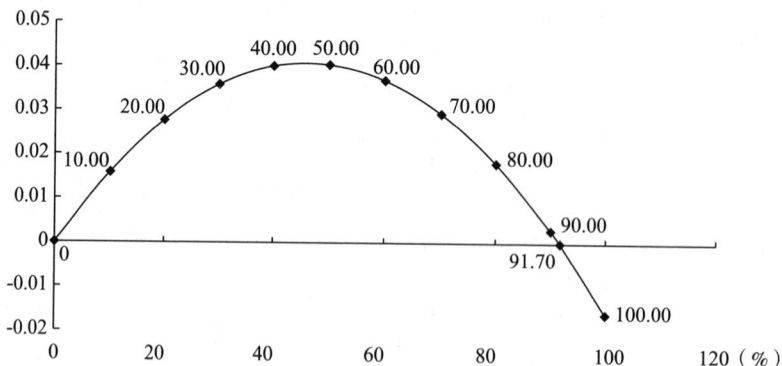

图 6-8 国有股比例同企业绩效之间的倒 U 形关系

为了将两者之间可能的曲线关系纳入考虑范围，笔者又将国有股比例先做平方运算然后加入到回归分析模型中。表 6-2 中的模型 3 显示了回归分析的结果。我们看到，加入平方了的国有股比例之后，国有股比例的系数呈现显著正值，而国有股比例平方的系数则呈现显著的负值，这就表明：在国有股比例从低到高逐渐提高时，企业业绩也不断攀升，但当国有股比例超过一定临界点（大概是 46%）后，企业业绩则会随国有股比例的继续增加而下降，呈现左端高于右端的倒 U 形曲线关系。临界点之前国有股比例同企业绩效之间的正相关关系表明，随着国有股份额从较低逐渐向中等程度递增，企业绩效也会随之提高；而另一临界点（大概是 91.70%）之后国有股比例同企业绩效之间的负相关关系则表明，过高的国有股比例对企业绩效是不利的，并且这样的不利影响还会随着国有股比例的继续增加而增强。

3. 公司行政级别与企业绩效

如表 6－2 中模型 2 和模型 5 所示，受较高层级政府，如中央和省级政府控制的企业的业绩表现明显优于非国有控股企业以及较低层级政府控制的企业。需要特别注意的是，这些企业的实际盈利能力同股票市场价值之间存在一个比较明显的差距：虽然由较高层级政府控制的企业在实际盈利能力方面仅略高于非国有控股企业和由较低层级政府控制的企业，然而它们在股票市场中的表现却远远高于后两者，这意味着行政级别较高的企业受到了股票市场的特别青睐，在股市中有更好的形象，也被赋予了明显更高的价值。那么，这种情况的原因何在？

在经济社会学和组织社会学研究中，企业绩效被广泛认为是一种社会建构，受社会、政治、文化等制度因素的共同影响。我国企业的情况很好地支持了这一观点。与在美国等自由资本主义经济体中的绝对负面形象不同，国有企业虽然在中国的普通大众和企业员工中也时常意味着低效、腐败、迟缓，但与私人企业相比，国有企业的可信度（credibility）仍然要好一些。受根深蒂固的中国传统文化和一些不良私人企业的影响，私人企业从一开始就没有很好的名声，私营企业主也常常被认为是自私自利、剥削压榨、缺乏信誉的代表。不仅如此，许多私人企业还在道义和法律层面在广大民众中被污名化，因为人们普遍相信私人企业大多是通过寻租、腐败（例如向政府官员行贿）、剥削（即建立血汗工厂）、侵占/窃取国有资产等方式才实现发展和致富的。因此，私营企业在公众及企业员工之间的形象和可信度通常都要低于国有企业。此外，由于我国市场和政治环境极高的不确定性以及私营企业本身核心技术的缺乏和管理能力的不足，私营企业在激烈的市场竞争中比较脆弱，稳定性和可预期性较差。许多成功的中国民营企业往往都只是昙花一现，在企业绩效保持和可持续发展方面的能力相当有限：它们往往在短时间内就获得巨大成功，但随后的失败也同样如排山倒海一般迅猛。例如曾经如日中天的德隆集团，最初于 20 世纪 90 年代初由唐氏兄弟白手起家建立，21 世纪初便发展成为中国最大的民营企业集团，旗下资产达到一千多亿元人民币，拥有 177 家企业（其中有 6 家为上市公司）以及遍布中国各地的共计 19 家金融机构（例如证券公司）；然而在 2004 年，这一企业巨人突然间轰然倒地，只留下众多至今未解的谜团。总之，私人控股企业在管理、技术、道德声誉和企业稳定性方面的可信度都弱于国有控股企业（尤其是那些行政级别较高的国有控股企业），而这正是导致非国有控股企业，即使那些在实际盈利能力方面同国有控股企业不相上下的非国有控股企业，在股票市场上的估值依然明显低于国有控股企业的原因。

行政级别较高的国有控股企业除了拥有更高的可信度以外，在知名度（visibility）和市场地位（market status）上也比其他企业更具优势（例如拥有更高的品牌知名度和更强的市场地位及政治地位等）。因此，它们也能更多地受到媒体和证券分析师的关注。经济社会学家和组织社会学家普遍认为市场竞争始终是基于地位（status-based）的竞争（Podolny，1993）。这一观点在我国尤其适用。在中国，企业要想获得成功，市场地位和政治地位（行政级别越高的企业拥有的政治地位也就越高）都很重要，而企业的市场地位又可以通过提升企业的政治关系和政治地位来实现进一步的提升。在资本市场上，央企控股公司尤其受到投资者的青睐，许多证券分析师都会在自己的文件卷宗里专门分出"央企系"这一类别，足见其对这些由中央政府监督管理的国有企业的重视程度[①]。上市公司同较高层级政府的隶属关系在投资者和证券分析师看来都是企业地位的象征，他们坚信这样的企业拥有更强大的市场力量和政治力量，坚信对这些企业的投资一定会获得更稳定持久同时也更高的利润回报。总而言之，行政级别较高的企业所拥有的更高的可信度、知名度、政治地位和市场地位，使得投资者更具信心，其在股票市场上的价值因而也更高，即使其实际盈利能力不比其他企业强。

（二）机构投资者的作用

如表 6-2 中模型所示，机构投资者持股在企业盈利能力和股票市场表现两个方面都表现出了显著的积极影响，但在股票市场表现方面的影响似乎要更强一些，这表明"机构投资者持股"这一因素在股票市场上会受到格外的青睐。由此，本章的第四个假设也得到了验证。

（三）股东导向型董事会结构的影响

此外，表 6-2 中的模型还显示了股东导向型的两种董事会做法对企业绩效影响的回归分析结果。五个模型均表明，分设 CEO 和董事长对企业绩效存在一定负面影响（但这种负面影响在统计学意义上并不显著），而外部

---

① 关于证券分析师的企业分类方式对上市公司估值的具体影响，可参见朱克曼的相关研究（Zuckerman，1999）。

董事比例则对企业绩效不存在显著影响,因此假设5和假设6也分别得到了验证。综合来看,这些分析结果很好地支持了新制度主义理论并有力驳斥了代理理论的假设。

表6-3 公司治理与企业绩效(ROA),2003~2007(子样本)

	模型1	模型2	模型3	模型4	模型5	模型6
	国有控股	非国有控股	县乡镇控股	市政府控股	省政府控股	中央政府控股
机构投资者持股比例	0.179***	-0.1305	0.1997*	0.2221**	0.1492**	0.3384***
CEO、董事长是否分设(分设=1)	0.0076	-0.0446	0.0047	0.0233	-0.0077	0.0433**
外部董事比例	0.0091	-0.1197	0.1344	0.0551	-8.90E-04	-0.1442
前十大股东赫芬达尔指数	0.0541**	-0.1023	0.0942	0.1235**	0.0336	-0.0144
外资股比例	0.0049	0.037	0.0461	0.0083	-0.0045	0.0129
是否为沿海企业(沿海=1)	0.0086	-0.118**	0.0061	0.0211	0.0065	0.0076
公司规模	0.0125***	0.2912***	-0.0144	0.0255**	0.0101**	0.0107**
净资产负债率	-0.0014	8.60E-04	-0.005***	0.0027	-0.0035***	-0.0036
行业(制造业为参照组)						
商业	0.0024	0.0983	0	0.0079	-0.0017	0.0265
综合性多元化企业	-0.015	0.0239	-0.0177	-0.0049	-0.0246*	-0.0175
公用事业	0.0133	-0.1644	0	0.025	0.0131	0.0042
房地产	0.003	0.0386	0	0.013	-0.0104	0.0084
金融业	-0.0198	-1.579***	0		0.03	-0.0316
年份[a](以2003年为参照组)						
常数项	-0.298***	-6.089***	0.251	-0.6423***	-0.2087**	-0.2121**
N	1747	596	58	659	882	189
R^2	0.115	0.141	0.462	0.114	0.139	0.294

注:(1)*,$p<0.1$;**,$p<0.05$;***,$p<0.01$。(2)[a]为节省篇幅,年份这一虚拟变量的回归结果在此略去。

(四)机构投资者持股、股东导向型的董事会结构同企业绩效的关系(按是否国家控股和公司行政级别子样本分别进行分析)

代理理论的支持者可能会提出,国有企业尤其是那些由较高层级政府控制的国有企业,往往更难以受到资本市场的约束,同时,类似董事会改革这样的企业结构性变化在这些企业中也更难以真正实现。为了检测机构投资者持股及股东导向型的董事会做法对企业绩效造成的影响在国有控股企业与非国有控股企业之间以及由不同级别政府控制的企业之间是否存在差异，我们对每个子样本进行了单独的回归分析，分析结果如表6-3所示。

同代理理论的预测相反，机构投资者实际上对国有控股企业以及由较高层级政府控制的企业都存在显著的积极影响。更需注意的是，机构投资者似乎对那些由较高层级政府控制的企业有更强的影响力，而对非国有控股企业则几乎没有显著影响。这说明，即使是那些最僵化、最强大的受国家控制的中国企业巨头也或多或少地受到了资本市场的影响和约束。至于股东导向型的两种董事会做法，表6-3中的六个模型均显示，分设CEO和董事长以及提高外部董事比例对各类企业（无论是国有控股企业还是非国有控股企业抑或是由不同层级政府控制的企业）的绩效表现都没有显著影响①。这说明股东导向型的两种董事会做法在我国企业中未能起到代理理论所预期的作用，不论这些企业属于何种所有制类型或何种行政级别。

表6-4　内生性检验（工具变量，2SLS），稳健标准误差
（robust standard errors）

	模型1		模型2		模型3		模型4	
	资产回报率		托宾Q值		资产回报率		托宾Q值	
是否国家控股（是=1）	0.513***	(0.09)	0.338**	(0.16)				
机构投资者持股比例					0.361**	(0.17)	35.46***	(11.80)
前十大股东赫芬达尔指数	-0.19***	(0.07)	-0.362***	(0.11)	0.098***	(0.03)	3.46*	(1.90)
外资股比例	0.316***	(0.07)	0.1793*	(0.10)	-0.0015	(0.02)	-0.2278	(0.55)
是否为沿海企业（是=1）	-0.012	(0.02)	-0.0226	(0.02)	-0.0045	(0.01)	0.2339	(0.26)
公司规模	0.006	(0.01)	0.0317***	(0.01)	0.0195*	(0.01)	-2.433**	(1.19)
净资产负债率	-1.70E-04	(0.00)	3.10E-04	(0.00)	-1.30E-04	(0.00)	0.0162	(0.02)
行业（制造业为参照组）								
商业	-0.011	(0.02)	-0.0524**	(0.02)	2.90E-04	(0.02)	-1.187	(0.73)

---

① 其中一个例外是，分设CEO和董事长似乎对央企的绩效表现有着显著的积极影响，但这种积极影响产生的具体机制目前尚不清楚。

续表

	模型1		模型2		模型3		模型4	
	资产回报率		托宾Q值		资产回报率		托宾Q值	
综合性多元化企业	0.0464	(0.03)	0.0332	(0.04)	0.0074	(0.01)	−0.3156	(0.42)
公用事业	−0.0099	(0.02)	−0.0112	(0.03)	−0.0179	(0.02)	−0.3275	(0.42)
房地产	0.0296	(0.03)	0.0273	(0.03)	0.0035	(0.01)	0.1948	(0.37)
金融业	−0.0264	(0.05)	0.021	(0.08)	−0.0812**	(0.04)	0.3528	(0.57)
常数项	−0.51***	(0.14)	−0.79***	(0.17)	−0.445**	(0.21)	51.06**	(24.90)
N	6705		5217		2958		2929	

注：（1）括号内是标准误差。$*$，$p < 0.1$；$**$，$p < 0.05$；$***$，$p < 0.01$。（2）虚拟变量_1999 为"是否国家控股"的工具变量；虚拟变量2006 为"机构投资者持股比例"的工具变量。

（五）内生性问题

关于公司治理和企业绩效之间存在的正相关关系，可能还存在另外一种解释，这涉及内生性（endogeneity）问题：绩效越好的企业越可能采用"好"的公司治理，而不仅仅是"好"的公司治理导致好的企业绩效。也就是说，公司治理固然可能对企业绩效有促进效应，但与此同时，企业绩效对公司治理也可能具有反馈效应（李汉军、张俊喜，2006）。具体到本研究就是，我国的国有控股企业在绩效方面很可能确实要优于民营企业，但这会不会是因为各级政府只对亏损的国有企业进行了民营化，而只保留了那些绩效优异的国有企业呢？[①] 类似地，虽然机构投资者持股比例更高的企业较其他企业拥有更好的业绩表现，但会不会是因为并非这些机构投资者促进了企业绩效的提升，而是由于这些企业本身就有很好的绩效表现才因此吸引了更多的机构投资者？

为了解决这样的内生性问题（或者更确切地说是解决可能的反向因果关系问题），我们使用工具变量（instrument variables）及二阶最小平方回归分析模型（2-stage least square models，2SLS）来试着纠正可能的系数偏差。在此过程中最棘手的问题乃是最佳工具变量的选择。工具变量的选择通常遵循这一原则：该工具变量与自变量相关但与因变量没有直接关系，其对因变量的作用必须通过自变量才能实现。好的工具变量通常是由外部政策

---

① 如（曹廷求等，2007），该研究证实了我国上市公司股权结构的内生性假设。

变化引起的。依据这一法则，我们选择了两个关键时间点作为国家控股和机构投资者持股比例的工具变量：虚拟变量_1999 作为国家控股的工具变量，因为上市公司中大规模的控股权变化（例如从国有控股变为非国有控股）是从 1998 年开始随着"抓大放小"政策的实施才开始出现的（因此采用虚拟变量_1999 来考察 1999～2007 年即政策实施之后的企业相关情况）；而虚拟变量_2006 则用作机构投资者持股的工具变量，因为 2005 年是上市公司股权分置改革开始大规模实施的起始时间，包括非流通股转为流通股、机构投资者持股比例快速提升等一系列的改革都在这一年开始施行。这两个年度虚拟变量都是由外部政策变化引起的（"抓大放小改革"和"股权分置改革"），而且分别同两个自变量密切相关（两个年份引起国家控股企业显著减少及机构投资者持股比例显著上升），但又与企业的绩效表现不存在相关关系（两个年度虚拟变量与该两个年度的企业绩效好坏并不存在内在关联），因此可以说是很好的工具变量选择。这些外生性政策变化使得我们能够用二阶最小平方联立方程分析的方法（simultaneous equations approach）对内生性问题加以控制。如表 6－4 所示，二阶最小平方分析的结果同随机效应模型的分析结果相似，但在回归系数上则明显大于后者（同表 6－2 中的回归系数相比）。因此，通过工具变量新模型的使用，最初的分析结果得到了进一步的佐证和支持。这样的工具变量方法，使我们在公司治理和企业绩效的因果关系分析中有了更大的信心，不过需要指出的是，它依然不能完全排除"更好的企业绩效引发更多的国有控股"及"更好的企业绩效导致更多机构投资者持股"这两种情况的存在。

（六）稳健性检验

为进一步厘清公司治理和企业绩效之间的因果关系，我们还使用了一系列回归模型来对上述统计结果的稳健性进行检验（robustness test）。为了对企业绩效的各项表征进行更全面的考察，我们对企业绩效的其他测量指标也做了测试，包括净资产回报率（ROE）、利润率（profit margin）和股票年收益率（annual stock return），测试结果与用资产收益率和托宾 Q 值得到的结果一致。此外，通过使用不同的自变量（例如将"机构投资者持股比例"替换为"流通股比例"作为资本市场对企业绩效影响力的测量指标），我们又进一步做了更多的灵敏度测试（sensitivity tests）。虽然不同模型分析结果的显著性水平不尽相同，但由这些模型得出的结果同表 6－2 和表 6－3

呈现的结果是一致的(由于篇幅所限,这些模型的分析结果在此不再单独列出)。总之,我们得到的分析结果具有很强的稳健性,并不随子样本的不同及所选择的公司治理和企业绩效测量指标的不同而改变。

四 "最佳"公司治理模式的社会建构

本章探讨了股东导向型的所谓"最佳"公司治理做法在我国这样的转型经济和制度环境中是否有助于实现企业绩效的提高和股东价值的最大化问题。从理论视角和分析框架上,本章突破了传统经济学代理理论和产权理论对公司治理问题的研究,采用社会学新制度主义的视角,对公司治理和企业绩效这一"经典问题"进行新的分析。基于在上海证券交易所和深圳证券交易所上市的 676 家上市公司 1997~2007 年的面板数据及相关深度访谈资料,笔者从社会学角度深入分析了公司治理和企业绩效之间的关系,并揭示了在中国制度背景下一种与经济学代理理论预测颇为不同的公司治理与企业绩效的关系模式。

研究发现由国家控制的上市公司绩效明显高于非国有控股企业,说明在我国,国家持股对企业价值的提升总体上来说发挥了显著的积极作用。这一实证研究发现,进一步完善了现有关于国家持股和企业绩效关系的理论和研究,并为之提供了最新的实证数据。然而,国家持股对企业绩效的影响并不只是简单的线性促进关系。我们发现两者之间实际上呈倒 U 形关系(见图 6-8),具体来说,当国有股比例在达到一定临界点(大约在46%)之前,企业绩效会随国有股比例的增加而不断增加,而在达到该临界点之后却会随国有股比例的继续增加而开始逐渐降低,如果国有股比例过高而继续增加至另一个临界点(91.70%)之后,企业绩效开始随国有股的继续增加而呈现负值。这说明,在我国这样的制度环境下,适度的国有持股是有利于企业绩效提升的,但过高的国有股比例则对企业绩效不利,并且这样的不利影响还会随国有股比例的继续增加而增强。在极端情况下,如果国有股比例达到 100%,形成国有独资企业的话(比如传统国有企业),资产收益率则会呈现明显负值(见图 6-8)。需要重点指出的是,国家控股对企业绩效的正面作用绝非简单因为国有控股企业的"垄断"地位和"政府扶持"。本研究样本公司的行业分布数据表明,无论是中央政府控股企业还是地方政府控股企业,垄断性的暴利企业只占少数,在大规模的统计分析中并不会对统计结果造成显著影响和扭曲。然而，由于这些少数垄断性国企受关注度非常高，人们一提到央企或国企，就认为它们都分布在垄断性暴利行业，即使业绩再好，也是基于其垄断地位获得的，而忽略了国有企业近年来在公司制改造（股权多元化、上市），内部管理改革和公司治理改善方面取得的成绩及其对企业绩效的影响。作为社会学学者，笔者无意仅仅以"垄断"、"政府扶持"、"暴利"等耸动性媒体用语简单概括国有企业近年来的耀眼业绩，更无意对少数垄断国有企业的暴利和腐败行为辩护，而是试图理性、客观地通过系统定量和定性分析厘清国有控股企业业绩提升及企业转型背后的深层制度和结构原因，并用组织研究的新制度主义理论予以理论提炼和解释。在笔者看来，国家控股对企业绩效的正面作用及国有股比例和企业绩效的独特倒 U 形模式，在更大程度上是过去三十年来我国政府体制改革、国有企业改革、财税体制改革、资本市场改革、劳动和社会保障制度改革、国有企业布局战略性重组和调整等多重制度变迁和多方力量互动的产物，离开了这些系统的制度变革和结构调整，国有企业改革就无法取得成功，即使其拥有再多的政府支持、占据多么有利的垄断市场地位。

此外，本研究还发现企业绩效同机构投资者持股比例之间存在显著的正相关关系，这表明我国的机构投资者在上市公司的公司治理中正在发挥越来越重要的作用。从更广泛意义上来说，资本市场在改善我国企业的公司治理，实现中国公司现代化和国际化进程中已经并将继续发挥重要作用。众所周知，没有资本市场对企业的激励和约束，就很难有真正意义上的现代公司（资本市场也是现代社会资本社会化的重要载体和实现形式）；同时，资本市场是高度国际化的生产要素市场，因此在传播国际公司治理理念、规范、标准，甚至相关法律制度方面是一个非常重要、快速、有效的通道。

而分设 CEO 与董事长对企业绩效的影响则呈现为负值（但不显著），表明此项所谓"最佳"治理举措实际上并不利于公司业绩的提高。对于渴望改善我国公司治理状况的学者、实践者和决策者来说，这一发现令人颇为意外，因为它从某种意义上否定了目前在我国及西方国家盛行的分设 CEO 与董事长的公司治理改革潮流。中国的改革者（无论是学术界、媒体还是监管机构）在过去十几年来一直大力倡导的 CEO 与董事长两职分离，对我国企业来说可能并不真正适用，至少从提升企业绩效这一点来看并未能起到人们所期望的积极作用。

另外，关于独立董事可能对企业产生的影响，我们发现独立董事在董事会成员中的比例同企业绩效之间并没有显著的相关关系，说明我国上市公司中的外部独立董事尚未能对企业绩效的提升发挥应有的积极作用。虽然"外部董事有助于提升企业绩效"这一观点的逻辑听起来颇有说服力，但支撑这一观点的有力证据却很难找到。即使是在美国和其他发达国家，也没有充分证据证明外部董事比例高的公司绩效确实要更好（Tian & Lau，2001）。然而，在中国这样的渴望尽快"同国际最佳惯例接轨"、加速实现"企业现代化"的发展中国家中，这样的公司治理做法却变得日益盛行。这种只求"看上去很美"而不问实际效果的组织实践，为新制度主义关于"正式组织结构更多是一种迷思和仪式"（formal structure as myth and ceremony）（Meyer & Rowan，1977）的论断提供了生动而有力的注脚。

一些经济社会学家和经济学家认为，制度安排（比如各种有效运转的市场，包括产品市场、职业经理人市场、企业并购市场）才是构建良好公司治理的关键，而产权的重要性至多是第二位的，如果不是完全不相关的话（Peng，2001；周其仁，2002；折晓叶、陈婴婴，2004；Guthrie et al.，2007）。产权的一项重要功能是解决激励问题，而激励问题的解决方案并不只有产权这一种，除了上面提到的市场能够提供激励外，折晓叶、陈婴婴在对乡镇企业改制进行研究的过程中发现，社会资本和文化也有类似的激励功能，她们进而总结："一些村庄虽然在所有制方面各自采取了多样化的选择，却都同样取得了成功。虽然它们的成功是由多种因素促成的，但这至少提醒我们，产权，特别是其要素之一的所有制形式，可能并不是问题的关键所在。"（折晓叶、陈婴婴，2004）乡镇企业之外，产权和所有制形式即使对那些一度积重难返、奄奄一息的大中型国有企业的业绩提升也没有造成不可逾越的障碍，在不改变国有产权的情况下，通过兼并重组、转化经营机制、加强内部管理、强化外部政府监督和市场约束，一批"新国企"应运而生，取得了令人瞩目的辉煌成绩。这一点，笔者在2012年4月对沈阳市铁西区关于旧城改造和国企改革问题的国情调研中感受很深。位于沈阳西南的铁西区集中了沈阳市六成以上的工业资产和七成以上的国有大中型企业，是我国东北老工业基地的缩影，被称为"中国鲁尔""共和国长子"、"共和国装备部"。然而，20 世纪 90 年代末，随着体制转轨、社会转型的不断深入，铁西老工业区旧的体制弊端日益显现，成为"东北现象"的代表地区。95% 以上的企业亏损，90% 的企业处于停产、半停产状态，13 万产业工人下岗失业。2003 年，在国家有关政策的扶持和地方政府的强力推动下，铁西区老工业基地翻开了基地改造振兴的新篇章。通过将厂区搬迁、企业转型与产业升级有机融合，铁西企业，尤其是大型国有企业的核心竞争力不断增强。重点企业加快向国际化大企业目标进军。比如，沈阳机床集团经济总量跃居世界同行业第一位，行业引领作用不断显现。北方重工集团产值和销售收入位居全国重机行业第一。沈鼓集团主导产品产量进入世界前列，综合实力稳居国内同行业首位。自主创新能力持续增强。特变沈变建成全国唯一的"特高压变电技术国家工程实验室"，三一重装获得"国家级企业技术中心"认定，建设国内最大的煤炭能源设备基地。这些"新国企"的快速转型和辉煌成就，令人刮目相看，大大改变了世人对国有企业的落后、迟缓、低效的刻板印象。更重要的是，这些"新国企"并非那些靠垄断、半垄断优势地位而获利的央企巨头，而是在竞争异常激烈的竞争性行业中凭借先进技术和优秀管理脱颖而出的"市场强者"。

我国的国有企业改革及其成绩证明，产权和所有制形式并非企业绩效的决定性因素，国有企业是可以搞好的。而国际经验更是有力表明，国有企业不但在我国这样的"有中国特色的社会主义国家"可以搞得好，而且在发达资本主义和成熟市场经济国家同样可以搞得好并取得令人瞩目的业绩。比如，新加坡政府所有的淡马锡公司，是不折不扣的新加坡国有企业，但其出色的管理和傲人的业绩享誉全球，成为很多国家和公司（甚至还有不少私营公司）学习、效仿的对象。究其原因，是因为国有企业作为国家公共组织的延伸和组成部分，其治理水平和绩效与国家治理水平和政府行政管理能力密切相关，新加坡政府的高效和廉洁全球知名，这种高效性和廉洁性在对其控制的国有企业进行监督和管理时就很自然地反映出来。相反，如果政府官员腐败盛行，行政管理能力迟缓、低效，就很难想象政府控制下的国有企业会有良好治理和出色业绩。从这个意义上讲，一些国有企业搞不好并不是国有企业本身的问题，更不是因为国有股天然无法产生好业绩，而是因为作为股权持有人和监管者的政府的治理和管理能力出了问题。

本研究不仅凸显了在对公司治理与企业绩效关系进行研究的过程中采用社会学视角的重要性，还颇具政策启发意义，并考虑到近些年来在世界各地，特别是在像中国这样的新兴经济体中蔚然成风的"企业民营化"（privatization）和所谓的股东导向型公司治理改革风潮。同新古典主义经济学家和产权理论家的主张截然不同，本研究关于"国有股对企业绩效具有正面积极影响"的发现并不支持我国企业的完全私有化。国有股比例同企业绩效之间存在的倒 U 形关系表明，彻底私有化和100%的国家持股都对我国企业的公司治理和企业绩效不利；那些很好地整合了国有股东和非国有股东多方力量的混合所有制企业，更能适应我国的制度环境，能更好地获取各种外部资源并在内部建立更好的平衡制约机制，从而改善公司治理、提升公司业绩。2012 年国务院国资委发布的《关于国有企业改制重组中积极引入民间投资的指导意见》便鲜明体现了在我国大力发展这种混合所有制企业的趋势。文件明确指出："积极引入民间投资参与国有企业改制重组，发展混合所有制经济，建立现代产权制度，进一步推动国有企业转换经营机制、转变发展方式。""国有企业改制上市或国有控股的上市公司增发股票时，应当积极引入民间投资。"[①]

建立和完善公司治理结构，是我国企业改革和公司现代化的核心所在，也是中国经济研究领域的一个热点和难点问题。公司治理问题看似是局部经济问题，实则关系重大，会影响到我国市场经济体系的成功建立和完善（公司制度是现代经济的核心制度）以及中国经济发展的长远潜力和竞争力，因为从长远来看，宏观国家竞争力在某种意义上是由微观的公司竞争力决定的，而公司的竞争力与其治理方式和战略选择密不可分。

本章试图以新理论和新方法对公司治理这一经典问题进行新的社会学分析，提供一种审视公司治理和企业业绩之间关系的除经济学和管理学之外的第三种视角。本章的研究结果表明，尽管代理理论具有相当强的理论威力和政策影响力，但是对该理论倡导的一些"最佳"公司治理做法（如私有化、分设 CEO 与董事长等）是否真的能够带来更好的企业绩效表现，依然需要通过实践检验才能加以确定。考虑到即使在西方，这些"最佳"公司治理做法有助于提升企业绩效的证据也很不充分，再加上本章关于这

---

① 国务院国有资产监督管理委员会文件，国资发产权〔2012〕80 号，2012 年 5 月。

些"最佳"做法对企业绩效负面影响的发现，经济学代理理论和产权理论在公司治理方面解释力的有限和无力已显露无遗。因此，从更多元的分析角度、更大的理论视野，特别是采用经济社会学新制度主义的理论框架，更为深入、细致地分析公司治理和企业绩效的复杂关系已愈显重要。

经济社会学新制度主义理论强调制度（正式制度如法律法规，非正式制度如习俗惯例规范等）、权力、网络和认知对人类经济行为和组织行为的影响和形塑，认为看似客观的经济理性和组织实践本质上是一种社会建构的结果，由于组织实践与其制度环境的相互嵌入性，并不存在跨越制度时空、普遍适用的组织模式。从研究方法来说，新制度主义研究除了进行传统的定量分析之外，还特别重视采用跨国比较及历史追踪等定性分析方法。新制度主义研究的这种深具历史感、跨文化比较和社会系统性/整体性的特点使其非常适合研究公司治理模式这样的带有系统性和历史性的重大问题，因为公司治理问题是如此复杂，以至于必须通过多角度考察、历史追踪及国际比较才能认清其本来面目（也就是辨析其"一般性"和"特殊性"），从而有助于我们避免认识误区和决策盲点，并提出比较科学的解决方案。

新制度主义的研究表明，公司治理问题看似是一个中微观的经济或法律问题，实际上是一个十分宏大的政治、历史、社会和文化问题。通过系统比较美国、英国、法国、日本、德国等国的不同公司治理模式以及资本主义过去几百年的发展史，我们可以清楚地看出一个国家的公司治理模式绝不是由书本上的经济公式和法律条文决定的，而是一个国家多种政经、社会力量经过长时间复杂博弈的结果。具体说来，一个国家的公司治理模式基本上由四种力量的组合而定：国家/政府（the state）、资本所有者/股东（shareholders）、职业经理人（managers/corporate executives）、劳工/工会（labor/labor union）。以美国为例，因为美国国家力量很弱（尤其是宪法规定政府不能随意干涉经济活动），工会力量也很弱（目前工会会员只占总雇员的10%左右），资本所有者/股东力量也不强（最主要是因为美国大公司的股权很分散，最大股东持股比例一般不超过总股份的5%，而中国正好相反，动不动大股东持股就超过50%，造成一股独霸），而美国的职业经理人的力量很强，虽然他们不是公司的所有者（所谓的所有权和管理权分离），但他们是美国大公司的实际管理者和决策者，真正的所有者（股东）反而因为力量太分散而无权参与公司的重大问题决策。美国这种特殊的政经社会力量组合形态就形成了美式公司治理模式——管理人资本主义（managerial capitalism）。20 世纪 80 年代以来，随着机构投资者的发展壮大（把中小股东集合起来了），股东/投资者的力量在加强，比较有效地制约了公司高管的权力滥用问题，因此很多学者认为美国正在转向投资人资本主义（shareholder capitalism）。德国情况就很不同，德国职业经理人力量不强大（德国有很多大公司仍是家族企业，比如著名的保时捷汽车公司），而工会力量很强大，政府力量也比较强，股东/资本所有者的权力就受到了工会和政府的有力牵制，这几种力量博弈的结果是形成了公司治理的德国模式——劳资共治的双元模式，或称"组织化的资本主义"（organized capitalism，即由资方、政府、雇员共同协调组织的资本主义模式，也算是有德国特色的和谐社会吧）。由此可见，公司治理模式是由一个国家多种政治、社会力量博弈的结果，与一个国家的历史和文化传统也密切相关，一旦形成某种模式就很难改变。因此，仅仅改变《公司法》或《证券法》的条文是很难真正改变一国的公司治理方式的。在这种情况下，如果只有金融学家和法律学家对公司治理问题进行研究，是肯定会形成认识误区和决策盲点的，因为大部分金融学家和法律学家要么从抽象的金融公式出发，要么从晦涩的法律条文出发（而不是从实际的社会政经力量和社会历史状况出发），以狭隘的金融或法律视角看问题，导致只见树木，不见森林，公司治理法规和公司治理实践犹如云泥之隔的状况。

本章基于中国经验的社会学分析表明，那些所谓的"最佳"公司治理做法是在特定社会、文化、政治等制度环境下各种复杂社会力量和利益群体进行"建构"的结果，其作用的发挥在很大程度上取决于是否契合所在的制度环境，因此，并不存在"放之四海而皆准"的普适"最佳"公司治理做法或模式。本章基于中国经验的社会学实证研究，为解构这一世界性"最佳"公司治理迷思提供了新的视角和有力证据。这也是为什么本章要从新制度主义理论角度研究我国公司治理问题的主要原因，因为笔者坚信中国的公司治理问题必须在更宏大的中国政治、历史和文化传统与现实的背景下才能得到深入了解，必须在对全球主要资本主义国家公司治理发展模式进行广泛研究的基础上才能得到比较科学的解答。

第七章
打造中国特色现代企业制度

自 1978 年改革开放以来，中国经济一直凭借以市场为导向的改革在向前迈进。在此过程中，国家鼓励非国有企业（包括民营企业、外资企业等）的发展并大力进行国有企业的改革和改制。因此，国有企业在工业生产中的比例已从改革之初的大约 80% 下降到了 2008 年的 30% 左右。然而近些年来（尤其是从 2008 年全球金融危机开始），却出现了显著的国有经济壮大而民营经济不断缩减的现象（即所谓的"国进民退"），同改革初期民营企业份额增长而国有企业份额随之减小的趋势（"国退民进"）形成了鲜明对比。"国进民退"的现象在企业并购领域尤为明显。例如，中国粮油食品进出口（集团）有限公司（中粮集团）与厚朴投资管理公司均为国有控股企业，它们在 2009 年 7 月曾将 61 亿港元投资到中国蒙牛乳业有限公司（香港上市）这样一家民营企业以获取其 20% 的股权。这在中国食品行业是有史以来规模最大的一次并购投资。随后，山东省最大的民营企业——日照钢铁有限公司和由山东省政府控股的山东省最大企业——山东钢铁集团有限公司也通过后者吸收前者的形式进行了合并。这次合并重组创造了中国第二大规模的钢铁公司，仅次于宝钢集团有限公司。不仅仅在中国国内，海外地区由国有公司为主导的企业并购也同样盛行起来。海外类似的投资主要集中在能源开发这样的资源开发领域。

有很多人，尤其是新古典经济学研究者，对这一新趋势表示担心，认为国有经济份额上升而民营经济份额下降会阻碍国家经济增长和技术创新的步伐，而要避免这样的负面影响，中国需要减少国有经济并推动民营经济的增长。国有经济的发展壮大究竟是否不利于经济增长和技术创新，在学术界和商界还存在很多争论，然而这一新趋势却凸显了本书的一个核心论点：不论长期影响如何，大型国有企业在经历了股权多元化（公司化改制）、公开上市及公司治理改革之后活力和竞争力显著提升，并成为中国经济舞台上的关键角色。"国进"的新趋势背后，国有企业的外部制度环境以及内部治理机制和结构都已发生了一些引人瞩目的变化。

本书的主要目的是探索如国家和金融市场这样的外部制度力量是否对中国大型企业的公司治理和发展战略造成了实质性影响。同传统的基于效率的公司治理和企业战略研究不同，本书采用了一种新兴的制度主义的研究视角，分析了制度环境对大型企业的公司治理和企业战略所起的形塑作用。具体来说，笔者主要针对国家和金融市场在 1997～2007 年对中国大型企业建立现代企业制度的转型过程中起到的具体作用进行了深入分析。本书对中国企业的研究为新制度主义理论提供了一个重要启示：那就是企业改革的动力不仅仅来自企业之间的市场竞争，也可能来自同企业并无直接关系但会主动效仿理想企业模式（例如股东导向型企业模式）的政府官员，他们会通过国家权力来迫使企业采用他们认为理想的企业治理模式和战略。

在这最后一章，笔者将重新就国家和金融市场在中国企业现代化进程中所起作用的主要研究发现进行回顾，对传统国有企业向新型国有企业的历史转型进行讨论，并指出在当前新的国际政治经济形势下反思西方自由主义企业制度，打造中国特色现代企业制度的必要性和可能性。

一　中国企业现代化路线图

国家，无论对于理解宏观中国经济还是微观的中国企业都是一个至关重要的因素。作为一个以增长为导向的发展中国家，自改革开放以来中国政府一直在积极推动中国企业的现代化进程，以促进经济增长和整个国家的现代化。然而，如何改革旧的经济体制增强国有企业的活力、实现国有企业的现代化对中国的改革者来说一直是一个非常艰巨的挑战。所幸在经过了三个阶段的企业改革和几十年的蹒跚探索之后，中国企业（尤其是国有企业）现代化的路线图终于慢慢浮现：股份制改造（股权多元化）→公开上市进入金融市场→股东导向的公司治理改革。因此，我们可以清晰地看到中国企业现代化总战略中的三大步骤：自 20 世纪 80 年代后期开始中国政府先后发起了好几波股份制改造/公司化运动；20 世纪 90 年代初期，上海和深圳两家证券交易所相继成立；自 20 世纪 90 年代末起，锐意进取的改革派政府官员开始大力推行股东导向的公司治理改革。特别需要注意的是，在中国经济动荡不定的转型期，政府官员和政策制定者对于推进中国企业公司治理和企业战略现代化的具体道路并不十分清楚，当他们发现"中国方法"不能解决实际问题的时候，便放眼全球，试图寻找国际"最佳惯例"（例如美式股东导向型公司治理制度），然后将这些国外的做法积极地移植到中国。

本书的实证研究结果详细展示了中国政府对上市公司的公司治理和企业战略产生的强烈影响，揭示了股东导向型公司治理制度进入中国企业并非由机构投资者或任何专业人士团体（如基金经理、证券分析师）所发起，而"国家"才是这些新治理做法进入中国企业的主要因素。在当代中国，总的来说政府的财经官员有两个"梦想"：现代化（"建立现代企业制度"）和国际化（"与国际接轨"）。股东导向型公司治理制度的引入便是这两个"梦想"的生动体现。对很多政府官员来说，独立董事制度既是全球企业的最佳惯例，也是现代企业的一个重要标志。因此，为了实现中国企业的现代化和国际化并最终推动经济增长，政府官员便尽力推动企业采用股东导向型公司治理制度。此外，本书还发现，中国企业不论是前期高水平的多元化（1997年之前）还是后来的去多元化（1997年之后），在很大程度上也都是国家政策促成的结果。具体来看，中国政府在20世纪90年代竭力打造多元化企业集团的政策主要有三点原因，首先是中国政府对中国能够成功借鉴日本和韩国运用产业政策创立大型多元化企业集团很有信心。其次是中国企业同国内的外资大型国际企业进行有效竞争的需要。最后，中国政府也认为多元化企业集团是吸收20世纪90年代不断增加的亏损企业和下岗工人的最佳载体。对日本和韩国多元化企业集团模式负面效果的反思，加上美国专业化企业模式日益增强的全球影响力，使得中国领导人和政策制定者在1997年亚洲金融危机之后开始逐渐倾向于他们认为的更加先进的美国企业模式。因此，同其在多元化战略兴起过程中所扮演的角色类似，政府在近些年大型企业的去多元化进程中再次发挥了主要作用。

有趣的一点是，似乎最为"资本主义"的美国公司治理做法在社会主义的中国比在其他发达资本主义国家，如德国和日本更容易被采用和实施。这在很大程度上是因为，相比其他政治/经济利益群体，比如工会、职业经理人和专业人士，政府力量在中国社会一直占据主导地位。因此，当政府官员决心要引入某一国际公司治理做法的时候，他们能排除其他利益群体的反对而实现所愿；而在德国这样的发达经济体，国家、工会、公司管理层和公司所有者之间的权力关系是比较均衡的，因此任何外国的/新的组织做法的引入和采用都会危及当前权力结构的稳定而招致可能受到利益威胁的权力团体的强烈反抗。在美国，这样的权力因素在组织变革中的作用也是非常突出的。例如，尽管总经理和董事长职务分离的理念源自美国，但实际上只有约30%的美国企业真正实施了总经理和董事长职务的分离；而在中国，大约84%的企业都在1997~2006年贯彻执行了这一理念，比例明显比美国企业高出很多。这一发现之所以非常有趣是因为中国政府官员对美国理论进行了"操演"（performativity），把美国理论在中国变成了现实！这是因为在中国，政府在推进组织变革中具有强制性的主导力量，而在美国，金融市场以及机构投资者和证券分析师这样的专业人士团体的力量还不足以强大到能够迫使企业采纳他们所有偏好和意见的地步。总的来说，中国企业为我们提供了很好的实例，让我们得以更好地理解国家在形塑大型企业的公司治理和战略上的重要影响以及"权力"（同"效率"相比）在组织变革中的强大作用。

二　金融市场与中国企业的现代转型

在西方（特别是在美国）的私营企业中，公开上市主要是为了企业融资：比起银行贷款，这是更为有效率的融资方式。然而对于中国的国有企业和家族企业来说，上市不只单纯地为了融资——上市也是改善公司治理使企业更好地向现代企业转型的至关重要的制度安排。因此，与西方国家自发性的金融市场不同，中国的金融市场是政府一手建立的用来为国有企业融资、改善公司治理和运作机制并最终实现企业现代化的工具。正如上一节中提到的，20世纪90年代上海、深圳两大证券交易所的成立是中国企业实现现代化的总路线图中的第二步。从那时起，中国金融市场一直呈高速发展之势。截至2007年底，便已经有了1.38亿个个人投资账户（比英国和法国的人口数之和还要多）；上市公司从1992年的53家增长到1530家；中国国内A股市场的总市值在亚洲仅次于日本，位列全球第四（位于纽约证券交易所、东京证券交易所和纳斯达克之后）。值得注意的是，自1998年起，中国的机构投资者持有了越来越多的企业股份并逐渐成为金融市场中的一支重要力量。其结果是，金融市场在形塑公司治理和企业战略以及提升中国上市公司绩效表现等方面扮演了越来越重要的角色。例如，本书的研究结果显示，中国的机构投资者，正如他们的美国同行一样，在企业战略的制定方面（例如去多元化战略）确实有着举足轻重的影响力。本研究还发现金融市场在监督、制衡中国企业管理层方面也有一定作用。此外，统计结果表明公司业绩与机构投资者持股比例呈显著正相关关系，这也说明中国的机构投资者在上市企业公司治理和企业绩效方面起到了比较重要的作用。总体而言，似乎中国的上市公司，哪怕是像中石油和中国铝业这样的国有控股企业巨头，也大都遵守了国际投资者关系准则（global investor relationship norm），在公司治理和公司战略方面受到来自金融市场的压力和影响。

中国证券市场建立之初最突出的特点之一是流通股（TS）和非流通股（NTS）的分割，这严重妨碍了金融市场在改善中国企业公司治理中的作用。然而，2005 年由中国证监会发起的一场旨在将非流通股转变为流通股的"股权分置"改革解决了金融市场的分割问题，也为公司控制权市场的发展打下了良好基础。总的来说，股权分置改革使金融市场和上市企业迎来了新的重大变化，将使金融市场在中国企业的现代化转型中发挥更大的作用。

三　新型国有企业的诞生

自新中国成立以来，国有企业就一直主导着中国经济。经过三十多年的改革，国有企业不再是主宰中国经济的唯一力量。然而，这并不能减弱国企部门对于国民经济的重要意义。中国一直都致力于在重点行业和关键部门（例如军工、电网电力、石油石化、电信、航空运输和航运等七大行业）建立中国企业的"国家队"，这些行业里都是国有企业占据主导地位（Nolan，2001）。从组织变迁的角度来看，为了改变国有企业的内部结构及其同外部环境之间的关系，三十多年的国有企业改革进行了不懈探索，凝聚了大量的艰苦努力。然而，始终存在的一个问题是：中国是否真正做到了将国有企业改造为充满活力的经济发动机来为中国经济在 21 世纪的发展源源不断地提供动力，抑或国有企业依然只是中国计划经济体制遗留下来的垂死挣扎的昔日恐龙？本书的研究结果表明，过去奄奄一息的国有企业在经过股份制改造（公司化）、公开上市以及公司治理改革等一系列结构调整之后确实有了显著变化，不少企业转变成了新型的充满生机的国有控股上市公司。

第一，同传统的国有企业不同，现在的国有控股上市公司不再完全归国家所有：它们都是混合所有制结构，大多数情况下都是由国家、国内民间投资者和外资股东共同所有。几乎所有的有关国家持股导致企业低效的研究都是基于单一所有权的情况（例如"100%完全国有"或"100%完全私有"）。笔者认为，100%完全国有确实不利于改善企业治理机制和企业发展，但在股权多元化的新制度环境下，不同类型的股权所有者（国家、私人和外资股东）共同对国有企业管理层的行为产生影响，能比较有效地监督、制衡管理层的寻租和权力滥用，进而提升国有控股企业的公司治理和业绩。就算在很多情况下，国家仍然是占主导地位的股东（大股东），但其他的私人和外资股东也是利益相关者，他们也十分关心企业的发展和业绩，也想在改善公司治理方面发挥自身的影响力。例如，高盛、美国运通及德国金融巨头安联在2006年投资了中国最大的银行——中国工商银行10%的股份，作为境外战略机构投资者，这些外资金融机构在提升工商银行的公司治理和国际化方面发挥了积极作用。就连个人投资者及中小股东也能在监督、约束国有大股东和国有控股企业高管方面发挥一定的作用。由于股权多元化和公开上市带来的不同利益相关者之间的制衡作用，国有控股企业的代理成本得到了明显降低。

第二，股权多元化、上市以及法律改革（例如关于企业破产的相关法律改革）已经在较大程度上缓解了国有控股企业的软预算约束问题，使国有企业在生产和销售上具有了更大的积极性和灵活性。此外，通过过去几十年一系列的劳动力市场和社会保障制度改革，国有控股企业所承受的过重的社会和政治包袱也有了大幅减轻。

第三，随着中国经济的快速增长以及政府财政实力的增强，国家越来越多地扮演起了"援助之手"而非"掠夺之手"的角色。与此同时，随着"抓大放小"政策在20世纪90年代末的实施，不论中央政府还是地方政府需要监管或扶持的国有控股企业数量都大大减少。因此，在这样一个"需要扶持的国企数量大大减少，而可掌控的经济资源大大增加"的条件下，各级政府自21世纪初以来也更加有能力为企业发展提供帮助与指导。

第四，当一些国有控股企业开始引入境外战略投资者（股权多元化）

的时候，另一些企业走得更远——它们在董事会中设立了境外独立董事，这样的举动已在很大程度上改变了国有控股企业的公司治理和运作方式。例如，作为中国最大钢铁企业的宝钢集团，其董事会的9名董事会成员中就有5名是外部独立董事，而这5名外部独立董事之中，就有2名来自境外。宝钢这样的做法颇具革命性，因为它是第一个企业董事会成员大部分为外部独立董事并且其中两位是外籍人士的央企。宝钢并非仅仅是个特例，它是大型国有控股企业公司治理改革进程中的领头羊，为其他大型国有企业树立了可以效仿的榜样，目前，央企的董事会改革正在加速推进。

第五，有关国有控股企业内部管理流程变革的实证研究也印证了国有控股企业在近些年来取得的显著进展。由罗尔斯顿（Ralston）等人（2006）做的一项研究显示，中国今天的国有企业同外国企业在领导风格、员工管理、战略定位和成功标准等方面已经非常相像。在中国改革开放过程中，一直非常重视工商管理教育和西方管理理论与实践的学习（Warner, 1987）。国有企业的管理者一直被鼓励去获取工商管理硕士学位（MBA）或接受短期公司高管培训并去国外参观访问西方国家同行业的先进企业。这种对西方工商管理教育的重视是为了加强对西方企业的了解，打造能够在国际市场上与西方企业有效竞争的中国企业。这些相关研究结果表明，中国国有企业已经吸收学习了很多西方以市场为导向的企业核心商业价值和做法，提升了企业管理的科学性和竞争力。

总之，今天的国有企业已不再是改革前的垂死恐龙，而更像是诞生于所有权多元化、董事会和内部管理变革、金融市场约束这样一个新时代的强力经济发电机。比如，本书的研究表明，相比非国有企业，国有控股企业更有可能采用股东导向的公司治理制度，更有可能进行去多元化、回归专业化战略。此外，我们还发现国有控股企业的盈利能力已经有了显著提高，在证券市场上也比非国有企业更受重视。特别值得一提的是，国有企业近些年来还通过积极收购民营企业甚至是外资企业实现了各个行业的大规模整合。虽然有不少人认为这些并购整合不是真正的市场行为，而是国有企业利用垄断地位和政府支持进行强力扩张的结果，但不可否认的是，这种"国进民退"的新趋势也表明国有企业在经过几十年的改革之后已经转变成了充满活力、积极进取的现代企业，在国民经济和世界经济中发挥着越来越重要的作用。这在改革初期是不可想象的，那时，即使国有企业占据垄断地位、拥有政府支持，但由于其内部治理机制和面临的外部约束不同，也难以有动力、有能力进行类似今天这样的大规模并购、扩张活动。

四　打造中国特色"现代企业制度"

（一）世界上并无"最佳"现代企业制度模式

本书前几章曾提到，世界主要公司治理模式大致可以分为以英美为代表的"英美股东导向型模式"（the Anglo-American Model）和以德国、日本为代表的"德日利益相关者导向模式"（the German-Japanese Model）。两者均为"现代企业制度"，但哪一个"最优"，最有利于提升企业绩效和竞争力？早期公司治理学者认为美式公司的分散所有制结构（dispersed owner-ship）及所有权和管理权的分离使其比那些家族公司、国有公司、银行主导的企业集团及工人合作社都更有"效率"，更为"现代"，因此美式公司治理模式将不可避免地在世界上广为扩散（Berle & Means，1932）。由于美国经济在二战后至 20 世纪 70 年代一直在世界占主导地位，因此美式公司治理模式确实在这段时期被誉为国际最佳惯例（the international best practice），并被其他国家大力效仿。然而，从 20 世纪 60～80 年代，德国和日本经济崛起，对美国经济形成了极大挑战，特别是在制造业领域，很多德国和日本公司的管理模式和组织实践被认为是优于美国公司的（比如著名的"丰田模式"），德日公司模式因而被世界很多国家所效仿，甚至很多美国公司也纷纷引进德日"先进"管理和组织模式（Kester，1996）。20 世纪 80～90 年代美国经济的强劲复苏，及金融市场全球化和资产管理行业的兴起，特别是日本经济在 90 年代的衰落，引发了另一轮对美式公司治理模式的推崇，商界和学术界再次预测其他国家将效仿美国，因为他们认为美式公司治理是优于其他公司治理模式的全球最佳模式（Shleifer & Vishny，1997）。但好景不长，2008 年发端于美国的国际金融危机再次引起世人对美式公司治理模式的深深怀疑和不信任，美式公司治理模式又一次深陷危机，并有可能引发"去美国化"的风潮。

由此可见，某种公司治理模式或企业制度被其他公司、其他国家广为效仿，更多的并非因为其超越时空和制度环境的"绝对效率"，而是基于其在某段特定时空范围的"相对表现"。因此，即使在"最理性"的公司行为领域，也并不存在一个经济学家和管理学家所声称的"客观"的"最佳模式"，如果有的话，这种"最佳"或"理想"模式也更多的是一种"事后解释"，是一种社会建构的结果：某种模式在某段时期表现最优，人们便对其进行理论化和事后解释，声称该模式之所以表现最好是因为其是理论上的"最佳模式"或"理想模式"（实际上是一种循环论证），而当该模式表现不佳时，人们便对其进行"负向论证"，用各种理论和事实论证其为什么不是最佳模式而应该被抛弃，同时又对新出现的"最佳模式"进行理论论证，以赋予其正当性和科学性。总之，组织理性的这种社会建构性和事后解释性决定了某种组织模式被广为效仿和扩散，更多的是因为其被社会和制度环境定义为是"正当的"、"高效的"和"先进的"，而并非因为其具有超越时空的恒久"先进性"和"高效性"。

鉴于本书的研究揭示出一种与代理理论预测和西方经验颇为不同的中国的 CEO 解职规律，并发现在中国制度背景下与代理理论的预测颇为不同的公司治理与企业绩效的关系模式，笔者认为，客观而言世界上并无一种"最佳"公司治理模式或现代企业制度，而所谓的"最佳"公司治理模式或现代企业制度是在特定社会、政治、文化等制度环境下各种复杂社会力量和利益群体进行"建构"的结果，其作用的发挥在很大程度上取决于是否契合所在的制度环境，因此，并不存在普适的"最佳"公司治理模式和"现代企业制度"。本书基于中国经验的社会学实证研究，为解构这一世界性公司治理迷思提供了新视角和证据，也为打造中国特色的现代企业制度提供了理论和事实依据。

（二）中国特色现代企业制度的主要特征

中国特色现代企业制度既有一些与西方企业相似的地方，比如独立董事制度、高管股权期权薪酬制度，以及金融市场和机构投资者将在公司治理和公司战略中发挥越来越大的作用；同时，由于中国的政治经济体制和历史文化传统，中国的现代企业制度也将具有鲜明的"中国特色"和"中国风格"。笔者认为至少将具有以下四个方面的特征。

1. 产权方面的混合所有制与新型国有企业的崛起

本书的研究结果同经济社会学家和一些经济学家所持的有关制度安排的观点一致，即运作良好的市场，特别是金融市场、职业经理人市场和公司控制权市场，是公司治理的关键，而企业所有制顶多只占第二位的重要性。这意味着改革之前国有企业绩效不佳的问题本质上并非公有制本身所致，而是源于计划经济整体上的体制性问题。国家所有权和控制权可以以不同的形式实现，只要在正确的制度条件下（例如在公开上市和公司治理改革的新时代），就有可能为国有控股企业在全球经济中创造无与伦比的竞争实力。

总体而言，本书的发现表明，国有企业在经过过去几十年一系列的股份制改造、公开上市和公司治理改革之后已经变成了富有生机的具有全球竞争力的新型国有企业。这也充分说明，混合所有制经济是我国基本经济制度的重要实现形式，有利于国有资本放大功能、保值增值、提高竞争力，有利于各种所有制资本取长补短、相互促进、共同发展。积极发展混合所有制经济，是新形势下坚持公有制主体地位，增强国有经济活力、控制力、影响力的一个有效途径和必然选择。习近平总书记在十九大报告指出："要完善各类国有资产管理体制，改革国有资本授权经营体制，加快国有经济布局优化、结构调整、战略性重组，促进国有资产保值增值，推动国有资本做强做优做大，有效防止国有资产流失。深化国有企业改革，发展混合所有制经济，培育具有全球竞争力的世界一流企业。"毫无疑问，混合所有制改革将是我国国有企业改革的方向，由此将催生一批具有强大竞争力和活力的新型国有企业，这些超级新型国有企业也将在中国经济和世界经济舞台上扮演日益重要的角色。与西方现代企业制度基于私有产权和自由市场的运作不同，产权方面的混合所有制和国家对企业的宏观调控是我国现代企业制度的一个重要特征。

2. 党组织将成为中国特色现代企业制度的有机组成部分

在国有企业中，基层党组织是作为一种"统治"形式存在的，其直接作用于企业内部，发挥政治核心职能，对企业的决策有巨大影响（马连福等，2013；陈仕华、卢昌荣，2014）。而在民营企业中，党组织有别于国有企业党组织，人、财、物均不直接管理，基层党组织发挥的是一种间接作用，具体体现在引导、监督、维权、统战、协调和企业文化建设等方面（李少斐，2008）。因此，民营企业党组织建设和功能的重心之一在于"围绕企业生产抓党建，抓好党建促生产"。何轩和马骏（2016）发现，在所辖企业中设立了党组织且自身具有党员身份的私营企业主对于执政党相关政策的认可度更高，同时也更加偏好于生产性活动和长期导向活动的投入。龙小宁和杨进（2014）进一步发现，私营企业党组织的建立能够显著提高企业职工工资以外的福利和企业的劳动生产率。中国证监会主席刘士余在国务院新闻办（国新办）发布会上回答记者提问时更是指出："上市公司有一个共同现象，不论是国有控股还是私营控股或混合所有制，这个公司只要注重党的建设，这个公司业绩就好，立于不败之地。"① 总的来讲，现有研究企业党组织对企业治理结构影响的文献大多基于国有企业样本（马连福等，2013；陈仕华、卢昌荣，2014），而何轩、马骏（2018）则认为，不应忽视基层党组织在私营企业中的作用，这一常设机构同样可以提升私营企业的治理效率，这一作用主要通过建立党组织与企业董事会、监事会等部门的互动沟通机制，党组织与董事会联席会议等制度实现，促使党组织的主张与企业的决策有效融合，进而提高企业的治理效率。

近年来，我国私营企业党组织建设工作取得了很大进展，根据2012年第十次全国私营企业抽样调查的结果，我国私营企业中有30.8%的企业已经建立基层党组织，比2002年增加了12.41%②。十九大报告指出："党的基层组织是确保党的路线方针政策和决策部署贯彻落实的基础。要以提升组织力为重点，突出政治功能，把企业、农村、机关、学校、科研院所、街道社区、社会组织等基层党组织建设成为宣传党的主张、贯彻党的决定、领导基层治理、团结动员群众、推动改革发展的坚强战斗堡垒。"2017年9月，由中共中央、国务院发布的《关于营造企业家健康成长环境弘扬优秀企业家精神更好发挥企业家作用的意见》明确指出："要加强党对企业家队伍建设的领导，建立健全非公有制企业党建工作机制，积极探索党建工作多种方式，努力扩大非公有制企业党的组织和工作覆盖。充分发挥党组织在职工群众中的政治核心作用、在企业发展中的政治引领作用。"③ 以上事实足以说明党对于我国私营企业党组织建设的重视程度，随着党组织在各类新型经济组织和社会组织中的全覆盖，不难预测，党组织将成为中国特色现代企业制度的一个有机组成部分。

3. 在企业内部收入分配方面，保持管理层和劳动者之间利益的适度平衡

在我国经济市场化转型过程中，大部分经济学家对国企整体改制、内

---

① 资料来源：http://mt.sohu.com/20170227/n481811856.shtml。

② 数据来源：2002年和2012年全国私营企业调查数据库。

③ 资料来源：http://www.gov.cn/zhengce/2017 - 09/25/content_5227473.htm。

部改革的研究都着眼于经济效率以及"现代"企业治理机制建设与国有企业发展的关系。经济学界注重的是国有企业在经济维度上的深入探讨，却甚少关心国有企业这一"特别"经济体系的政治和社会意义。几十年来国有和集体经济单位制下就业稳定，终身雇佣，人员流动率小，单位内部多实行按资历和岗位分配的工资福利制度。改革开放以来，虽然大多数国有企业进行了公司化改制、引进了"现代"公司治理模式，但在集体经济思想传统、国有企业的特殊性质和所处的特殊资源结构地位以及社会主义意识形态的影响下，公众难以接受国有企业高管过高的薪酬，促使社会舆论对国家有关部门形成压力，2009 年以来我国发布的一系列高管"限薪令"①就说明了这一点。比如，人力资源和社会保障部等六部门于 2009 年联合出台《关于进一步规范中央企业负责人薪酬管理的指导意见》，对中央企业发出高管"限薪令"，规定高管年薪应限制在 60 万左右，国有银行董事长、行长、监事长以及其他副职负责人的薪酬均按此标准执行。

---

① 2002 年，国家开始推行国企高管年薪制，规定其年薪不得超过职工平均工资的 12 倍。但随着经济发展和国企盈利的增长，这一比例早已被突破。2009 年中央企业负责人平均年薪达 68 万元。人力资源和社会保障部等六部门于 2009 年联合出台《关于进一步规范中央企业负责人薪酬管理的指导意见》，对中央企业发出高管"限薪令"：应进一步严格规范国有企业、金融机构经营管理人员的薪酬管理，建立根据经营管理绩效、风险和责任确定薪酬的制度。同时，严格控制和监管职务消费，使其合理化、规范化、公开化。2009 年 2 月 8 日财政部办公厅向各家金融类国企派发的《金融类国有及国有控股企业负责人薪酬管理办法（征求意见稿）》提出，负责人基本年薪取决于两个因素：第一，公司的职位等级（由企业资产、业务范围、业务领域广度等决定）；第二，所在企业、所在行业、所在地区的在职职工工资水平加权平均后乘以 5。2014 年 8 月 29 日，据新华社新华视点微博消息，中共中央政治局召开的会议认为，要对不合理的偏高、过高收入进行调整，形成中央管理企业负责人与企业职工之间的合理工资收入分配关系，合理调节不同行业企业负责人之间的薪酬差距，促进社会公平正义。2015 年 1 月 1 日起，国有银行董事长、行长、监事长以及其他副职负责人的薪酬，按照国家关于中央管理企业负责人薪酬制度改革的意见执行。《中华人民共和国保险法（修订草案）》，其中涉及保监会的内容包括第五章"保险业的监督管理"以及第八章"保险监督管理机构"。作为监管机构的保监会，其主要监管职责是：保险公司的偿付能力监管和市场行为监管。《保险法》中也提到保监会对保险公司的薪酬管理，但这个监管的前提是"对偿付能力不足的保险公司，国务院保险监督管理机构应当将该保险公司列为重点监管对象，并可以根据具体情况采取下列监管措施"。在单列的措施中就包括限制其分支机构的开设、限制股东分红，也会限制管理层薪酬。针对社会反映强烈的"平安高管 6000 万元高薪"的问题，《通知》提出："其他中资股份制保险公司也要依照本通知精神，加强对高级管理人员薪酬工作的管理。公司股东大会、董事会以及提名薪酬委员会要切实发挥作用，对薪酬制定和发放程序以及薪酬方案的合理性等进行认真审查，并将有关情况作为 2008 年度公司治理结构报告的重要内容报送保监会。"

另外，自国有企业改革以来，所有权/产权争议以及国有企业管理人员的身份认同困境一直存在。加之目前我国金融市场、公司上市规则、监管制度尚不成熟，比较充分竞争的高管人才市场还没有建立起来，国有上市公司本身的治理结构和"全口径"信息披露制度还需进一步规范和发展。因而，国有企业自身在现有条件下还做不到自觉规范高管薪酬、改革企业内部合理分配收入，而主要由国家政策引导和驱动。

全球各国的经济实践表明，某种公司治理制度（比如美式高管股权期权薪酬制度）被其他国家广为效仿，并非其具有超越时空和制度环境的"绝对效率"，而只是其在特定时空范围的"相对表现"。中国企业制度的发展和改革不应建立在单纯的"经济"和"效率"考量之上，国家治理理念、历史文化传统和社会发展阶段同样具有举足轻重的作用。在改革企业高管薪酬制度，增强其工作积极性和企业活力的同时，也要重视企业职工群体的利益，抓好对国有企业重要干部的管理并充分发挥企业党组织在提高国有企业竞争力和增进社会福祉方面的作用，才能兼顾效率和公平，防止不合理的偏高、过高收入和贫富两极分化，建立起符合我国当前发展阶段和国情的有中国特色的高管薪酬制度和企业内部收入分配体制。

4. 在企业与社会关系方面，强化企业社会责任

20世纪90年代以来，特别是2008年金融危机以来，企业社会责任受到全球广泛关注，尤其是在消费者和员工安全问题不断增多以及与公司有关的自然灾害频发的情况下。比如，在美国和欧洲，很多人认为2008年金融危机的发生就是由于一些大公司不负责任的金融操纵行为造成的，公众强烈呼吁要强化企业责任，保护民众和社会利益。企业不但要向股东负责，也要向"利益相关者"负责，比如，消费者、社区及其他直接或间接受企业行为影响的群体。

公司治理结构和现代企业制度的本质是企业所有权及其相关利益和责任的安排问题。在企业所有权安排这一问题上，存在两种不同的理论流派：一种是传统的"股东至上"理论逻辑下的单边治理模式，主张企业所有权应由股东单方面拥有，股东是公司的唯一所有者，企业经营的目的是实现股东利益最大化。另一种是20世纪90年代以来迅速发展起来的利益相关者理论逻辑下的共同治理模式，主张企业所有权由股东、债权人、供应商、雇员、消费者、政府和社区等利益相关者共同分享，企业经营的目的是实

现相关者利益最大化（李伟，2005）。这两种治理模式都强调了企业社会责任的必要性，股东导向型致力于通过改革董事会的义务责任体系来强化企业社会责任，而利益相关者导向型通过吸收职工参与公司的管理来强化公司的社会责任。

关于企业社会责任和公司治理的内在联系，Bhimani 和 Soonawalla（2005）认为企业社会责任和公司治理是一枚硬币的两面。从广义的公司治理的概念来看，好的公司治理必须承担对所有关键利益相关者的责任（Kendall，1999），这就和企业社会责任的利益相关者概念有很大的重合之处，企业是复杂的利益相关者关系网络中的关键，并且对这些不同的利益相关者负有责任。企业社会责任的学者也强调内部公司治理的必要性，尤其是履行企业社会责任的内部维度的时候（Perrini，Pogutz & Tencati，2006）。企业关注对内员工培训、技能开发和学习、工作环境和工作条件等事项也属于狭义的公司治理的范畴。企业社会责任和公司治理统一于利益相关者理论与实践中，并且相互影响，形成了一种促进与互动的关系（王长义，2007）。企业社会责任对公司治理的影响，表现在它能够推动公司治理的有效改善与良性发展。而公司治理对企业社会责任的影响，表现在不同的治理模式和治理结构会对企业社会责任承担的程度产生影响，完善的公司治理结构是实现企业社会责任的微观基础。

目前，世界上的企业社会责任模式主要有以美国为代表的"市场驱动型企业社会责任模式"（the market-driven model），和以欧盟为代表的"关系型企业社会责任模式"（the relational model）。

与欧洲相比，美国企业面临来自政府的要求承担社会责任的压力较小；企业社会责任更多地被认为是企业的自愿行为，政府一般也只是间接推动企业履行社会责任，而不是强制企业履行社会责任。企业社会责任实践几乎完全由社会组织和企业自身推动，往往基于应对来自投资者、消费者和社会组织的压力的需要。20 世纪 80 年代股东价值最大化运动的负面经济、社会后果是促成企业社会责任运动 90 年代在美国兴起的重要原因。

关系型企业社会责任模式强调公共－私营部门的合作和共同责任，认为政府、商业部门和公民社会在特定项目的成功中共同发挥着议程制定、提供资源、分担责任的作用，并一起建立监督和纠纷解决网络。这种关系模式代表着一种新的治理形式，是一种将责任和监管权力从传统国家机构重新分配到由社会组织、企业和政府机构组成的网络中的"监管多元主义"（a regulatory pluralism）。在这种模式中，政府实行一种软性监管框架，主要发挥着参与者、组织者和推动者的作用，并倾向于提供正面激励，而不是监管处罚。从广义上来说，关系型企业社会责任模式是欧洲社会市场经济模式和社会对话机制的一部分。

近年来，中国企业的社会责任行为日益增多、发布《企业社会责任报告》的企业也在迅猛增加，有一系列内外因素的推动。（1）国际因素。作为世界工厂，中国日益融入全球生产链和供应链体系（尤其是2001年加入WTO以来），国际利益相关者（社会组织、消费者、政府组织）要求强化全球供应链的社会责任，比如，国际消费者日益要求供货商对中国企业进行企业社会责任审计。（2）中国企业社会责任有历史传统和文化根源。中国商界具有进行慈善行为的悠久历史。由于中国社会的集体主义导向和商业活动的家族主义传统，在历史上商业活动具有对家族成员、所在社区及国家负责的倾向。一些学者认为，"儒商"就是中国企业社会责任的早期形式，儒商除了盈利之外，也很重视承担社会责任。而且，从历史上来看中国商人也有进行大规模的本应由政府承担的慈善工作和社会服务的传统（赈灾、兴办教育、建设福利设施等）。（3）国内利益相关者对企业日益增长的社会责任要求。由于过去十几年来频发的环境污染事故、食品安全事件和工业伤亡事故，国内利益相关者日益组织起来并逐渐成熟，对企业不断施加压力，督促其履行社会责任。（4）近年来日益增多的劳资纠纷，促使政府和企业改善劳资关系、提升员工福利。（5）特殊事件的推动。一些自然灾难及公司丑闻和公司事故发生后，比如2008年的四川汶川地震、2009年的三聚氰胺事件及2010年的富士康工人连环自杀事件后，公众要求强化企业社会责任的呼声不断高涨。（6）中国消费者正在学会如何利用其购买力去惩治和施压那些在环保、产品安全及社区投入方面责任履行不足的企业。（7）互联网也助推了消费者和公民在强化企业社会责任方面的努力。2008年四川汶川地震发生之后，不管是跨国公司还是中国公司的赈灾捐款数额都受到了中国网民的密切关注。（8）中国社会组织的迅猛发展也促进了企业承担社会责任的兴起，特别是那些环保组织和社区服务组织。环保组织在提升公众环保意识、促进公众环保参与及改善环保立法和监管方面发挥着日益重要的作用。

　　企业社会责任在我国社会治理中也发挥着日益重要的作用，成为政府应对社会和环境挑战的一个重要工具。改革开放以来，中国经济在迅猛发展的同时，也不得不应对一些严峻挑战，比如比较严重的收入不平等、人口结构变化、快速城市化和环境污染，以及群体性事件和社会抗争等。政府正日益寻求通过商业部门应对这些挑战：企业在国民经济发展、社会治理、建设和谐社会方面都能发挥重要作用。总的来讲，在过去二十多年间，中国政府对企业社会责任的态度发生了巨大变化：从一开始批评、抗拒企业社会责任，认为是西方发达国家故意压制发展中国家企业、提高企业成本的借口，到把企业社会责任作为帮助中国企业建立品牌、提升中国制造国际竞争力的一种手段，最后到把企业社会责任作为应对社会和环境挑战的重要措施。

　　相对于市场驱动的美国模式和关系型的欧盟模式，我国正在构建一个国家中心的强制型社会责任模式（the state-centric, mandatory model）：2005年，企业社会责任首次写入《中华人民共和国公司法》，规定"公司从事经营活动，必须遵守法律、行政法规，遵守社会公德、商业道德，诚实守信，接受政府和社会公众的监督，承担社会责任"；2008年1月8日，国务院国资委在《中央企业履行社会责任指导意见》中要求所有的央企必须发布"企业社会责任报告"；2008年《劳动法》也有企业对员工的社会责任等一系列规定；此外，在各类立法主体颁布的法律文件中，都有涉及企业社会责任内容的相关法律规范，其中，消费者权益保护、安全生产、环境保护等方面的法律条文最为完善。这都体现了近年来我国政府对企业社会责任问题的日益重视和强制性要求。

　　因此，尽管中国受到西方和国际企业社会责任标准的影响，但正试图建立一个新的、具有中国特色的、强制性的企业社会责任体系。之所以要建立一个与西方自愿性企业社会责任模式截然不同的中国企业社会责任模式，部分原因在于中国政府希望借助企业社会责任提升社会治理水平，并应对经济发展不平衡、环境恶化、收入不平等及社会不稳定因素等社会和环保挑战。中国也正在寻求其独特企业社会责任模式的文化和历史根源，认为企业社会责任并非一个完全来自西方的概念；中国也不接受那种认为企业社会责任是纯粹自愿性的以及企业的使命应该是股东利益最大化的观念。这些特点有助于我国建立一个具有更大文化适应性和文化接受度的企业社会责任模式，并自然发展出一个不同于西方的企业社会责任和公司治理模式，因为那些西方模式也是在特定的国情和文化下产生的。进行中国和西方企业社会责任的比较分析应该被看作一个双向的交流过程，中西双方都将从对方的经验中受益良多，特别是研究中国企业社会责任的新模式不但有益于西方，也有助于世界其他地区。从世界范围来看，尽管中国这一案例被很多国外学者所忽略，但中国很可能会成为公司治理和企业社会责任领域突破性创新的源泉，并为其他国家提供重要经验，特别是在当前这一世界经济非常脆弱和不稳定的时代。

总体上看，我国政府在强化企业社会责任方面主要发挥着规制者、推进者和监督者三大角色的作用。企业社会责任在社会治理方面已经发挥了重要作用，展望未来，可以清楚地看到，中国企业社会责任运动的规模和影响将继续扩大，在公共政策制定和社会治理中的作用将进一步提升，企业社会责任相关的制度也将成为中国特色现代企业制度中的一个重要组成部分。

习近平总书记2016年5月17日在哲学社会科学工作座谈会上的讲话指出："当代中国的伟大社会变革，不是简单延续我国历史文化的母版，不是简单套用马克思主义经典作家设想的模板，不是其他国家社会主义实践的再版，也不是国外现代化发展的翻版，不可能找到现成的教科书。对人类创造的有益的理论观点和学术成果，我们应该吸收借鉴，但不能把一种理论观点和学术成果当成'唯一准则'，不能企图用一种模式来改造整个世界，否则就容易滑入机械论的泥坑。一些理论观点和学术成果可以用来说明一些国家和民族的发展历程，在一定地域和历史文化中具有合理性，但如果硬要把它们套在各国各民族头上、用它们来对人类生活进行格式化，并以此为裁判，那就是荒谬的了。如果不加分析把国外学术思想和学术方法奉为圭臬，一切以此为准绳，那就没有独创性可言了。如果用国外的方法得出与国外同样的结论，那也就没有独创性可言了。要推出具有独创性的研究成果，就要从我国实际出发，坚持实践的观点、历史的观点、辩证的观点、发展的观点，在实践中认识真理、检验真理、发展真理。"

改革开放以来，虽然中国在学习、借鉴西方的基础上初步建立起了"现代企业制度"，但并没有有效解决我国企业（尤其是国有企业）长期面临的一些顽疾，并产生了一些未预料到的经济社会后果；来自西方的一些所谓的"现代企业"做法也出现了一些水土不服的情况。这说明，我们需要在借鉴西方的基础上，结合我国国情，打造具有中国特色的现代企业制度，提升中国企业的国际竞争力。近年来，特别是十八大以来，国家在宏观制度层面开始反思和调整包括高管薪酬制度在内的企业治理制度，努力打造以加强党组织领导、强化高管激励与监督并体现劳动者地位的中国特色企业治理模式和高管薪酬制度。本书对中国企业现代转型的社会学分析有助于我们从一个不同于经济学和管理学的新视角加深对中国金融市场和上市公司的理解，对于反思西方新自由主义企业制度，构建具有中国特色的"现代企业制度"具有较为重要的理论和现实意义。

附　表
样本上市公司列表

附表 1　676 家样本上市公司

股票代码 *	公司成立年份	上市年份	股票代码	公司成立年份	上市年份
000001	1987	1991	000802	1997	1998
000002	1984	1991	000803	1988	1998
000004	1986	1991	000805	1987	1998
000005	1987	1990	000806	1993	1998
000006	1989	1992	000807	1998	1998
000007	1998	1992	000809	1958	1998
000008	1989	1992	000810	1989	1998
000009	1991	1991	000811	1988	1998
000010	1989	1995	000812	1993	1998
000011	1983	1992	000813	1981	1998
000012	1984	1992	000815	1998	1998
000014	1987	1992	000816	1997	1997
000016	1980	1992	000817		
000017	1991	1992	000818	1997	1997
000018	1984	1992	000819	1990	1997
000019	1981	1992	000820	1993	1998
000020	1981	1992	000821	1993	1998
000021	1985	1994	000822	1998	1998
000022	1990	1993	000823	1997	1997
000023	1984	1993	000825	1998	1998
000024	1993	1993	000826	1993	1998

股票代码*	公司成立年份	上市年份	股票代码	公司成立年份	上市年份
000025	1987	1993	000827		
000026	1990	1993	000828	1988	1997
000027	1992	1993	000829	1997	1997
000028	1993	1993	000830	1998	1998
000029	1980	1993	000831	1998	1998
000030	1993	1993	000832		
000031	1993	1993	000833	1993	1998
000032	1988	1993	000835	1994	1999
000033	1990	1994	000836	1997	1997
000034	1993	1994	000837	1998	1998
000036	1994	1994	000838	1989	1997
000037	1990	1994	000839	1997	1997
000038	1987	1994	000848	1997	1997
000039	1980	1994	000850	1998	1998
000040	1989	1994	000851	1994	1998
000042	1994	1994	000852	1998	1998
000043	1994	1994	000856	1998	1998
000045	1994	1994	000858	1998	1998
000046	1989	1994	000859	1998	1998
000048	1994	1994	000860	1998	1998
000049	1985	1995	000861	1992	1998
000050	1983	1995	000862	1998	1998
000055	1994	1996	000863	1994	1997
000056	1993	1996	000866		
000058	1996	1996	000868	1997	1997
000059	1997	1997	000869	1997	2000
000060	1994	1997	000876	1998	1998
000061	1989	1997	000877	1998	1999
000062	1994	1997	000878	1998	1998
000063	1997	1997	000880	1993	1998
000065	1998	1998	000881	1993	1998

续表

股票代码*	公司成立年份	上市年份	股票代码	公司成立年份	上市年份
000066	1997	1997	000882	1997	1998
000068	1997	1997	000883	1993	1998
000069	1997	1997	000885	1998	1999
000070	1999	2000	000886	1993	1998
000078	1992	1998	000887	1998	1998
000088	1997	1997	000888	1997	1997
000089	1998	1998	000889	1997	1997
000090	1993	1999	000890	1993	1999
000096	1999	2000	000892	1997	1999
000099	1999	2000	000893	1998	1998
000150	1993	2000	000895	1998	1998
000151	1999	2000	000897	1998	1999
000153	1997	2000	000898	1997	1997
000155	1997	2000	600000	1992	1999
000156	1994	2000	600001	1996	1998
000157	1999	2000	600002		
000158	1998	2000	600003	1998	1999
000159	1999	2000	600005	1997	1999
000301	1998	2000	600006	1998	1999
000400	1993	1997	600007	1997	1999
000401	1994	1996	600008	1999	2000
000402	1996	1996	600009	1997	1998
000403	1993	1996	600010	1999	2001
000404	1995	1996	600011	1994	2001
000406			600016	1996	2000
000407	1994	1996	600018	2005	2006
000408	1996	1996	600019	2000	2000
000409	1993	1996	600028	2000	2001
000410	1993	1996	600033	1999	2001
000411	1993	1996	600037	1999	2001
000413	1992	1996	600038	1999	2000

股票代码*	公司成立年份	上市年份	股票代码	公司成立年份	上市年份
000415	1993	1996	600051	1994	1997
000416	1993	1996	600052	1993	1997
000417	1993	1996	600053	1997	1997
000418	1993	1997	600054	1996	1997
000419	1996	1996	600055	1997	1997
000420	1993	1996	600056	1997	1997
000421	1979	1996	600057	1996	1997
000422	1993	1996	600058	1997	1997
000423	1993	1996	600059	1997	1997
000425	1993	1996	600060	1996	1997
000426	1994	1996	600061	1996	1997
000428	1995	1996	600062	1997	1997
000429	1993	1998	600063	1997	1997
000430	1992	1996	600064	1992	1997
000488	1993	2000	600065		
000498	1993	1997	600066	1993	1997
000501	1991	1992	600067	1990	1997
000502	1991	1992	600068	1997	1997
000503	1991	1992	600069	1993	1997
000504	1991	1992	600070	1994	1997
000505	1992	1992	600071	1997	1997
000506	1988	1993	600072	1997	1997
000507	1989	1993	600073	1997	1997
000509	1990	1993	600074	1997	1997
000510	1989	1993	600075	1997	1997
000511	1988	1993	600076	1993	1997
000513	1985	1993	600077	1993	1997
000514	1992	1993	600078	1994	1997
000515	1990	1993	600079	1993	1997
000516	1986	1993	600080	1996	1997
000517	1989	1993	600081	1997	1997

股票代码*	公司成立年份	上市年份	股票代码	公司成立年份	上市年份
000518	1992	1993	600082	1992	1997
000519	1989	1993	600083	1993	1997
000520	1992	1993	600084	1997	1997
000521	1992	1993	600085	1997	1997
000522	1992	1993	600086	1993	1997
000523	1993	1993	600087	1993	1997
000524	1993	1993	600088	1997	1997
000525	1992	1993	600089	1993	1997
000526	1984	1993	600090	1993	1997
000527	1992	1993	600091	1997	1997
000528	1993	1993	600092		
000529	1992	1993	600093	1997	1997
000530	1993	1993	600094	1996	1997
000531	1992	1994	600095	1993	1997
000532	1992	1994	600096	1997	1997
000533	1992	1994	600097	1997	1997
000534	1992	1994	600098	1996	1997
000535			600099	1997	1997
000536	1993	1993	600100	1997	1997
000537	1992	1993	600101	1988	1997
000538	1993	1993	600102	1997	1997
000539	1992	1993	600103	1997	1997
000540	1994	1994	600104	1997	1997
000541	1992	1993	600105	1994	1997
000543	1993	1993	600106	1992	1997
000544	1993	1993	600107	1993	1997
000545	2003	1993	600108	1995	1997
000546	1992	1993	600109	1988	1997
000547	1993	1993	600110	1994	1997
000548	1992	1993	600111	1997	1997
000549			600112	1997	1997

股票代码 *	公司成立年份	上市年份	股票代码	公司成立年份	上市年份
000550	1993	1993	600113	1993	1997
000551	1993	1994	600115	1995	1997
000552	1993	1994	600116	1993	1997
000553	1993	1993	600117	1997	1997
000554	1993	1993	600118	1997	1997
000555	1993	1994	600119	1997	1998
000557	1994	1994	600120	1992	1997
000558	1988	1994	600121	1996	1998
000559	1994	1994	600122	1998	1998
000560	1992	1994	600123	1998	1998
000561	1992	1994	600125	1993	1998
000562	1993	1994	600126	1998	1998
000563	1985	1994	600127	1998	1998
000564	1992	1994	600128	1994	1997
000565	1992	1994	600129	1993	1997
000566	1992	1994	600130	1995	2000
000567	1992	1994	600131	1993	1998
000568	1994	1994	600132	1993	1997
000569	1988	1994	600133	1993	1998
000570	1994	1994	600135	1998	1998
000571	1992	1994	600136	1992	1998
000572	1993	1994	600137	1988	1998
000573	1992	1994	600138	1997	1997
000576	1992	1994	600139	1988	1998
000578	1995	1995	600141	1994	1999
000581	1992	1998	600145	1998	1999
000582	1989	1995	600146	1998	1999
000583			600148	1998	1998
000584	1981	1995	600149	1993	1999
000585	1993	1995	600150	1998	1998
000586	1980	1995	600151	1998	1998

股票代码*	公司成立年份	上市年份	股票代码	公司成立年份	上市年份
000587	1992	1996	600152	1993	1998
000589	1995	1996	600153	1998	1998
000590	1993	1996	600155	1998	1998
000591	1995	1996	600156	1998	1998
000592	1993	1996	600157	1988	1998
000593	1994	1996	600158	1998	1998
000594	1989	1996	600159	1998	1998
000595	1995	1996	600160	1998	1998
000596	1996	1996	600161	1998	1998
000597	1993	1996	600162	1994	1998
000598	1996	1996	600163	1998	1998
000599		1996	600165	1998	1998
000600	1994	1996	600166	1996	1998
000601	1993	1996	600167	1999	1999
000602	1994	1996	600168	1997	1998
000603	1994	1996	600169	1998	1998
000605	1996	1996	600170	1998	1998
000606	1996	1996	600171	1998	1998
000607	1996	1996	600172	1998	1998
000608	1993	1996	600173	1993	1999
000609	1993	1996	600175	1993	1999
000610	1994	1996	600176	1999	1999
000611	1993	1996	600177	1993	1998
000612	1993	1996	600178	1998	1998
000613	1993	1997	600179	1998	1998
000615	1993	1996	600180	1998	1998
000616	1993	1996	600181		
000617	1996	1996	600182	1993	1999
000618			600183	1993	1998
000619	1996	1996	600185	1999	1999
000620	1993	1996	600186	1998	1998

股票代码*	公司成立年份	上市年份	股票代码	公司成立年份	上市年份
000622	1993	1996	600187	1998	1998
000623	1993	1996	600188	1997	1998
000625	1996	1997	600189	1998	1998
000626	1994	1996	600190	1993	1999
000627	1993	1996	600191	1998	1998
000628	1992	1996	600192	1998	1998
000629	1993	1996	600193	1999	1999
000630	1992	1996	600195	1998	1999
000631	1993	1996	600196	1998	1998
000632	1993	1996	600197	1999	1999
000633	1990	1996	600198	1998	1998
000635	1996	1996	600199	1998	1998
000636	1994	1996	600200	1994	1999
000637	1988	1996	600201	1993	1999
000638	1993	1996	600202	1993	1999
000639	1987	1996	600203	1999	1999
000650	1996	1996	600205		
000651	1989	1996	600206	1999	1999
000652	1992	1996	600207	1998	1999
000655	1989	1996	600208	1993	1999
000656	1987	1996	600209	1993	1999
000657	1993	1996	600210	1999	1999
000659	1985	1996	600211	1999	1999
000661	1993	1996	600212	1992	1999
000662	1993	1996	600213	1998	1999
000663	1993	1996	600215	1993	1999
000665	1988	1996	600216	1997	1999
000666	1995	1996	600217	1996	1999
000667	1989	1996	600218	1998	1998
000668	1988	1996	600219	1993	1999
000669	1992	1996	600220	1990	1999

股票代码 *	公司成立年份	上市年份	股票代码	公司成立年份	上市年份
000670	1989	1996	600221	1993	1999
000671	1991	1996	600222	1998	1999
000672	1992	1996	600223	1993	2000
000673	1997	1997	600225	1992	2000
000676	1996	1996	600226	1999	1999
000677	1988	1996	600227	1998	2000
000678	1993	1997	600228	1999	1999
000679	1993	1997	600229	1994	2000
000680	1993	1997	600230	1998	2000
000681	1993	1997	600231	1994	2000
000682	1994	1997	600232	1994	2000
000683	1997	1997	600233	1997	2000
000685	1992	1997	600234	1993	2000
000686	1993	1997	600235	1998	2000
000687	1997	1997	600236	1992	2000
000688	1989	1997	600237	1996	2000
000690	1997	1997	600238	1993	2000
000691	1992	1997	600239	1993	1999
000692	1993	1997	600240	1998	2000
000693	1990	1997	600241	1999	2000
000695	1992	1997	600242	1993	2000
000697	1993	1997	600243	1998	2000
000698	1993	1997	600246	1998	2000
000699			600247	1993	2000
000700	1988	1997	600248	1998	2000
000701	1996	1997	600250	1994	2001
000702	1997	1997	600252	1993	2000
000703	1990	1997	600253	1999	2000
000705	1993	1997	600255	1998	2000
000707	1993	1997	600256	1999	2000
000708	1993	1997	600257	1999	2000

股票代码*	公司成立年份	上市年份	股票代码	公司成立年份	上市年份
000709	1994	1997	600258	1999	2000
000710	1997	1997	600259	1992	2000
000711	1993	1997	600260	1993	2000
000712	1997	1997	600261	1997	2000
000713	1997	1997	600262	1999	2000
000715	1997	1997	600263	1999	2000
000716	1993	1997	600265	1999	2000
000717	1989	1997	600266	1998	1999
000718	1993	1997	600267	1998	2000
000719	1989	1997	600268	1998	1999
000720	1994	1997	600269	1998	2000
000721	1996	1997	600270	1999	2000
000722	1993	1997	600272	1993	2001
000723	1992	1997	600275	1999	2000
000725	1993	2001	600276	1997	2000
000726	1993	2000	600277	1999	2000
000727	1993	1997	600278	1998	2000
000728	1997	1997	600279	1999	2000
000729	1997	1997	600280	1992	2000
000731	1994	1997	600281	1999	2000
000732	1992	1997	600282	1999	2000
000733	1997	1997	600283	1998	2000
000735	1993	1997	600285	1999	2000
000736	1993	1997	600286		
000737	1996	1997	600287	1993	2000
000738	1997	1997	600288	1998	2000
000739	1997	1997	600289	1995	2000
000748	1997	1997	600290	1998	2000
000750	1993	1997	600291	1998	2000
000751	1993	1997	600292	1994	2000
000752	1997	1997	600293	1993	2000

续表

股票代码*	公司成立年份	上市年份	股票代码	公司成立年份	上市年份
000753	1994	1997	600295	1995	2001
000755	1996	1997	600296		
000756	1993	1997	600297	1999	2000
000757	1994	1997	600298	1998	2000
000758	1983	1997	600299	1999	2000
000759	1989	1997	600300	1999	2000
000760	1988	1997	600301	1998	2000
000761	1997	1998	600302	1999	2000
000762	1997	1997	600303	1993	2000
000763			600305	1999	2001
000765			600306	1999	2000
000766	1993	1997	600307	1999	2000
000767	1993	1997	600308	1993	2000
000768	1997	1997	600309	1998	2001
000769			600310	1998	2001
000776	1994	1997	600311	1998	2001
000777	1997	1997	600312	1999	2001
000778	1997	1997	600313	1999	2001
000779	1995	1997	600315	1999	2001
000780	1993	1997	600316	1999	2000
000782	1992	1997	600318	1999	2000
000783	1997	1997	600319	2000	2001
000785	1990	1997	600320	1997	2000
000786	1997	1997	600321	1993	2001
000787	1993	1997	600322	1993	2001
000788	1993	1997	600323	1992	2000
000789	1997	1997	600326	1999	2001
000790	1988	1998	600328	1998	2000
000791	1997	1997	600329	1992	2001
000792	1997	1997	600330	1999	2001
000793	1992	1997	600331	1994	2001

股票代码 *	公司成立年份	上市年份	股票代码	公司成立年份	上市年份
000795	1997	1997	600332	1997	2001
000796	1993	1997	600333	1993	2000
000797	1997	1997	600335	1999	2001
000798	1998	1998	600336	1998	2000
000799	1997	1997	600337	1995	2000
000800	1997	1997	600338	1998	2000
000801	1991	1998	600339	1999	2000

注：① * 股票代码用数字表示股票的不同含义。股票代码除了区分各种股票，也有潜在的意义，比如 600 *** 是上交所上市的股票代码，6006 ** 是最早上市的股票。沪市 A 股票买卖的代码是以 600、601 或 603 打头，如：运盛实业，股票代码是 600767。中国国航，股票代码是 601111。B 股买卖的代码是以 900 打头，如仪电 B 股，代码是 900901。深市 A 股票买卖的代码是以 000 打头，如顺鑫农业，股票代码是 000860。B 股买卖的代码是以 200 打头，如深中冠 B 股，代码是 200018。

②凡表格中没有写公司成立年份和上市年份的，是无法查到的。

参考文献

卞历南，2011，《制度变迁的逻辑：中国现代国营企业制度之形成》，浙江：
　　浙江大学出版社。

曹廷求、杨秀丽、孙宇光，2007，《股权结构与公司绩效：度量方法和内生
　　性》，《经济研究》第 10 期。

曹正汉，1997，《交易费用不对称与企业产权制度选择——对轮船招商局
　　"官督商办"体制的一种解释?》，《佛山大学学报》第 3 期。

陈冬华、范从来、沈永建，2015，《高管与员工：激励有效性之比较与互
　　动》，《管理世界》第 5 期。

陈佳贵，2008，《中国企业改革发展三十年》，北京：中国财政经济出版社。

陈清泰、吴敬琏、谢伏瞻，1999，《国企改革攻坚 15 题》，北京：中国经济
　　出版社。

陈仕华、卢昌荣，2014，《国有企业党组织的治理参与能够有效抑制并购中
　　的"国有资产流失"吗?》，《管理世界》第 5 期。

陈云，1950，《学会管理企业》，《人民日报》2 月 6 日。

《打造"中国式"期权》，2006，《中国财经报》10 月 27 日第 005 版。

杜恂诚，2006，《中国近代国有或政府控制企业的产权和治理结构》，载朱
　　荫贵、戴鞍钢主编《近代中国：经济与社会研究》，上海：复旦大学出
　　版社。

樊纲，1996，《渐进改革的政治经济学分析》，上海：上海远东出版社。

方军雄，2011，《高管权力与企业薪酬变动的非对称性》，《经济研究》第
　　4 期。

方政、徐向艺、陆淑婧，2017，《上市公司高管显性激励治理效应研究——

基于"双向治理"研究视角的经验证据》，《南开管理评论》第 2 期。

福州市地方志编纂委员会（编），沈岩（主编），2016，《船政志》，北京：商务印书馆。

傅传锐，2014，《公司治理改进了智力资本的价值创造效率吗？——基于我国 A 股上市公司的分位数回归估计》，《中大管理研究》第 3 期。

高德罡，2009，《晚清军工企业管理机制研究——以福州船政局、江南制造局为中心》，河北师范大学博士论文。

高德罡，2012，《从被动到自觉：晚清兵工业制度化管理的历史路径》，《河南师范大学学报》（哲学社会科学版）第 2 期。

葛吉霞，2004，《近二十年"官督商办"研究述评》，《贵州师范大学学报》（社会科学版）第 3 期。

耿正权，2004，《股票期权激励的理论与应用研究》，吉林大学硕士论文。

《股票期权的难圆之梦》，2003，《国际金融报》4 月 28 日。

《国企高管薪酬不应超普通人 12 倍》，2014，《人民日报》8 月 29 日。

哈维，大卫，2016，《资本社会的 17 个矛盾》，北京：中信出版社。

郝延平，1992，《中国近代商业革命》，上海：上海人民出版社。

何秉孟，2010，《美国金融危机与国际金融垄断资本主义》，《中国社会科学》第 2 期。

何轩、马骏，2016，《执政党对私营企业的统合策略及其效应分析：基于中国私营企业调查数据的实证研究》，《社会》第 5 期。

何轩、马骏，2018，《私营企业党组织建设提升企业绩效水平了吗?》，《社会学研究》第 3 期。

胡继之、于华、冯娟，1999，《研究报告：高级管理人员薪酬结构中的股票期权》，深圳证券交易所综合研究所。

胡玲、黄速建，2012，《中美上市公司高管薪酬差距与公司绩效的比较研究》，《经济管理》第 7 期。

华尔德，1996，《共产党社会的新传统主义：中国工业中的工作环境和权力结构》，龚小夏译，香港：牛津大学出版社。

黄志忠、白云霞，2008，《股权激励与代理成本》，《中大管理研究》第 4 期。

黄志忠、郗群，2009，《薪酬制度考虑外部监管了吗——来自中国上市公司的证据》，《南开管理评论》第 1 期。

家路美，2008，《央企整合剥离金融地产　接盘者"想吃又怕烫"》，《证券日报》8 月 28 日。

金志国，2008，《一杯沧海：我与青岛啤酒》，北京：中信出版社。

克里普纳，格·R.，2008a，《美国经济的金融化》（上），丁为民、常盛、李春红译，《国外理论动态》第 6 期。

克里普纳，格·R.，2008b，《美国经济的金融化》（下），丁为民、常盛、李春红译，《国外理论动态》第 7 期。

兰邦华，2002，《经理人员股票期权制效率研究》，中国社会科学院博士论文。

蓝苍，1955，《东北铁路系统的职务工资制》，《劳动》第 6 期。

黎文靖、胡玉明，2012，《国企内部薪酬差距激励了谁?》，《经济研究》第 12 期。

黎志刚，2012，《黎志刚论招商局》，北京：社会科学文献出版社。

李钘金，2003，《车间政治与下岗名单的确定——以东北的两家国有工厂为例》，《社会学研究》第 6 期。

李汉军、张俊喜，2006，《上市企业治理与绩效间的内生性程度》，《管理世界》第 5 期。

李猛、周飞舟、李康，2003，《单位：制度化组织的内部机制》，载中国社会科学院社会学研究所编《中国社会学》（第二卷），上海：上海人民出版社。

李培林，2004，《村落的终结——羊城村的故事》，北京：商务印书馆。

李培林、姜晓星、张其仔，1992，《转型中的中国企业：国有企业组织创新论》，济南：山东人民出版社。

李培林、张翼，2007，《国有企业社会成本分析》，北京：社会科学文献出版社。

李少斐，2008，《经济制度变迁与党的组织资源开发》，上海：上海三联书店。

李伟，2005，《基于资本治理理论的企业所有权安排》，《中国工业经济》第 8 期。

李文杰，2011，《论总理衙门的保奖制度》，《社会科学战线》第 8 期。

李玉，2007，《北洋政府时期企业制度结构史论》，北京：社会科学文献出版社。

林庆元，1986，《福建船政局史稿》，福建：福建人民出版社。

刘春、孙亮，2010，《薪酬差距与企业绩效：来自国企上市公司的经验证据》，《南开管理评论》第 2 期。

刘浩、许楠、张然，2014，《多业绩指标竞争与事前谈判：高管薪酬合约结构的新视角》，《管理世界》第 6 期。

刘绍娓、万大艳，2013，《高管薪酬与公司绩效：国有与非国有上市公司的实证比较研究》，《中国软科学》第 2 期。

刘世定，2003，《占有、认知与人际关系》，北京：华夏出版社。

刘玉照、田青，2009，《新制度是如何落实的？——作为制度变迁新机制的"通变"》，《社会学研究》第 4 期。

刘志远、刘倩茹，2015，《业绩型股票期权的管理层收益与激励效果》，《中国工业经济》第 10 期。

龙小宁、杨进，2014，《党组织、工人福利和企业绩效：来自中国民营企业的证据》，《经济学报》第 2 期。

马克思，2004，《资本论》（第一卷），北京：人民出版社。

马连福、王元芳、沈小秀，2013，《国有企业党组织治理、冗余雇员与高管薪酬契约》，《管理世界》第 5 期。

马学军，2016，《把头包工制：近代中国工业化中的雇佣和生产方式》，《社会学研究》第 2 期。

苗圩，2013，《推动国有企业完善现代企业制度》，《求是》第 22 期。

莫聂，2012，《试论中国近代把头制度文化因素》，《河南师范大学学报》（哲学社会科学版）第 1 期。

庞百腾，2000，《沈葆桢评传——中国现代化的尝试》，上海：上海古籍出版社。

皮莉莉，2011，《中国上市公司 CEO 的权力与强制性 CEO 变更的关系研究》，《广东商学院学报》第 6 期。

钱德勒，D. 小艾尔弗雷德，2016，《看得见的手：美国企业的管理革命》，重武译、王铁生校，北京：商务印书馆。

渠敬东、周飞舟、应星，2009，《从总体支配到技术治理：基于中国 30 年改革经验的社会学分析》，《中国社会科学》第 6 期。

权小锋、吴世农、文芳，2010，《管理层权力、私有收益与薪酬操纵》，《经济研究》第 11 期。

全国政协文史资料研究委员会工商经济组，1988，《回忆国民党政府资源委员会》，北京：中国文史出版社。

任重道、朱贻庭，2009，《过度金融化产生的道德风险》，《上海财经大学学报》第 5 期。

《上海劳动志》编纂委员会，1998，《上海劳动志》，上海：上海社会科学院出版社。

上海社会科学院经济研究所，1983，《江南造船厂厂史：1865－1949》，上海：上海人民出版社。

上海社会科学院经济研究所，1983，《江南造船厂厂史：1865－1949》，南京：江苏人民出版社。

深圳证券交易所上市公司研究小组，2008，《研究报告：深交所上市公司高管薪酬分析》。

宋路霞，2009，《盛宣怀家族》，上海：上海科学技术文献出版社。

苏方国，2011，《人力资本、组织因素与高管薪酬：跨层次模型》，《南开管理评论》第 3 期。

孙海法、刘海山、陈丹，2008，《公司特征、股票期权和公司业绩》，第三届中国管理学年会创业与中小企业管理分会场论文集。

孙永祥、黄祖辉，1999，《上市公司的股权结构与绩效》，《经济研究》第 12 期。

万媛媛、井润田、刘玉焕，2008，《中美两国上市公司高管薪酬决定因素比较研究》，《管理科学学报》第 2 期。

王长义，2007，《公司治理与企业社会责任：基于历史视角的研究》，《现代管理科学》第 11 期。

王处辉，2001，《中国近代企业组织形态的变迁》，天津：天津人民出版社。

王沪宁，1989，《政治民主和政治稳态的相关分析》，《政治学研究》第 1 期。

王锦芳、陈丹，2011，《公司特征、股票期权和业绩的实证研究》，《财会通讯》第 1 期（下）。

吴敬琏、张军扩、刘世锦、陈小洪，1998，《国有经济的战略性改组》，北京：中国发展出版社。

吴文宏，2015，《轮船招商局初期经营者管理模式》，载胡政、陈争平、朱荫贵《招商局与中国企业史研究》，北京：社会科学文献出版社。

吴晓波，2007，《激荡三十年：中国企业 1978 – 2008》（上、下），北京：中信出版社。

武孝武，2007，《主业为王》，《上海国资》12 月 22 日。

夏冬元，1982，《论盛宣怀与洋务企业》，《学术月刊》第 10 期。

夏良才，1986，《论孙中山与亨利·乔治》，《近代史研究》第 6 期。

夏宁、董艳，2014，《高管薪酬、员工薪酬与公司的成长性——基于中国中小上市公司的经验数据》，《会计研究》第 9 期。

向松祚，2015，《新资本论：全球金融资本主义的兴起、危机和救赎》，北京：中信出版社。

徐向艺、李一楠，2008，《中国国有企业改革 30 年回顾与展望》，《理论学刊》第 10 期。

徐之河、李令德，1996，《中国公有制企业管理发展史续篇（1966 – 1992）》，上海：上海社会科学院出版社。

许涤新、吴承明，1990，《中国资本主义发展史》（第二卷），北京：人民出版社。

薛毅，2005，《国民政府资源委员会研究》，北京：社会科学文献出版社。

杨典，2011，《国家、资本市场与多元化战略在中国的兴衰——一个新制度主义的公司战略解释框架》，《社会学研究》第 6 期。

杨典，2013，《公司治理与企业绩效——基于中国经验的社会学分析》，《中国社会科学》第 1 期。

杨在军，2006，《晚清公司与公司治理》，北京：商务印书馆。

尤辛，迈克尔，1999，《投资商资本主义——一个颠覆经理职位的时代》，樊志刚译，海南：海南出版社。

余明侠，1994，《近代封建把头制度探析》，《江海学刊》第 2 期。

张必武、石金涛，2005，《董事会特征、高管薪酬与薪绩敏感性——中国上市公司的经验分析》，《管理科学》第 4 期。

张晨、马慎萧，2014，《新自由主义与金融化》，《政治经济学评论》第 4 期。

张国辉，1979，《洋务运动与中国近代企业》，北京：中国社会科学出版社。

张后铨，2012，《招商局与汉冶萍》，北京：社会科学文献出版社。

张后铨，2015，《轮船招商局近代人物传》，北京：社会科学文献出版社。

张晋藩、海威、初尊贤，1992，《中华人民共和国国史大辞典》，哈尔滨：
　　黑龙江人民出版社。

张维迎，1999，《企业理论与中国企业改革》，北京：北京大学出版社。

张维迎，2000，《产权安排与企业内部的权力斗争》，《经济研究》第 6 期。

张翼，2002，《国有企业的家族化》，北京：社会科学文献出版社。

张兆曙，2012，《新制度落实：单位内部的上下分际及其运作》，《社会学研
　　究》第 3 期。

张正堂，2007，《高层管理团队协作需要、薪酬差距和企业绩效：竞赛理论
　　的视角》，《南开管理评论》第 2 期。

张忠民、朱婷，2007，《南京国民政府时期的国有企业（1927 - 1949）》，上
　　海：上海财经大学出版社。

赵尔巽，1927，《清史稿·志一百十五·兵十一》。

赵青华、黄登仕，2011，《高管权力、股票期权激励与公司业绩——基于中
　　国上市公司的实证分析》，《经济体制改革》第 5 期。

赵兴胜，2004，《传统经验与现代理想——南京国民政府时期的国营工业研
　　究》，山东：齐鲁书社出版社。

折晓叶、陈婴婴，2004，《资本怎样运作——对 "改制" 中资本能动性的社
　　会学分析》，《中国社会科学》第 4 期。

折晓叶、陈婴婴，2005，《产权怎样界定 ——一份集体产权私化的社会文
　　本》，《社会学研究》第 4 期。

郑友揆、程麟荪、张传洪，1991，《旧中国的资源委员会——史实与评价》，
　　上海：上海社会科学院出版社。

重庆市档案馆、四川省冶金厅、《冶金志》编委会，1988，《抗战后方冶金
　　工业史料》，重庆：重庆出版社。

周飞舟，2006，《分税制十年：制度及其影响》，《中国社会科学》第 6 期。

周飞舟，2007，《生财有道：土地开发和转让中的政府和农民》，《社会学研
　　究》第 1 期。

周建、刘小元、方刚，2009，《基于中国上市公司的 CEO 更替与公司治理
　　有效性研究》，《管理学报》第 7 期。

周其仁，2002，《产权与制度变迁：中国改革的经验研究》，北京：社会科学

文献出版社。

周雪光，2005，《"逆向软预算约束"：一个政府行为的组织分析》，《中国社会科学》第 2 期。

周雪光，2008，《基层政府间的"共谋现象"：一个政府行为的制度逻辑》，《社会学研究》第 6 期。

朱炳元、陆扬，2011，《当代资本主义经济虚拟化金融化的六大趋势》，《毛泽东邓小平理论研究》第 10 期。

朱江雄，2005，《央企定身》，《中国投资》1 月 5 日。

Ahmadjian, Christona L., and Patricia Robinson. 2005. "A Clash of Capitalisms: Foreign Shareholders and Corporate Restructuring in 1990s Japan." *American Sociological Review* 70 (3): 451 – 471.

Allen Kaufman & Ernest J. Englander. 1993. "Kohlberg Kravis Roberts & Co. and the Restructuring of American Capitalism." *Business History Review*, vol. 67, no. 1, pp. 52 – 97.

Amsden, A. 1989. *Asia's Next Giant: South Korea and Late Industrialization.* New York: Oxford University Press.

Anderson, R., Thomas W. Bates, John M. Bizjak, and Michael L. Lemmon. 2000. "Corporate Governance and Firm Diversification." *Financial Management* 29: 5 – 22.

Barney, J. 1991. "Firm Resources and Sustained Competitive Advantage." *Journal of Management* 7: 99 – 120.

Baron, James N., Frank R. Dobbin, and P. Devereaux Jennings. 1986. "War and Peace: The Evolution of Modern Personnel Administration in U. S. Industry." *American Journal of Sociology* 92: 350 – 383.

Baysinger, B. D. and Butler, H. 1985. "Corporate Governance and the Board of Directors: Performance Effects of Changes in Board Composition." *Journal of Law, Economics and Organization* 1: 101 – 134.

Bebchuk, Lucian Arye, Jesse M. Fried, David I. Walker. 2002. "Managerial Power And Rent Extraction In The Design Of Executive Compensation." *University of Chicago Law Review* 69 (3), pp. 751 – 846.

Berger, P. G. & Ofek, E. 1995. "Diversification's Effect on Firm Value." *Journal* of Financial Economies 37: 39 – 65.

Berle, A. A. , and G. C. Means, 1932. *The Modern Corporation and Private Property*. New York: Macmillan.

Bhagat, Sanjai and Bernard Black. 1999. "The Uncertain Relationship Between Board Composition and Firm Performance. " *Business Lawyer* 54 (3): 921 – 963.

Bhagat, Sanjai and Bernard Black. 2002. "The Non-correlation Between Board Independence and Long-term Firm Performance. " *Journal of Corporation Law* 27 (2): 231 – 274.

Bhagat, Sanjai, Andrei Shleifer, and Robert W. Vishny. 1990. "Hostile Takeovers in the 1980s: The Return to Corporate Specialization. " pp. 1 – 84 in Brookings Papers on Economic Activity: Microeconomics 1990. edited by M. N. Baily and C. Winston. Washington, DC: Brookings Institution.

Bhagat, Sanjai, Dennis Carey, and Charles Elson. 1999. "Director Ownership, Corporate Performance, and Management Turnover. " *Business Lawyer* 54 (3): 885 – 919.

Bhimani, A. and Soonawalla. K. 2005. From Conformance to Performance: The Corporate Responsibilities Continuum, *Journal of Accounting and Public Policy* 24: 165 – 74.

Bian, Yanjie. 1994. *Work and Inequality in Urban China*. Albany: SUNY Press.

Black, Bernard. 2001. "Does Corporate Governance Matter? A Crude Test Using Russian Data. " *University of Pennsylvania Law Review* 149: 2131 – 2150.

Boeker, W. 1992. "Power and Managerial Dismissal: Scapegoating at the Top. " *Administrative Science Quarterly* 37 (3): 400 – 421.

Boisot, Max and Child, John. 1996. "From Fiefs to Clans and Network Capitalism: Explaining China's Emerging Economic Order. " *Administrative Science Quarterly* 41: 600 – 28.

Boyd BK, Gove S, and Hitt MA. 2005. "Consequences of Measurement Problems in Strategic Management Research. " *Strategic Management Journal* 26 (4): 367 – 75.

Boyd, B. 1995. "CEO Duality and Firm Performance: A Contingency Model. "

Strategic Management Journal 16 (4): 301 – 312.

Boyd, B. K., Gove S. & Hitt M. A. 2005. "Consequences of Measurement Problems in Strategic Management Research." *Strategic Management Journal* 26 (4).

Brickley JA, Bhagat S and Lease RC. 2006. "The Impact of Long-Range Managerial Compensation Plans on Shareholder Wealth", *Journal of Accounting & Economics*, 7 (1), pp. 115 – 129.

Brown, M. C. 1982. "Administrative Succession and Organizational Performance: The Succession Effect." *Administrative Science Quarterly* 27 (1): 1 – 16.

Budros, Art. 1997. "The New Capitalism and Organizational Rationality. The Adoption of Downsizing Programs, 1979 – 1994." *Social Forces* 76: 225 – 50.

Burns, John, eds. 1989. *The Chinese Communist Party's Nomenklatura System: A Documentary Study of Party Control of Leadership Selection*, 1979 – 1984. M. E. Sharpe.

Burns, L. R. and D. R. Wholey. 1993. "Adoption and Abandonment of Matrix Management Programs: Effects of Organizational Characteristics and Interorganizational Networks." *Academy of Management Journal* 36: 106 – 138.

Campa, J. M., and Kedia S. 2002. "Explaining the Diversification Discount." *Journal of Finance* 57: 1931 – 1962.

Cannella and Lubatkin. 1993. "Succession as a Sociopolitical Process: Internal Impediments to Outsider Selection." *Academy of Management Journal* 37 (4): 763 – 793.

Carleton, Willard, James Nelson, and Michaels Weisbach. 1998. "The Influence of Institutions on Corporate Governance through Private Negotiations: Evidence from TIAA-CREF." *The Journal of Finance* 53 (4): 1335 – 1362.

Chandler, Alfred D. 1962. *Strategy and Structure*. Cambridge, MA: MIT Press.

Chandler, Alfred D., Jr. 1977. *The Visible Hand: The Managerial Revolution in American Business*. Cambridge, MA: Belknap Press.

Chang, Eric C. and Sonia M. L. Wong. 2004. "Chief Executive Officer Turnovers and the Performance of China's Listed Enterprises." Hong Kong Institute of Economics and Business Strategy Working Paper No. 1113.

Chang, SJ. & J. Hong. 2002. "How Much Does the Business Group Matter in Korea?" *Strategic Management Journal* 23（3）：265 – 274.

Charkham, J. P. 1995. *Keeping Good Company：A Study of Corporate Governance in Five Countries.* Oxford：Oxford University Press.

Chhibber, Pradeep K. and Majumdar, Sumit K. 1999. "Foreign Ownership and Profitability：Property Rights, Control, and the Performance of Firms in Indian Industry." *Journal of Law & Economics* 42（1）：209 – 238.

Cioffi and Hopner, Martin. 2006. "The Political Paradox of Finance Capitalism：Interests, Preferences, and Center-Left Party Politics in Corporate Governance Reform." *Politics & Society* 34（4）：463 – 502.

Coase, Ronald. 1937. "The Nature of the Firm." *Economica* 16.

Coffee, J. 1999. "The Future as History：The Prospects for Global Convergence in Corporate Governance and its Implications." *Northwestern University Law Review* 93（3）：43 – 46.

Cole, R. 1989. *Strategies for Learning：Small Group Activities in American, Japanese, and Swedish Industry.* Berkeley, CA：University of California Press.

Core, John E. , Robert W. Holthausen & David F. Larcker 1999, "Corporate Governance, Chief Executive Officer Compensation, and Firm Performance", *Journal of Financial Economics*, 51（3）, pp. 371 – 406. Collingwood, Harris. 2001. "The Earnings Game：Everybody Plays, Nobody Wins." *Harvard Business Review* Nov-December：5 – 12.

Crystal, Graef S. 1984. *Questions and Answers on Executive Compensation.* Englewood Cliffs, NJ：Prentice-Hall.

Davis, G. F. and Suntae Kim 2015 "Financialization of the Economy." *Annual Review of Sociology*, vol. 41, no. 1, pp. 203 – 221.

Daily, C. M. and C. Schwenk. 1996. "Chief Executive Officers, Top Management Teams, and Boards of Directors：Congruent or Countervailing Forces?" *Journal of Management* 22（2）：185 – 208.

Dalton, D. , Daily, C. , Ellstrand, A. , and Johnson, J. 1998. "Meta-analytic Reviews of Board Composition, Leadership Structure, and Financial Performance." *Strategic Management Journal* 19（3）：269 – 290.

Davis, G. and H. Greve. 1997. "Corporate Elite Networks and Governance Changes in the 1980s", *American Journal of Sociology* 103: 1 – 37.

Davis, G. and S. Stout. 1992. "Organization Theory and the Market for Corporate Control, 1980 – 1990. " *Administrative Science Quarterly* 37: 605 – 33.

Davis, G. , K. A. Diekmann, and C. Tinsley. 1994. "The Decline and Fall of the Conglomerate Firm in the 1980s: The Deinstitutionalization of an Organizational Form. " *American Sociological Review* 59: 547 – 570.

Davis, G. 1991. "Agents without Principles: The Spread of the Poison Pill Through the Intercorporate Network. " *Administrative Science Quarterly* 36: 583 – 613.

Davis, G. F. 2005. "New Directions in Corporate Governance. " *Annual Review of Sociology* 31: 143 – 162.

Davis, Gerald F. 2009. *Managed by the Markets? How Finance Re-Shaped America*, Oxford University Press.

Davis, G. F. and T. A. Thompson. 1994. "A Social Movement Perspective on Corporate Control. " *Administrative Science Quarterly* 39 (1): 141 – 173.

Davis, J. H. , F. D. Schoorman, and L. Donaldson. 1997. "Toward a Stewardship Theory of Management. " *Academy of Management Review* 22 (1): 20 – 47.

Defusco RA, Johnson RR and Zorn TS. 2012. "The Effect of Executive Stock Option Plans on Stockholders and Bondholders. " *Journal of Finance*, 45 (2): 617 – 627.

Del Guercio, Diane and Jennifer Hawkins. 1999. "The Motivation and Impact of Pension Fund Activism. " *Journal of Financial Economics* 52 (3): 293 – 340.

Denis, D. J. , D. K. Denis, and A. Sarin. 1997. "Agency Problems, Equity Ownership, and Corporate Diversification. " *Journal of Finance* 52: 135 – 160.

Denis, D. J. and D. K. Denis. 1995. "Performance Changes Following Top Management Dismissals. " *Journal of Finance* 50 (4): 1029 – 1057.

DiMaggio, P. and W. Powell. 1983. "The Iron Cage Revisited: Institutional Isomorphism and Collective Rationality in Organizational Fields. " *American Sociological Review* 48: 147 – 60.

Djelic, Marie-Laure. 1998. *Exporting the American Model: The Post-War Transforma-*

tion of European Business. Oxford: Oxford University Press.

Dobbin, F. and John R. Sutton. 1998. "The Strength of a Weak State: The Rights Revolution and the Rise of Human Resources Management Divisions." *American Journal of Sociology* 104: 441 – 476.

Dobbin, F. , Julian Dierkes, Dirk Zorn, and Man-Shan Kwok. 2003. "The Rise of the COO: From Luxury Sidekick to a Significant Player in Corporate Management. " in American Sociological Association Annual Meeting. Atlanta.

Dobbin, Frank and Dirk M. Zorn. 2005. "Corporate Malfeasance and the Myth of Shareholder Value. " *Political Power and Social Theory* 17: 179 – 198.

Dobbin, Frank and Timothy J. Dowd. 2000. "The Market That Antitrust Built: Public Policy, Private Coercion and Railroad Acquisitions, 1825 to 1922. " *American Sociological Review* 65: 631 – 657.

Dobbin, J. Sutton, J. Meyer, and W. R. Scott. 1993. "Equal Opportunity Law and the Construction of Internal Labor Markets. " *American Journal of Sociology* 99: 396 – 427.

Donaldson, L. , and Davis, J. 1991. "Stewardship Theory or Agency Theory: CEO Governance and Shareholder Returns. " *Australian Journal of Management* 16 (16): 49 – 64.

Donohue, Thomas J. 2005. "Enhancing America's Long-Term Competitiveness: Ending Wall Street's Quarterly Earnings. " retrieved from http://www. us-chamber. com/press/speeches/2005/enhancing-americas-long-term-competitiveness-ending-wall-streets-quarterly-earnings.

Edward J. Zajac & James D. Westphal. 1995. "Accounting for the Explanations of CEO Compensation: Substance and Symbolism. " *Administrative Science Quarterly*, 40 (2): 283 – 308.

Elsbach, Kimberly D. 1994. "Managing Organizational Legitimacy in the California Cattle Industry: What Makes Verbal Accounts Effective?" *Administrative Science Quartly*, 39 (1): 57 – 88.

Elsbach, Kimberly D. , and Robert I. Sutton. 1992. "Acquiring Organizational Legitimacy through Illegitimate Actions: A Marriage of Institutional and Impression Management Theories. " *Academy of Management Journal*, 35 (4), pp. 699 – 738.

Evans, Peter. 1995. *Embedded Autonomy: States and Industrial Transformations.* Princeton University Press.

Faulkender, Michael & Jun Yang. 2007. "Inside the Black Box: The Role and Composition of Compensation Peer Groups. " *Journal of Financial Economics*, 96 (2), pp. 257 – 270.

Fama E. F. and Jensen M C. 2013. "Separation of Ownership and Control. " *The Journal of Law & Economics*, 26 (2), pp. 301 – 325.

Fama, E. F. , and Jensen, M. C. 1983. "Separation of Ownership and Control. " *Journal of Law and Economics* 26 (2): 301 – 326.

Fan, Joseph P. H. , Huang, Jun, Oberholzer-Gee, Felix, Smith, Troy D. and Zhao, Mengxin. 2007. "Diversification of Chinese Companies- An International Comparison. " Harvard Business School Strategy Unit Working Paper No. 08 – 007.

Finkelstein S, and D'Aveni R. 1994. "CEO Duality as a Double-edged Sword: How Boards of Directors Balance Entrenchment Avoidance and Unity of Command. " *Academy of Management Journal* 37 (5): 1079 – 1108.

Finkelstein, S. and D. C. Hambrick. 1996. *Strategic Leadership: Top Executives and Their Effects On Organizations.* St. Paul, MN: West Publishing Company.

Fiss, Peer C. and Edward J. Zajac. 2004. "The Diffusion of Ideas Over Contested Terrain: The (non) Adoption of a Shareholder Value Orientation among German Firms. " *Administrative Science Quarterly* 49: 501 – 534.

Fligstein, N. and L. Markowitz. 1993. "Financial Reorganization of American Corporations in the 1980s. " pp. 185 – 206 in *Sociology and the Public Agenda*, edited by William J. Wilson. Newbury Park: Sage.

Fligstein, N. and R. Freeland. 1995. "Theoretical and Comparative Perspectives on Corporate Organization. " *Annual Review of Sociology* 21: 21 – 43.

Fligstein, N. and T. Shin. 2004. "The Shareholder Value Society: A Review in Changes in Working Conditions in the U. S. , 1976 – 2000. " In K. Neckerman (ed.) *Social Inequality.* New York: Russell Sage.

Fligstein, N. and Taek-jin Shin, 2005, "Shareholder Value and Changes in A-merican Industries, 1984 – 2000." Institute of Industrial Relations Working Paper Series.

Fligstein, Neil. 1985. "The Spread of the Multidivisional Form among Large Firms, 1919 – 1979." *American Sociological Review* 50: 377 – 91.

Fligstein, Neil. 1987. "The Intraorganizational Power Struggle: Rise of Finance Personnel to Top Leadership in Large Corporations, 1919 – 1979." *American Sociological Review* 52: 44 – 58.

Fligstein, Neil. 1991. "The Structural Transformation of American Industry: An Institutional Account of the Causes of Diversification in the Largest Firms, 1919 – 1979." In W. Powell & P. DiMaggio (eds.), *The New Institutionalism in Organizational Analysis.* Chicago: University of Chicago Press.

Fligstein, Neil. 1990. *The Transformation of Corporate Control.* Cambridge, MA: Harvard University Press.

Fligstein, Neil. 1996. "Markets as Politics: A Political-Cultural Approach to Market Institutions." *American Sociological Review* 61: 656 – 673.

Fligstein, Neil. 2001. *The Architecture of Markets: An Economic Sociology of Twenty-First-Century Capitalist Societies.* Princeton, N. J. : Princeton University Press.

Fosberg, R. 1989. "Outside Directors and Managerial Monitoring." *Akron Business and Economic Review* 20: 24 – 32.

Fredrickson, J. W. , D. C. Hambrick, and S. Baumrin. 1988. "A Model of CEO Dismissal." *Academy of Management Review*, 13 (2).

Galai, D. and Masulis, R. 1976. "The Option Pricing Model and the Risk Factor of Stock." *Journal of Financial Economics* 3: 53 – 81.

Gao, Bai. 2011. "The Informal Economy in the Era of Information Revolution and Globalization: The Shanzhai Cell Phone Industry in China." *Chinese Journal of Sociology*, vol. 31 no. 2.

Gedajlovic, E. 1993. "Ownership, Strategy and Performance: Is the Dichotomy Sufficient?" *Organization Studies* 14 (5): 731 – 752.

Gerschenkron, Alexander. 1962. *Economic Backwardness in Historical Perspective.* Cambridge, MA: Harvard University Press.

Gompers, P. , J. Ishii, and A. Metrick. 2003. "Corporate Governance and Equity Prices. " *Quarterly Journal of Economics* 118: 107 – 155.

Goodstein J. , and Boeker W. 1991. "Turbulence at the Top: A New Perspective on Governance Structure Changes and Strategic Change. " *Academy Management Journal* 34 (2): 306 – 30.

Gort, M. 1962. "Introduction to 'Diversification and Integration in American Industry'. " NBER Chapters, in *Diversification and Integration in American Industry*, pp. 1 – 7. National Bureau of Economic Research, Inc.

Gorton, Gary and Frank Schmid. 1996. "Universal Banking and the Performance of German Corporations. " NBER Working Paper 5453, National Bureau of Economic Research, Cambridge, Massachusetts.

Groves, T. , Y. Hong, J. McMillan, and B. Naughton. 1995. "China's Evolving Managerial Labor Market. " *Journal of Political Economy* 103 (4): 873 – 892.

Grusky, O. 1961. "Corporate Size, Bureaucratization, and Managerial Succession. " *American Journal of Sociology* 67 (3): 263 – 269.

Guillen, Mauro. 1994. *Models of Management: Work, Authority and Organization in a Comparative Perspective.* Chicago: The University of Chicago Press.

Guthrie, D. , Zhixing Xiao, and Junmin Wang. 2007, "Aligning the Interests of Multiple Principals: Ownership Concentration and Profitability in China's Publicly-traded Firms. " Working paper, New York University, Stern School.

Guthrie, Doug and Zhixing Xiao. 2007. "Corporate Governance in Transition: The Rise of State-Owned Asset Management Companies in Reform-Era China. " Working paper.

Guthrie, Douglas. 1997. "Between Markets and Politics: Organizational Responses to Reform in China. " *American Journal of Sociology* 102 (5): 1258 – 304.

Guthrie, Douglas. 1999. *Dragon in a Three-Piece Suit: The Emergence of Capitalism in China.* Princeton: Princeton University Press.

Guthrie, Douglas. 2005. "Organizational Learning and Productivity: State Structure and Foreign Investment in the Rise of the Chinese Corporation. " *Management and Organization Review* 1 (2): 165 – 95.

Hall BJ and Liebman JB. 1998. "Are CEOS Really Paid Like Bureaucrats?" *Quarterly Journal of Economics* 113（3）, pp. 653 – 691.

Hall, M. and Weiss, L. 1967. "Firm Size and Profitability." *Review of Economics and Statistics* 49： 319 – 331.

Hall, Peter A. and David Soskice, eds. 2001. *Varieties of Capitalism： The Institutional Foundations of Comparative Advantage.* New York： Oxford University Press.

Hannan and Freeman. 1977. "The Population Ecology of Organizations." *American Journal of Sociology* 82： 929 – 964.

Hansmann and Kraakman. 2001. "The End of History for Corporate Law." *Georgetown Law Journal* 89： 439 – 68.

Harrison, J. Richard, David L. Torres, and Sal Kukalis. 1988. "The Changing of the Guard： Turnover and Structural Change in the Top-Management Positions." *Administrative Science Quarterly* 33（3）： 211 – 232.

Hausman, Jerry A. 1978. "Specification Tests in Econometrics." *Econometrica* 46（6）： 1251 – 71.

Hausman, Jerry A. and Taylor, William E. 1981. "Panel Data and Unobservable Individual Effects." *Journal of Econometrics* 16（1）： 155 – 155.

Hermalin, B., and M. Weisbach. 1991. "The Effects of Board Composition and Direct Incentives on Firm Performance." *Financial Management* 20（4）： 101 – 112.

Hill, Charles W. L. and Gary S. Hansen. 1991. "A Longitudinal Study of the Cause and Consequences of Changes in Diversification in the U. S. Pharmaceutical Industry 1977 – 1986." *Strategic Management Journal* 12： 187 – 199.

Hirschman, Albert. 1958. *The Strategy of Economic Development.* New Haven： Yale University Press.

Hoskisson R. E., and Hitt MA. 1990. "Antecedents and Performance Outcomes of Diversification： A Review and Critique of Theoretical Perspectives." *Journal of Management* 16（2）： 461 – 509.

Hoskisson, R. E., and Turk, T. 1990. "Corporate Restructuring： Governance and Control Limits of the Internal Market." *Academy of Management Review* 15

(3): 459 –479.

Huson, M. , R. Parrino, and L. Starks. 2001. "Internal Monitoring Mechanisms and CEO Turnover, a Long-term Perspective. " *Journal of Finance* 56 (6): 2265 –2298.

Jacquemin, Alexis P. and Charles H. Berry. 1979. "Entropy Measure of Diversification and Corporate Growth. " *Journal of Industrial Economics* 27: 359 –369.

Jensen M. and Meckling W. 1976. "Theory of the Firm: Managerial Behavior, Agency Costs and Ownership Structure. " *Journal of Financial Economics*, 3 (4), pp. 305 –360.

Jensen, Michael C. and Murphy, Kevin J. 1990. "Performance Pay and Top-Management Incentives. " *Journal of Political Economy* 98: 225 –265.

Jensen, Michael C. 1986. "Agency Costs of Free Cash Flow, Corporate Finance and Takeovers. " *American Economic Review* 76 (2): 323 –339.

Jensen, Michael C. 1989. "The Eclipse of the Public Corporation. " *Harvard Business Review* 67: 61 –73.

Jensen, Michael C. 2000. *A Theory of the Firm, Governance, Residual Claims, and Organizational Forms.* Cambridge, MA: Harvard University Press.

Jin, Zhiguo. 2008. *Yibei Canghai.* Beijing: CITIC Press.

John E. Core, Robert W. Holthausen & David F. Larcker. 1999. "Corporate Governance, Chief Executive Officer Compensation, and Firm Performance. " *Journal of Financial Economics* 51 (3), pp. 371 –406.

John, K. and L. W. Senbet. 1998. "Corporate Governance and Board Effectiveness. " *Journal of Banking and Finance* 22 (4): 371 –403.

Johnson, Simon, La Porta, Rafael, Lopez-de-Silanes, Florencio and Shleifer, Andrei. 2000. "Tunneling. " *American Economic Review* 90 (2): 22 –27.

Kalleberg, Arne L. , Jeremy Reynolds, and Peter Marsden. 2003. "Externalizing Employment: Flexible Staffing Arrangements in U. S. Organizations. " *Social Science Research* 32 (4): 525 –552.

Kang, Jun-Koo and Anil Shivdasani. 1995. "Firm Performance, Corporate Governance, and Top Executive Turnover in Japan. " *Journal of Financial Economics* 38 (1): 29 –58.

Kaplan, S. 1994, "Top Executives, Turnover, and Firm Performance in Germany." *Journal of Law, Economics and Organization* 10 (1): 142 – 159.

Kato, T. and Long. C. 2006. "CEO Turnover, Firm Performance, and Enterprise Reform in China: Evidence from Micro data. " *Journal of Comparative Economics* 34 (4): 796 – 817.

Kee H. Chung & Stephen W. Pruitt. 1996. "Executive Ownership, Corporate Value, and Executive Compensation: A Unifying Framework. " *Journal of Banking & Finance* 20 (7), pp. 1135 – 1159.

Keister, L. 1998. "Engineering Growth: Business Group Structure and Firm Performance in China's Transition Economy. " *American Journal of Sociology* 104: 404 – 440.

Keister, L. 2001. "Exchange Structures in Transition: Lending and Trade Relations in Chinese Business Groups. " *American Sociological Review* 66: 336 – 360.

Kelly and F. Dobbin. 1999. "Civil Rights Law at Work: Sex Discrimination and the Rise of Maternity Leave Policies. " *American Journal of Sociology* 105: 455 – 492.

Kendall, N. 1999. Good Corporate Governance, Accountants' Digest 40. The ICA in England and Wales.

Kester, W. C. 1996. "American and Japanese Corporate Governance: Converging to Best Practice?" In S. Berger & R. Dore (eds.), *National Diversity and Global Capitalism*. Ithaca, N. Y. : Cornell University Press.

Khanna, T. & J. Rivkin. 2001. "Estimating the Performance Effects of Business Groups in Emerging Markets. " *Strategic Management Journal* 22.

Khanna, T. & K. Palepu. 1997. "Why Focused Strategies May be Wrong for Emerging Markets. " *Harvard Business Review* 75.

Khanna, T. and K. Palepu. 2000. "Is Group Affiliation Profitable in Emerging Markets? An Analysis of Diversified Indian Business Groups. " *Journal of Finance* 55 (2): 867 – 898.

Khanna, T. and Palepu, K. 1997. "Why Focused Strategies May be Wrong for Emerging Markets. " *Harvard Business Review* 75: 41 – 51.

Khanna, T. , & Rivkin, J. 2001. "Estimating the Performance Effects of Business

Groups in Emerging Markets. " *Strategic Management Journal* 22: 45 – 74.

King L. , Sznajder A. 2006. "The State Led Transition to Liberal Capitalism. " *American Journal of Sociology* 12: 751 – 801.

Kornai, János. 1980. *The Shortage Economy.* Amsterdam: North-Holland.

Kornai, János. 1992. *The Socialist System: The Political Economy of Communism.* Princeton: Princeton University Press.

Kraatz, Mathew, and Edward J. Zajac. 1996. "Exploring the Limits of the New Institutionalism: The Causes and Consequences of Illegitimate Organizational Change. " *American Sociological Review* 61: 812 – 836.

La Porta, Rafael, Florencio Lopez-de-Silanes and Andrei Shleifer. 1999. "Corporate Ownership Around the World. " *Journal of Finance* 54: 471 – 517.

La Porta, Rafael, Florencio Lopez-de-Silanes, Andrei Shleifer & Robert Vishny. 1997. "Legal Determinants of External Finance. " *Journal of Finance* 52: 1131 – 1150.

La Porta, Rafael, Florencio Lopez-de-Silanes, Andrei Shleifer & Robert Vishny. 1998. "Law and Finance. " *Journal of Political Economy* 106: 1113 – 1155.

La Porta, Rafael, Florencio Lopez-de-Silanes, Andrei Shleifer & Robert Vishny. 2002. "Investor Protection and Corporate Valuation. " *Journal of Finance* 57 (3): 1147 – 1170.

Lang, L. H. P. , and R. M. Stulz. 1994. "Tobin's Q, Corporate Diversification, and Firm Performance. " *Journal of Political Economy* 102: 1248 – 1280.

Li, Shaomin, Mingfang Li, and J. Justin Tan. 1998. "Understanding Diversification in a Transition Economy: A Theoretical Exploration. " *Journal of Applied Management Studies* 7: 77 – 94.

Lins, Karl V. and Henri Servaes. 2002. "Is Corporate Diversification Beneficial in Emerging Markets?" *Financial Management* 31: 5 – 31.

Lorsch, J. W. and E. MacIver. 1989. *Pawns and Potentates: The Reality of America's Corporate Boards.* Boston, MA: Harvard Business School Press.

Mace, Myles L. 1971. *Directors: Myth and Reality.* Boston, MA: Harvard Business School Press.

MacKenzie, D. 2005. "Is Economics Performative? Option Theory and the Construction of Derivatives Markets. " Paper presented to the annual meeting of the History of Economics Society, Tacoma, WA.

Manne, Henry G. 1965. "Mergers and the Market for Corporate Control. " *Journal of Political Economy* 73: 110 – 120.

Markides, C. C. and P. J. Williamson. 1994. "Related Diversification, Core Competencies and Corporate Performance. " *Strategic Management Journal* 15: 149 – 165.

Martin, J. D. & A. Sayrak. 2003. "Corporate Diversification and Shareholder Value: A Survey of Recent Literature. " *Journal of Corporate Finance* 9 (1) : 37 –57.

Masson, Robert T. 1971. Executive Motivations, Earnings, and Consequent Equity Performance, *Journal of Political Economy* 79 (6), 1278 – 1292.

McConnell, John and Henri Servaes. 1990, "Additional Evidence on Equity Ownership and Corporate Value. " *Journal of Financial Economics* 27 (2): 595 –612.

Mehran, Hamid. 1995. "Executive Compensation Structure, Ownership, and Firm Performance", *Journal of Financial Economics* 38 (2) , pp. 163 – 184.

Meyer, John W. 1994. "Rationalized Environments. " pp. 28 – 54 in *Institutional Environments and Organizations: Structural Complexity and Individualism*, edited by John W. Meyer and W. Richard Scott. Thousand Oaks, Calif. : Sage.

Meyer, John W. , and Brian Rowan. 1977. "Institutionalized Organizations: Formal Structure as Myth and Ceremony. " *American Journal of Sociology* 83 (2): 340 – 63.

Meyer, John W. , John Boli, George Thomas, and Francisco Ramirez. 1997. "World Society and the Nation-State. " *American Journal of Sociology* 103: 144 – 81.

Michael C. Jensen & Kevin J. Murphy, 1990, "CEO Incentives—It's Not How Much You Pay, But How", *Harvard Business Review*, 68 (3), pp. 138.

Michael C. Jensen & William H. Meckling, 1976, "Theory of the Firm: Managerial Behavior, Agency Costs and Ownership Structure. " *Social Science Electronic Publishing* 3 (4) , pp. 305 – 360.

Mintzberg, H. 1983. *Power In and Around Organizations*. Englewood Cliffs, NJ: Prentice-Hall.

Mintzberg, H. 1988. "Generic Strategies: Toward a Comprehensive Framework. "

Advances in Strategic Management 5: 1 –67.

Mizruchi, Mark S. 2007. "Power without Efficacy: The Decline of the American Corporate Elite." August 2007, Paper presented at the annual meeting of the American Sociological Association.

Mizruchi, M. and Howard Kimeldorf. 2005. "The Historical Context of Shareholder Value Capitalism." *Political Power and Social Theory* 17: 213 –221.

Montgomery, Cynthia A. 1982. "The Measurement of Firm Diversification: Some New Empirical Evidence." *Academy of Management Journal* 25: 299 –307.

Montgomery, Cynthia A. 1994. "Corporate Diversification." *Journal of Economic Perspectives* 8: 163 –178

Murphy, Kevin J. 1985. "Corporate Performance and Managerial Remuneration: An Empirical Analysis." *Journal of Accounting and Economics* 7 (1 –3), pp. 179 –203.

Naughton, Barry. 1995. *Growing out of the Plan: Chinese Economic Reform 1979 –1993.* New York: Cambridge University Press.

Naughton, Barry. 2007. *The Chinese Economy: Transitions and Growth.* Cambridge, MA: MIT Press.

Nee, Victor. 1989. "A Theory of Market Transition: From Redistribution to Markets in State. Socialism." *American Sociological Review* 56: 267 –82.

Nolan, P. 2001. *China and the Global Economy.* Basingstoke, UK: Palgrave.

Ocasio, W. 1994. "Political Dynamics and the Circulation of Power: CEO Succession in US Industrial Corporations, 1960 – 1990." *Administrative Science Quarterly* 39 (2): 285 –312.

O'Sullivan, M. 2003. "The Political Economy of Comparative Corporate Governance." *Review of International Political Economy* 10: 23 –72.

Palich, L. , Cardinal, L. and Miller, C. 2000. "Curvilinearity in the Diversification Performance Linkage: An Examination of over Three Decades of Research." *Strategic Management Journal* 21 (2): 155 –174.

Palmer, Donald, P. Devereaux Jennings and Xueguang Zhou. 1993. "Late Adoption of the Multidivisional Form by Large U. S. Corporations." *Administrative Sciences Quarterly* 38 (1): 100 –131.

Pearce, J. A. , II. and S. A. Zahra. 1991. "The Relative Power of CEOs and

Boards of Directors: Associations with Corporate Performance. " *Strategic Management Journal* 12 (2): 135 – 153.

Peng M. , Shujun Zhang, and Xinchun Li. 2007. "CEO Duality and Firm Performance During China's Institutional Transitions. " *Management and Organization Review* 3 (2): 205 – 225.

Peng M. W. , Buck T. , and Filatotchev. 2003. "Do Outside Directors and New Managers Help Improve Firm Performance? An Exploratory Study in Russian Privatization. " *Journal of World Business* 38 (4): 348 – 360.

Peng, M. W. 2004. "Outside Directors and Firm Performance During Institutional Transitions. " *Strategic Management Journal* 25 (4): 453 – 471.

Peng, Yusheng. 2001. "Chinese Villages and Townships as Industrial Corporations: Ownership, Governance, and Market Discipline. " *American Journal of Sociology* 106 (5): 1338 – 70.

Peng, Yusheng. 2004. "Kinship Networks and Entrepreneurship in China's Transitional Economy. " *American Journal of Sociology* 109 (5): 1045 – 74.

Permanent Subcommittee on Investigations of the Committee on Governmental Affairs United States Senate: *The Role of The Board of Directors in Enron's Collapse*, report 107—70.

Perrini, F. , Pogutz, S. and Tencati, A. 2006. *Developing Corporate Social Responsibility: A European Perspective.* Edward Elgar Publishing, Cheltenham, Gloucestershire.

Perrow, Charles. 2002. *Organizing America: Wealth, Power, and the Origins of Corporate Capitalism.* Princeton, NJ: Princeton University Press.

Pfeffer, J. and Leblebici, H. 1973. "Executive Recruitment and the Development of Interfirm Organizations. " *Administrative Science Quarterly* 18: 449 – 461.

Pfeffer, J. 1981, *Power in Organizations.* Cambridge, MA: Ballinger Publishing Company.

Pfeffer, J. and G. Salancik. 1977. "Organizational Context and the Characteristics and Tenure of Hospital Administrators. " *Academy of Management Journal* 20 (1): 74 – 88.

Pfeffer, J. and H. Leblebici. 1973. "Executive Recruitment and the Development of Interfirm Organizations." *Administrative Science Quarterly* 18 (4).

Pfeffer, J. and Salancik, G. 1978. *The External Control of Organizations: A Resource Dependence Perspective.* New York, NY: Harper and Row.

Pfeffer, Jeffrey. 1981. "Management as Symbolic Action: The Creation and Maintenance of Organizational Paradigms." *Research in Organizational Behavior* 3 (3), pp. 523 – 564.

Podolny, J. M. 1993. "A Status-based Model of Market Competition." *American Journal of Sociology* 98 (4): 829 – 872.

Porter, M. E. 1987. "From Competitive Advantage to Corporate Strategy." *Harvard Business Review* 65 (3): 43 – 59.

Prowse, S. D. 1990. "Institutional Investment Patterns and Corporate Financial Behavior in the United States and Japan." *Journal of Financial Economics* 27: 43 – 66.

Qiang, Qu. 2003. "Corporate Governance and State-Owned Shares in China Listed Companies." *Journal of Asian Economics* 14: 771 – 83.

Rajan, R. G., and L. Zingales. 1995. "What Do We Know About Capital Structure? Some Evidence from International Data." *Journal of Finance* 50: 1421 – 1460.

Ralston, D., Terprstra-Tong, J., Terpstra, R. H., Wang, X., and Egri, C. 2006. "Today's State-owned-enterprises of China: Are They Dying Dinosaurs or Dynamic Dynamos?" *Strategic Management Journal* 27 (9): 825 – 843.

Ramaswamy, Kannan & Mingfang Li. 2001. "Foreign Investors, Foreign Directors and Corporate Diversification: An Empirical Examination of Large Manufacturing Companies in India." *Asia Pacific Journal of Management* 18: 207 – 222.

Rosenstein, S., and J. Wyatt. 1990. "Outside Directors: Board Independence and Shareholder Wealth." *Journal of Financial Economics* 26 (2): 175 – 191.

Roy, William. 1997. *Socializing Capital: The Rise of the Large Industrial Corporation In America.* Princeton, NJ: Princeton University Press.

Rumelt, R. P. 1974. *Strategy, Structure, and Economic Performance.* Boston: Harvard Business School Press.

Rumult, R. P. 1982. "Diversification Strategy and Profitability." *Strategic Management Journal* 3 (4): 359 – 369.

Sachs, Jeffrey D. 1992. "Privatization in Russia: Some Lessons from Eastern Europe." *American Economic Review* 80 (2): 43 –48.

Salancik, G. and J. Pfeffer. 1980. "Effects of Ownership and Performance on Executive Tenure in U. S. Corporations." *Academy of Management Journal* 23 (4): 653 –664.

Sanders, Gerard. 2001. "Behavioral Responses of CEOs to Stock Ownership and Stock Option Pay." *Academy of Management Journal*, 44 (3), pp. 477 –492.

Scott, Richard W. 2001. *Institutions and Organizations.* Thousand Oaks, CA: Sage.

Shambaugh, David (ed) . 2000. *The Modern Chinese State.* Cambridge University Press.

Shieh, S. 1999. "Is Bigger Better?" *China Business Review* 26: 50 –54.

Shleifer A. and Vishny R. W. 1997, "A Survey of Corporate Governance." *The Journal of Finance .* 52 (2), pp. 737 –783.

Shleifer, Andrei and Robert Vishny. 1986. "Large Shareholders and Corporate Control." *Journal of Political Economy* 94: 461 –88.

Shleifer, Andrei and Robert Vishny. 1998. *The Grabbing Hand: Government Pathologies and Their Cures.* Cambridge, MA: Harvard University Press.

Smith, Michael. 1996. "Shareholder Activism by Institutional Investors: Evidence from CalPERS." *Journal of Finance* 51 (1): 227 –52.

Stearns L. B. , and Mizruchi MS. 1993. "Board Composition and Corporate Financing: The Impact of Financial Institution Representation on Borrowing." *Academy of Management Journal* 36 (3): 603 –18.

Stiglitz, Joseph. 1994. "The Theory of Socialism and the Power of Economic Ideas." pp. 1 –44 in *Whither Socialism?* Cambridge, MA: The MIT Press.

Strang, David, and John Meyer. 1994. "Institutional Conditions for Diffusion." pp. 103 –112 in *Institutional Environments and Organizations: Structural Complexity and Individualism*, edited by John W. Meyer and W. Richard Scott. Thousand Oaks, Calif. : Sage.

Strang, David, and Michael M. Macy. 2001. "In Search of Excellence: Fads, Success Stories, and Adaptive Emulation." *American Journal of Sociology* 107:

147 – 182.

Sun, Qian and Wilson H. S. Tong. 2003. "China Share Issue Privatization: The Extent of Its Success. " *Journal of Financial Economics* 70 (2).

Sundaramurthy, Chamu, James Mahoney, and Joseph Mahoney. 1997. "Board Structure, Anti-takeover Provisions, and Stockholder Wealth. " *Strategic Management Journal* 18 (3): 231 – 245.

Sutton and F. Dobbin. 1996. "The Two Faces of Governance: Responses to Legal Uncertainty in American Firms, 1955 – 1985. " *American Sociological Review* 61: 794 – 811.

Tan, J. 2002. "Impact of Ownership Type on Environment – Strategy Linkage and Performance: Evidence from a Transitional Economy. " *Journal of Management Studies* 39 (3): 333 – 354.

Tan, J. and Litschert, R. J. 1994. Environment-Strategy Relationship and its Performance Implications: an Empirical Study of the Chinese Electronics Industry. " *Strategic Management Journal* 15 (1): 1 – 20.

Tan, J. , and Tan, D. 2005. "Environment – Strategy Co-evolution and Co-alignment: a Staged Model of Chinese SOEs Under Transition. " *Strategic Management Journal* 26 (2): 141 – 157.

Teece, David J. , Gary Pisano, and Amy Shuen. 1997. "Dynamic Capabilities and Strategic Management. " *Strategic Management Journal* 18: 509 – 533.

Tian J, and Lau CM. 2001. "Board Composition, Leadership Structure, and Performance in Chinese Shareholding Companies. " *Asia Pacific Journal of Management* 18 (2): 245 – 263.

Tian, Lihui and Saul Estrin. 2005. "Retained State Shareholding in Chinese PLCs: Does Government Ownership Reduce Corporate Value?" Working Paper. Institute of the Study of Labor, Bonn, Germany.

Tian, Lihui. 2001. "Government Shareholding and the Value of China's Modern Firms. " Working Paper. London School of Business, London, UK.

Tolbert, Pamela S. , and Lynne G. Zucker. 1983. "Institutional Sources of Change in the Formal Structure of Organizations: The Diffusion of Civil Service Reform, 1880 – 1935. " *Administrative Science Quarterly* 28: 22 – 39.

Tomlinson, R. 1997. "A Chinese Giant Forges a Capitalist Soul. " *Fortune* 136 (6) : 184 – 192.

Tong, Qingxia. 2008. *Property Rights and Corporate Governance in Chinese Public Companies* 1994 – 2005. Dissertation manuscript : Harvard University.

Useem, M. 1993. *Executive Defense : Shareholder Power and Corporate Reorganization.* Cambridge, MA : Harvard University Press.

Useem, M. 1996. *Investor Capitalism : How Money Managers are Changing the Face of Corporate America.* New York : Basic Books.

Villalonga, B. 2004. "Diversification Discount or Premium? New Evidence from the Business Information Tracking Series. " *Journal of Finance* 59 : 475 – 502.

Vitols, Sigurt. 2003. "Negotiated Shareholder Value : The German Version of an Anglo-American Practice. " WZB Markets and Political Economy Working Paper No. SP II 2003 – 25. Available at SSRN : http://ssrn. com/abstract = 510062.

Volpin, P. F. 2002. "Governance with Poor Investor Protection : Evidence from Top Executive Turnover in Italy. " *Journal of Financial Economics* 64 (1) : 61 – 90.

Wade, R. 1990. *Governing the Market : Economic Theory and the Role of Government in East Asian Industrialization.* Ithaca, N. Y. : Cornell University Press.

Walder, Andrew. 1995. "Local Governments as Industrial Firms : An Organizational Analysis of China's Transitional Economy. " *American Journal of Sociology* 100 : 263 – 301.

Walter, Carl and Fraser Howie. 2006. *Privatizing China : Inside China's Stock Markets.* 2nd edition, John Wiley & Sons (Asia).

Wang, HC and Barney JB. 2006. "Employee Incentives to Make Firm-specific Investments : Implications for Resource-based Theories of Corporate Diversification. " *Academy of Management Review* 31 (2) : 466 – 76.

Warner, Jerold B. , Ross L. Watts, and K. H. Wruck. 1988. "Stock Prices and Top Management Changes. " *Journal of Financial Economics* 20 (20).

Warner, Jerold B. , Watts, Ross L. and Wruck, Karen Hopper. 1988. "Stock Prices and Top Management Changes. " *Journal of Financial Economics* 20 : 461 – 492.

Warner, M. 1987. "China's Managerial Training Revolution. " pp. 73 – 85 in *Management Reforms in China*, edited by Warner M. London : Frances Pinter.

Weisbach, M. S. 1988. "Outside Directors and CEO Turnover. " *Journal of Financial Economics* 20: 431 – 460.

Wernerfelt, Birger and Montgomery, Cynthia A. 1988. "Tobin's q and the Importance of Focus in Firm Performance. " *American Economic Review* 78: 246 – 250.

Westney, Eleanor. 1987. *Imitation and Innovation: The Transfer of Western Organizational Patterns to Meiji Japan.* Cambridge: Harvard University Press.

Weston, J. Fred, Kwang S. Chung, and Susan E. Hoag. 1990. *Mergers, Restructuring, and Corporate Control.* Englewood Cliffs, NJ: Prentice-Hall.

Westphal, James D. and Edward J. Zajac. 1997. "Defections From the Inner Circle: Social Exchange, Reciprocity and the Diffusion of Board Independence in U. S. Corporations. " *Administrative Science Quarterly* 42: 161 – 183.

Westphal, James D. and Edward J. Zajac. 1998. "The Symbolic Management of Stockholders: Corporate Governance Reforms and Shareholder Reactions. " *Administrative Science Quarterly* 43: 127 – 153.

Westphal, James D. and Edward J. Zajac. 2001. "Decoupling Policy from Practice: The Case of Stock Repurchase Programs. " *Administrative Science Quarterly* 46 (2): 202 – 228.

Whitley, Richard. 1992. *Business Systems in East Asia: Firms, Markets, and Societies.* London: Sage.

Whyte, Martin K. 1996. "The Chinese Family and Economic Development: Obstacle or Engine?" *Economic Development and Cultural Change* 45: 1 – 30.

Williams, C. C. 2014. "Out of the Shadows: A Classification of Economies by the Size and Character of Their Informal Sector. " *Work, Employment & Society.* Vol. 28, no. 5, 2014, pp. 735 – 753.

Williamson, Oliver. 1975. *Markets and Hierarchies.* New York: Free Press.

Williamson, Oliver. 1985. *The Economic Institutions of Capitalism: Firms, Markets, Relational Contracting.* New York: Free Press.

Wu, Jianlian (in Chinese) . 2003. *China Economic Reform* (Zhongguo Jingji Gaige). Shanghai: Shanghai Yuandong Publishing House.

Xiang, S. 1993. *The Turbulent Years of Reform: How China Evolves Into a Market Economy.* Beijing: People's China Press.

Xu, X. and Wang Y. 1999. "Ownership Structure and Corporate Governance in Chinese Stock Companies." *China Economic Review* 10: 75 – 98.

Zajac, E. and J. Westphal. 1996. "Who Shall Succeed? How CEO/board Preferences and Power Affect the Choice of New CEOs." *Academy of Management Journal* 39 (1): 64 – 90.

Zhang, Joe. 2002. "China's Corporate Governance: A Steep Learning Curve." UBS Warburg, January 17.

Zhang, Yi and Guang Ma. 2005. "Law, Corporate Governance, and Corporate Scandal." Working Paper, Guanghua School of Management, Beijing University.

Zheng, Lu. 2007. *Political Embeddedness as a Double-edged Sword: Firms in China's Stock Market.* Dissertation manuscript: Stanford University.

Zhou, Nan. 2008. "Institutional Environment and Diversification of Chinese Firms: An Investigation of H-Share Firms." conference paper at 2008 International Association for Chinese Management Research Conference, Guangzhou, China.

Zorn, D. 2004. "Here a Chief, There a Chief: The Rise of the CFO in the American Firm." *American Sociological Review* 69 (3): 345 – 364.

Zorn, D. , F. Dobbin, J. Dierkes, and M. Kwok. 2005. "Managing Investors: How Financial Markets Reshaped the American Firm." In K. Knorr Cetina and A. Preda (ed.) *The Sociology of Financial Markets.* London: Oxford University Press.

Zorn, Dirk. 2004. *Hail to the Chief: Conceptions of Control and the Rise of the Chief Financial Officer in the American Firm.* Dissertation manuscript: Princeton University.

Zuckerman, Ezra. 1999. "The Categorical Imperative: Securities Analysts and the Illegitimacy Discount." *American Journal of Sociology* 104 (5): 1398 – 1438.

Zuckerman, Ezra. 2000. "Focusing the Corporate Product: Securities Analysts and De-Diversification." *Administrative Science Quarterly* 45: 591 – 619.

图书在版编目（CIP）数据

公司的再造：金融市场与中国企业的现代转型／杨
典著. —— 北京：社会科学文献出版社，2018.3（2019.1 重印）
（当代中国社会变迁研究文库）
ISBN 978 - 7 - 5201 - 2417 - 1

Ⅰ.①公…　Ⅱ.①杨…　Ⅲ.①金融市场 - 研究 - 中国
②企业管理 - 研究 - 中国　Ⅳ.①F832.5②F279.23

中国版本图书馆 CIP 数据核字（2018）第 048663 号

当代中国社会变迁研究文库
公司的再造：金融市场与中国企业的现代转型

著　　者／杨　典

出 版 人／谢寿光
项目统筹／谢蕊芬
责任编辑／任晓霞

出　　版／社会科学文献出版社·群学出版分社（010）59367159
　　　　　地址：北京市北三环中路甲 29 号院华龙大厦　邮编：100029
　　　　　网址：www.ssap.com.cn
发　　行／市场营销中心（010）59367081　59367083
印　　装／三河市龙林印务有限公司

规　　格／开　本：787mm×1092mm　1/16
　　　　　印　张：16　字　数：262 千字
版　　次／2018 年 3 月第 1 版　2019 年 1 月第 2 次印刷
书　　号／ISBN 978 - 7 - 5201 - 2417 - 1
定　　价／79.00 元

本书如有印装质量问题，请与读者服务中心（010 - 59367028）联系

Ⓐ 版权所有 翻印必究